黃仁宇——著

我相信
中國的前途

增订本

中華書局

图书在版编目(CIP)数据

我相信中国的前途/黄仁宇著. —增订本. —北京:中华书局,
2020.5(2022.10 重印)
　ISBN 978-7-101-14500-7

　Ⅰ.我… Ⅱ.黄… Ⅲ.中国历史-文集 Ⅳ.K207-53

中国版本图书馆 CIP 数据核字(2020)第 060253 号

书　　名　我相信中国的前途(增订本)
著　　者　黄仁宇
责任编辑　徐卫东
责任印制　陈丽娜
出版发行　中华书局
　　　　　(北京市丰台区太平桥西里 38 号　100073)
　　　　　http://www.zhbc.com.cn
　　　　　E-mail:zhbc@zhbc.com.cn
印　　刷　三河市中晟雅豪印务有限公司
版　　次　2020 年 5 月第 1 版
　　　　　2022 年 10 月第 2 次印刷
规　　格　开本/880×1230 毫米　1/32
　　　　　印张 10⅛　插页 2　字数 210 千字
印　　数　8001-10000 册
国际书号　ISBN 978-7-101-14500-7
定　　价　48.00 元

增订本出版说明

本书初版于 2015 年，获得媒体与读者好评，重印多次。今在作者哲嗣黄培乐先生的支持下，全书修订一过，并增补短文一篇（《世界潮流影响中国》），推出精装版本，以飨读者。

中华书局编辑部

2020 年 3 月 25 日

出版说明

　　上世纪九十年代，历史学家黄仁宇先生曾应邀在台湾地区东海大学、华视视听中心、中研院近代史研究所等处以及历史博物馆创馆四十周年研讨会上做过多次以中国历史与发展为主题的演讲，文稿后来分别以《近代中国的出路》和《新时代的历史观》为题在台湾出版。我们获得黄仁宇哲嗣黄培乐先生的慷慨授权，将此两本书合并为一册，并增补《资本主义与负债经营》、《中国不再是个谜》、《我相信中国的前途》和《四个共识：对两岸三地文化交流的建议》四篇文字，呈给大陆众多喜爱黄仁宇作品的读者朋友们。

　　黄仁宇先生早年经历动荡，从军抗日，中年负笈美国，其间数十年遍游世界各地，考察先进国家进入现代化之程序，并反观中国取得突破之契机，对祖国的拳拳之心可鉴。他倡导"从技术上的角度看历史"，呼吁后来者对历史抱有同情之理解，各方尽量减少意识形态或道德上的争执，而要达成面向未来的共识。在这一意义上，他虽经动荡，但仍对一百多年前以来的中国历史持有积极的观感，对中国的发展有着审慎的乐观。这也正是我们命名本书的原因。

最后需要说明的是，限于时代与环境，本书所收文章，其用字、表达习惯都跟目前大陆不尽一致，除非特别必要而做技术性处理外，一般不做统一修改，以尊重黄仁宇先生本人的习惯。敬请周知。

中华书局编辑部

2015 年 2 月 28 日

目　录

近代中国的出路

新时代的历史观

近代中国的出路

一　中国近代史的出路

> 我们学历史的人不当注重历史应当如何的展开，最好先注重历史何以如是的展开。

（一）传统中国的财政与税收

1992 年 11 月 9 日讲于东海大学

1985 年我接到美国长春藤某大学副校长的一封来信，他要我帮助品评他们一位历史系副教授应否给予固定的教职。对我讲这算作一种荣誉工作，也算是对同事们应尽的义务。因为这位副教授专长是研究传统中国的财政，而我在剑桥大学出版的一本专著《十六世纪明代的财政与税收》也是同样的畴范，最低限度她的立论和我所著书没有抵触。我准备赞成学校里给她 tenure。是否外界会说因为她支持我的意见，因此我也在捧她以作报效？而且这大学的来信，还包括一纸名单，有当今美国研究中国社会经济史的十八个学者，要我批评他们副教授在学术界的成就，在他们之上，还是在他们之下？我没有看过所有人的著作，倒是对其中三五人，至少有相当的了解。可是各人所学的背景立场不同，其论点当然也有差异，如何可以品评高下？又如何我说的即能算数？

经过一段思考之后，我覆信给这所大学，说明我赞成给她固定的职位，承认她学术上的成就和今后前途上的展望。她所著书引用资料之丰富，已经是有目共睹。至于她的专长和我自己的相同，不禁使我踌躇。趁此机会我就指出大凡我们研究一个社会与政治体制，当中之因素与我们所处现局不同的话——明清社会也在这情形之内——我们势必要了解这体制的高层机构、低层机构和上下之间法制性的联系。研究财政税收确实有如此的好处。如果你涉及全貌，必对所叙之国家社会提供一个剖面。上层即涉及户部职掌、衙门部院、军费之开销，下层又必提到纳税人的土地占有情形、付税能力、乡村组织。在抽税与付税的当头，也必谈到上层掌握到下层的情形、个人之权利与义务。所以在内容的详尽和组织的严密上讲，被评议人的识见应当不在我所知道的数人之下。而她立论的可靠性，更因上述三重因素的连锁关系证实。这样子把我作评议人的责任卸下。

我所没有明讲的则是西方这几十年的风尚，重分析而不重综合，研究中国历史时只从小处着眼，往往忽略大局。我所知道的有一位在长春藤大学的专家，因为原始资料里提及"膏腴万顷"，他就根据一顷为一百亩，在字面上认定某某等人在明末领有出产丰富的田地各一百万亩。殊不知万历年间全国登记的土地不过七亿多亩，如果上述土地占有的情形确实的话，则只要七百个这样的大地主，就把全国的耕地整个霸占。并且当日全国一千一百多个县，很少有一县的田地在百万亩以上。一般中等的县田地不过五十万亩。更小的县和更偏僻的县，只不过二三十万亩。如果一个家室的产业，超过两个县或三个县，使全境所有的种田人都属他的佃户，则知县的遣派、巡按官的来往、抽税与组织地方自卫武力等工作势必遇到绝大的阻障，科举考试能否执行都成疑问，而决不可能此时官方文件全未提及，而地方的方志也缺乏类似之记载，况且在那种情形之下，地方之乡绅是否能出面编修府志县志，尚成问题。

我提出这段小故事，其目的不在攻击某个人，而是指出中国史学之危机。把"膏腴万顷"这样不负责任信口开河的文句，当作真有其事，确实可以算作肥沃的土地一百万亩，不始自美国长春藤大学，而始自大陆方面 1940 年代及 1950 年代的历史学家，他们的目的，旨在表彰中国有一个长远的"奴隶社会"与"封建时代"，以作阶级斗争的张本。以这样意识形态为主体所写之历史，和相反方面而以类似情调所写的历史，不提及中国历史的积极性格。下至民国，读来只有袁世凯错、孙中山错、蒋介石错、毛泽东也错，于今邓小平更错——全部是坏人做蠢事的纪录。怪不得很多年轻人读来义愤填膺，动辄戴上东洋式的头巾，去游行示威了。

我们想修订历史，要让意识形态跟着历史走，不要使历史被意识形态垄断，保持最低限度的客观性。说来容易，但是如何可以担保我自己不带偏见，不被我个人的意识形态所蒙蔽？首先我们必定有这样的一段共识，中国在二十世纪，曾被迫经过一段从头到尾的改造。即是大陆来的人口，在 1940 年代进入台湾两百万，也是历史之前所未有。各位年轻的可能没有这种经验，可是你们长一辈的大概可以告诉你们，在这大变动的过程中，我们的衣食住行无不经过一段改变。再追溯上去，到本世纪的前端，到我的父辈那一代，则不仅衣食住行，而且婚姻、家庭关系、权利义务、社会习惯都有了重要的改变。这种改变和它带来的动乱，因为时间之长，牵涉人口之众，是人类历史里最大规模的一次改变。

要分析研究这大改变的过程，因此才启发我们，使我们领悟到将来之去向，我们先要了解旧社会的沿革，及它不能适用于新时代的原因。这当然有很多不同的方法。我个人的经验则是由明朝的财政税收着手。此是一种最简捷而稳当的办法。在我演讲的时候，我常用一个"立"字形容。这"立"字的一点一横，代表高层机构，下面的一长横，代表低层机构，当中两点代表上下间法律制度之联系。刚才已经说过：提到明代财政税收，务必触及朝廷与中央政府，又下及于乡镇里甲，当中也涉及法律章程，所以构成一套完整的剖面。又因为筹饷收税，表示政府与社会实际运转的情形，不仅是一种抽象的观念。因为它牵涉出来一种体系，各种因素上下相关，互相印证。再有选择性的和其他学者研究心得比较，其综合的结果，就不会和事实脱节了。

我钻进明朝财政税收这个专题里面去，并非事前计画。只因为我在密西根大学拟做博士论文时，发现明朝的漕运，亦即是政府由大运河自南至北所运的食粮物资的情形，资料到处俯首即是，也有几套统计的数字，预想经过一番整理，一定符合美国大学校的一般要求，况且经济史又是挺时髦的部门。

殊不知进去容易，出来麻烦。第一，漕运不是一个独立的行政部门，漕运总督就兼淮安、凤阳各地方的巡抚，所以他也是地方官。运去的粮食称为"漕粮"，也是江南各地方的税收，当日田赋征实，老百姓以去糠之米交纳。在运河里运粮的船夫，不是一般的老百姓，而是各卫抽来的"运军"，所以又与兵部相关连。第二，这漕运的区处，牵涉到很多专门名辞，不见于字典或辞典，只能在当日文件上翻来覆去，逐渐领悟到其大意。第三，我后来写成的论文不能称为经济史，反倒可以称为财政史，因为明朝的财政和清朝的财政，实行起来不符合现代社会的经济原则。举一个例：大运河里面的粮船，共有一万一千多艘，每船有运军十人，所以一共约有十二万名官兵参与运粮的工作。他们要经过无数的水闸，一到北方又常遇到河水冰冻，有时来去一趟要十个月的时间。漕粮每年四百万石，我们也弄不清楚运费多少，有人曾估计要花十八石的脚费运米一石。其目的不是现下所谓经济，而是政府保持自己的自给自足，故意将北京的物价降低，而使政府官员及家属配得食米。并且所谓统计之中，也有很多前哈佛教授杨联陞先生所说的"假数字"（pseudo-numbers）。我当初想制图表，把这些数字以曲线勾画出来，后来看来不只是行不通，也无从作科学化的结论。

我希望各位不要问及我的论文，虽说被学校通过，但不是我自己可以感到非常愉快的作品。倒是在作论文期间，逐渐看到明朝财政与税收的多方面，深想再花点功夫，作进一步的研究。料不到再涉足进去，就是七年！当时"中央研究院"翻印《明实录》，我也买了一套，教书之外，每两星期看一册并摘写笔记，一共一百三十三册，也花了两年半的时间读完。《十六世纪明代的财政与税收》稿成之后，又与支持此书的哈佛大学发生争执。我已在《地北天南叙古今》里有一篇文字叙述，现在不再重叙。幸亏费正清先生不以为忤。他之遗著《中国新历史》（*China：A New History*）里仍旧称《财政与税收》很结实（solid），是基本的研究（a basic study）。

这书在 1974 年年底出版，按照大学出版社对付学术著作的一般办法，只印一千二百册，卖完即不再版。台湾已经出现一种翻印版。大陆方面有两所大学和台湾一所大学的同事曾商量出中译，可是迄今未有音信，我猜想都没有按计画完成。

1974 年到今天已近二十年，现在我自己检讨起来，我尚没有发觉书中有何主要的错误、需要更正的地方。没有料到的，则是海峡两岸及世界局势变化之大。早知如此，我一定会更把书中的资料，切实与今日之局面联贯起来，把前因后果的关系说得更清楚、更剖切。譬如说《十六世纪明代的财政与税收》最后一段提及中国近代的经济问题，主要的不能从农业体系里生产剩余，去投资其他方面，是出于财政税收体制的影响。明朝的财政系统被清朝大体袭用，它之缺乏积极性格，并不是在历史上不重要。

这种说法就太轻松，没有斩钉截铁说明，明清社会由这财政系统所支配，缺乏局部改革之可能，一改就全部都要更改。所以我们祖孙数代，从衣食住行到权利义务，一变就整个要变，等于重写大立字，已是由来有素，最低限度有五百年的沿革了。

我感谢东海大学的邀请，既然远道来此机会难得，也不愿意只在讲堂上念自己的书，倒想借这机会，把自己当日暗中摸索摘要、与今日局势有关之处发挥。这样比较更有实用的价值。在这里我也附带说及，我自己得益于这段知识与现状情势有密切关系的好处。《财政与税收》一书的准备经过七年，以后我写《万历十五年》则只花了一年。因为以前之摸索，即已奠定了以后研究之基础。《万历十五年》之能侥幸在海外与国内，在台湾与大陆都畅销，主要的乃是它的内容与题材仍和我们今日遇到的问题有密切的关系，有如官僚主义的作风，既危害于明朝，也仍作祟于二十世纪的中国，前后有历史的因缘。

以下是我做研究工作的扼要报告，也把书中没有讲解得透澈的地方更加增强补充：

第一点，中国的传统社会有它自己的特色，断不能称之为封建体制，更不能与欧洲的 feudal system 相比。封建或 feudalism 必注重地方分权。所以"裂土封茅"，土地可以分裂为公国与侯国，受封则爵位世袭，永远遗传，茅是社坛上的旌帜，保有独立自主的气概。这种种情形都不可能为明清社会所容许。

在封建体制之下，领主向农民的征集，赋税与地租不可区分。即在日本德川幕府时代，不称土地税，而称"年贡"，或是"本途物成"，亦即是主要耕作物的收成。有时"四公六民"，有时"五公五民"，亦即是领主与种田人对分，显然的与明清的田赋有很大的区别。

明清的体制是中央集权，皇帝直接向全民抽税，省级州县级的地方官吏全由中枢委派，他们本身都没有立法的能力。

这种体制最怕中层的力量凝固。不仅地方上的贵族建立不付税的庄园不能容许，即是大地主拥有土地至一万亩以上，再不分家析产，也认为可能威胁到朝廷的安全，官僚们必千方百计的将它们拆散。这当中常引起一段误解，明朝的纪录里经常提及贵族的庄田，在十六世纪最著名的乃是万历皇帝，由他宠爱的郑贵妃所生的福王常洵，据说曾接受到田地四万顷，有说二万顷，亦即是四百万亩至二百万亩。其实经过调查，这些地并不集中的存在，也不在亲王各自掌握之中。有如黄河改道，冲没的土地几十年无人耕种，后来开垦之后有了一点收成。长江里的沙洲，当初无主，后来也开发为田，各地方官也在该处抽了一笔小数目的税，当初也没有报告皇帝。后来经万历皇帝发觉，他就责成把这些土地的面积归并计算，称为福王的庄田。事实上这些土地无法实际归并，亩数既不对头，也始终没有由福王王府接管。所谓庄田不过皇帝要求各省，每年由这名目之下缴纳白银四万六千两，各地巡抚也向皇帝讨价还价。及至朝代覆亡，这问题始终没有解决。

在十六世纪土地领有最集中的南直隶，即今日的上海南京地区，有田地一万亩以上的未超过十余户。普通所谓大地主所领有的不过五百亩至两千亩。全部领有每户五百亩以上的户口不可能超过全境户口百分之二十五。每一县之内可能有一千户的土地在一二百亩之间，他们可以称之为中等地主。其他小自耕农多得难以计算。苏州府有付税之户597019个，常州府有234355户。所以极大多数的小自耕农，每户只领有三两亩。

这种情形和民国初年的情形还相当吻合。从经济的立场上讲中国的问题，不是土地过于集中，而是分割过细。现今英国、美国私人的农场以二百五十英亩为一般常态，每英亩当六华亩，所以一般都在一千五百亩以上。

第二点，中国土地税征收率过低，并不是过高。因为税率低，政府的行政效率亦低。

各位看到原始资料内，有说不尽的税重民贫的说法，我可以概括的说，所叙没有包括全部实情。本来税收之轻重，视人民之收入和政府企图行使职权的范围而定，没有经常不变的标准。可是以全国农作物的收成与政府的收入对比，中国明清政府所收之税至轻。即将所有附加加入一并计算，除了极少数例外的情形，有如苏州府和松江府（当地官田的田租混入田赋一并计算），其他各地均在各地收成百分之十以下。有的不及百分之五。南直隶有一个溧阳县其税率不及收成百分之一。

一般记载说是税重，乃是当时没有最低限度免税的办法，亦无法行累进税制。三两亩的小户人家，本来就衣食不周，也要和有五百亩以上的大户人家同等税率付税。在当时抱怨税重的大部分代表地方官，他们深怕税收不能如额征完，他们自己卸不了责任。还有技术上的困难，公文上的统计不能如实地对账。有些富户人家割去一小块土地出卖，标价低廉，但是把他全部应付之税的一大部分割让过去，以致以后的买主得田有限，被割让过来的负担为患无穷；此办法也可翻转过来，富户可以出高价收买卖方的土地，但是只承应接受应付税的一小部分，让卖主留下小块土地去担付不成比例的租税。

今日西方各国的办法，地产付税过期，应加罚款，如再拖延，由法庭强制接收标卖，这些办法在传统农村社会里也无从施行。中国衙门里的办法，是抓着欠税的老百姓打屁股。再拖欠到一个时期只能呈请豁免。这种风气一开，即有力付税的人也徘徊观望，拖着不付税，以便在豁免时沾恩。明代的资料里还提及"倩人代杖"的办法，亦即是一堆赖税的人出少数的钱雇得乞丐，要他或他们冒充欠税人，也私通衙门里的差役，让这些人在衙门前跪打，打后所欠的钱粮仍旧拖欠，以致最后政府只好豁免。有了这种种原因，中国的土地税率无法提高。总之这都是在科学技术尚未充分发达，交通通信种种条件不够，立即实行中央集权，由皇帝直接向全民抽税，并且抽税及于三亩、五亩小户人家的后果。

明朝的土地税共征米麦二千七百万石，因为有的折银，有的征实，征实的又加转运费，折银的也高低不等，高的至每石折银近于二两，低的只 0.25 两，所以缺乏确切的统计。我们大略估计再加入力役折银部分，可能值银二千五百万两，这总数与清朝在太平天国发难之前全部土地税值银三千万两，和清朝末年、本世纪初年，全国土地税值银三千三百万两的数目大致符合。

各位要注意这是一个很小的数目。同时从地方的方志看来，各府州县的税额极少能够如数收齐，大概一年能征收到百分之八十，已经算是了不得了。1619年辽东战役前后，明朝对付清太祖努尔哈赤，曾在各省遍增辽饷，以后又增剿饷、练饷，每次不过每亩加银三厘五毫，但是到1632年全国有四分之一的县，应缴不及数额之一半，尚有其他一百三十四县分文未缴，不仅增饷无着落，以前经常的田赋也无下文了。这不是中国之财富无力承担，而是财政税收水平的分配，缺乏重点，抽税及于最低贫的下户。政府的能力只能与最低的因素看齐，好像一根链条一样，最脆弱的环节首先破裂。

十六世纪后期中国人口，据估计已近于一亿五千万口。政府每年的收入，除了上述之二千五百万两之外，尚有食盐公卖，每年余利二百万两，其他各种商税，开矿的利润、罚款、捐输纳盐的收入种种名目加起来，也不过三百余万两，无逾于四百万两，所以整个加起来略近于三千万两，亦即计口数每口不过银两钱，亦即0.2两。

在同时期欧洲威尼斯人口十万人左右，只和中国一县的人数相似，政府每年的收入已突破三百万金托卡（ducats），等于三十六万盎司的纯金，亦即每口3.6盎司的纯金。

0.2两白银与3.6盎司的纯金，两相比较，发生很大的差距，约略二百倍至三百倍间。固然威尼斯的收入不尽自赋税，政府也经商。各位也可以说：中国是一个穷国家，威尼斯是一个富国家。其实不然，中国是一个富国家，最初开始威尼斯是一个穷国家。一部叙述威城的历史，曾提到她在公元500年前后创设的经过。

> 他们〔威尼斯之草创者〕都是难民，为数四万余，在五世纪被蛮族逐出他们的故乡，在这海沼之中避难。此处土地经常移动。处于咸水的沼泽之中，难民发现无土可耕，无石可采，无铁可铸，无木材可作房舍，甚至无清水可饮。

这样威尼斯才锐意经商，她的财富是商业上的财富，不是农业上的财富。威尼斯不产金，她铸金托卡好几个世纪，所用金都从德国输入。威尼斯可算一个特殊的国家，她可算资本主义的最先进。可是中国也是一个特殊的国家。她首先就把农业上的财富发展到世界各国之前，以后几百年却没有进步。

我们也可以拿她与两者之间的英国比。英国在光荣革命之后，在1692年第一次统筹抽土地税二百万镑。当日她的人口不过六百万口，即以每镑值纯银三盎司计，也是每口平均担付一盎司，这时候中国已入清朝的康熙年间，英国以每口计算（per capita）她的土地税之能力，已为中国之八倍。而且今后这力量还成直线式的上升，终至她的税收总额也超过人口百余倍的中国。

第三点，明清财政体系与中国经济之不能展开有很大的关系。

表面看来，我这种说法甚为费解。政府抽税轻，民间就应当多有剩余，多剩余即多资本，多资本即经济发达。这种想法也是财政税收系统的设计人朱元璋的想法。在十四世纪他就标榜政府不要"聚敛"，不要"与民争利"，而要"藏富于民"。甚至毛泽东也受这传统思想的影响。他在1939年说及："中国封建社会内商品经济的发展已经孕育着资本主义的萌芽，如果没有外国资本主义的影响，中国也会缓慢的发展到资本主义社会。"这种想法也认为经济之发展达到高峰称为资本主义者，可以由民间策动，自然而然的形成，不待政府之参与。

其实一个国家经济之发展，国家与政府消极的不加阻拦不算，还要积极的参与赞助。因为商业上的财富，注重流通，经常的赊欠放债，一方面借，另一方面就投资，在这进出之间合同一定要有保障，所以民法一定要规划得详尽，个人的权利义务一定也要大家都有共识，简单明了。这些都属于法律。政府不仅要有立法权，而且要有执行的能力。从政的人员必须经过特殊的训练，首先即要在社会上和教育上养成这种习惯的风气，影响到宗教。这也是一个大整体的组织与运动，与我前面所说的立字相似。

虽然我不能说中国过去五百年缺乏进步，应由明太祖朱元璋以来，一脉相传之财政税收体制负责（因为还有其他的因素，以下交代），这体制却已充分表现中国传统政府不能也无意创造新法律，造成经济上的突破。

明清社会里最与基层接近，而最有实际功效之机构为县级衙门。所有之土地税，一部商税，矿银，行政收入如赃罚、僧道度牒（出家人之执照费）、开纳事例（民间捐官、派为监生等）均由知县收集，所以除了盐税、番舶抽分、竹木抽分之外所有税收，多于全国百分之八十五，都由县级征完。

明清政府采取"结构一体"（monolithic）的方式，知县既为地方官，也是中央派来的专员，除了很少的地方有极少的例外，一般县境之内就没有代表上级的分局和分处。知县虽为文官，守土有责，在有事故时应当与县城共存亡。他既为行政官，也是司法官。重要的诉讼尤其是刑事，他必须亲自听审。

一般情形之下他有一个县丞，也就是副县长；一个主簿，我们也可视之为秘书长；还有一个典史主牢狱；一个县儒学教谕，和现代的党代表与政治指导员接近。只有这些人在文官系统里有地位。其余的官，大县可能有半打左右，小县减半，称为"未入流"，有同军中的准尉，不能与一般官僚同样的提调升迁。再下层则是吏，亦即是书算手，虽为地方性职业性的低级干部，待遇菲薄，有些尚且无薪，只靠非正常的收入生活。大县可能多至二三十人，小县可能十余人。只有这批人手，又缺乏银行与汇兑处，如何能够处理几万纳税的税户，一般的县份都为数几万，大的县多至十万以上。况且当日的风气又重仪礼、重文字，各官员在繁文缛节之余，已经忙得不可开交，如何能注意到乡村里的纳税人？

其答案则是使用威权。上海县在 1584 年即将全县划为五十六个区，一区就指派一个"总催"，下辖十余个村庄。这总催每隔十日必须到县衙门报到一次，将他经管的钱粮和书算手对数。如果有不如额的地方这总催就要挨打，打罢他的责任没有卸下，他还是要催。我们也可以想像这些人只要可能时，在乡村里作威作福的态度了。上海的土地税，一部分属于漕粮，而且属于"白粮"，亦即赍送到北京供宫廷里食用或国家祭祀之用。于是在这些派粮的区里，又各派一个"收兑"。他的任务要责成粮户，将白米运送到指定的河滨，和运军交纳完毕才能算数。白粮一到船上，就成了运军的责任。我们从很多文件上看到，粮船遇到风暴漂没，运军有负责赔偿的记载。有时追究责任及于总旗、小旗，亦即下至连长、排长，有些文件还提及运粮的军官负不起责任卖男鬻女，甚至削发为僧。

　　这种体制威权总是由上至下，所有各阶层都要规避责任，所以最怕变态，因为一改则全部都要改。我们也看到有些文件上提到土地变形，以前记载在文书上的土地被水冲去，可是应缴纳的钱粮无从注销，即是以前应纳粮的人不在，邻居乡里也要集体负责。

　　1580 年张居正以万历皇帝的教师的地位秉政，用年轻的皇帝的名义实施全国丈量，把所有的土地重新清算一次，准备与民更始。可是张自己在 1582 年死去，于是文官集团里发生一次"翻案"的运动，以前称张居正为能臣的人都被排斥，以前和他作对的都算好人。凡是丈量清出土地的人都被称"掊克"，亦即是以少报多欺负老百姓邀功。群情如是，万历皇帝也只好发下诏书，将这次费了九牛二虎之力所主持丈量的成果推翻。以后到清朝康熙皇帝想实施全国丈量也没有成功。明朝土地之底帐一直用到民国时代，有中外书刊证明。这样也可以窥见中国改制的困难了。

第四点，我们将这体制与外界比较的话，不要只抓着一人一时一事指摘，而注意其整个系统之全貌。

上面已经讲过，一个社会真正的转捩点在法律。（这法律也要在社会上行得通才能算数，民国初年政府颁布的法律与社会脱节，仍是具文。）根据西方改革的经验，最产生效用的首先是遗传法与破产法。我如果投资与人经商，我要知道合伙人去世之后他的资产如何处理。如果我先去世，我也要知道我的钱财如何留给后人。并且投资即有风险，我也急于知道自己冒险之程度，和对方遇到损失时准备认帐的程度。在农业社会里人与人之关系为单元，只有短线的来往，以上各节也视私人关系和私人节操而定。在新型的商业社会，人与人之关系成为多元。我买了王安公司的股票，不能因王安先生去世，这股票就作废，就算公司亏本，股东也仍有权利义务之保障，因之凡事都有一个客观的标准。

再进一步，一个人开的公司大了，务必委派旁人管理，因之所有权与经理权分离。如果经理监守自盗，以前在农业社会里系属私事，在商业社会里关系很多人的利害，也要秉公处理。更扩而充之如果做广告宣传以蒙蔽欺骗，医药诊断之不当贻害病人，这些做广告的人、开药方的人、经营药坊的人如何负责，都要由司法机关判断。我这里所讲的情形都属于信用。而信用之展开，必须有法律在后保障支持。总之社会愈进化，社会上分工合作的程度增高，需用法律之处亦愈多，政府之干预亦愈繁。

一个似非而是（paradoxical）的现象：一个现代化的政府抽税多，组织庞大，对人民的生活干预深，而人民不以为苦（最近这情形也有改变。可是与我刻下所讲的题材限于农业社会与商业社会之间比较的不同）。明清帝国之政权表面看来，抽税轻，政府人员少（虽说编制之外有半官方身分的人很多），业务简单而人民反蹙额的怕衙门。

主要的原因，乃是现代西方的政府带服务性质，不仅以上各节有关法律可以算作一种服务，而且交通通信保险各种事业要不是政府在后实际主持，则在监督辅助。这在明清政权，也都谈不到。它的职责纯在管教。

在运河里运粮的情形已如上述，责任所在及于运军的连长、排长，当然政府在后勤业务缺乏组织。各位也知道明朝有所谓"粮长制度"。这也就是政府不注重后勤，而将责任推诿到纳税人。凡是各地方土地税内有粮一万石的区域，由政府指派粮长一人，以当地殷实大户充之。他有组织运粮队，在地方上抽派运夫，征集损耗的附加，选定路程，督运食粮赴远处仓庾交纳的任务。凡属于路途上的治安医药卫生损耗的防范，都是他的责任。不到粮额于指定的地点照数完缴，他的责任无可交卸，遇有损耗也由他出资赔补。即是十六世纪之后纳税用银，此种组织之体系并未变更。一县要交纳银物到一二十个被供应的机关，每一机关又接受十来个州县的供应，是为常态。因之全国盖满了许多此来彼往短距离的补给路线。凡银行业务、汇兑业务都无从展开，这种办法继续到清朝。自洪武至宣统凡五百四十三年，明清两朝始终未设立一个中央银库。不仅鸦片战争时扬威将军奕经的战费，以这样的姿态由各处零星抽来，即甲午中日战争前李鸿章的北洋舰队也赖各省津贴。明清帝国之中枢缺乏带整体性的出纳机构与后勤能力，是其特色。

从我们今日之眼光看来，明朝有很多资源在其掌握。若合理的利用，尽能解决其财政问题，有如初期之纸币及以后之盐税。但明代君臣只重威权，不顾商业信用，使其有利之因素无从发挥功效。

大明宝钞在永乐年间（1403—1424）即已贬值到无可挽回的程度。明朝又疏于铸铜钱，据估计全朝代所铸不能超过八百万贯，北宋可以在两年之内铸出明朝二百七十六年所铸数。朝代后期被迫使用碎银，这是对人民及本身极不利的办法，各位试设想若是今日大家要用金子买汽油和面包，市场是何局面？以后明朝与满清作战，也吃了货币的大亏。十六世纪末年和十七世纪初年，中国每年由南方自赋税内运北方银四百余万两至五百万两，散及军民手中之后，北方即用此银两购买南方之出产，主要的是棉花、布匹、绸缎与磁器，大概几个月内，已使货币回笼。和满清作战，每年要用银二千万两，缺乏这种平衡的办法，将货币大量输至平日不用银的地方，只有使通货膨胀物价高昂。

现在再说盐税，对明朝讲这是食盐专卖的利润。整个法制订在朝代初期，仿照宋朝的办法，叫做"开中"。凡是出盐的地方整个区域划为盐场，用河流和运河与一般民众隔离。河东区域有一座盐湖，横宽大概不逾五里，倒有五十里的纵长，里面的水含盐的成分达到饱和点，一到适当的季节，盐花可以用网捞出，于是政府围着这盐湖筑造一所砖墙，长达百余里，高十三尺，以后增高到二十一尺。沿湖都有兵士把守。

在其他产盐的区域，在盐场的户口称为"灶户"，他们无一般当兵纳税的义务，但是每一个"丁"要向政府缴纳定量之盐。一般为每年三千二百斤，由政府酬报米六石。这盐不卖与一般市面，而由政府招致商人，由商人先向边区交通不便的地方，对边防军供给粮草，边防军给予收据叫做"仓钞"。商人凭仓钞至出盐之处领盐。行盐的执照叫做"引"，这执照的印刷完全操在南京户部。商人支盐并不是随到随领，而是要等候到一定的数目成批的领。政府发引的时候又注明每引的行销地区。所以不至于商人先来后到之间产生盐价高低，也不至于交通方便之处有盐其他地方缺盐。整个的设计依照一个 master plan。

可是这样一来食盐之行销受着中央管制的羁绊。边防军、户部、管制盐场的行政官都各有固定的预算。商人忙碌奔波在三者之间，至少也要两三年才完成一笔生意，有时到八年、九年、十年。更因以后政府又在程序上加入细节，使有些商人候盐候至三十年之久。政府还不自责或赔偿损失，尚且发出通告，以后候盐只有原纳粮人之子孙才算合法，没有再嫁之寡妻也可以算数，至于妾或者叔伯侄子等近亲一律不许。

变更程序的办法首先就订出"存积盐"与"常股盐"的区别。其逻辑则是国家有非常的景况不能预料，食盐的收入为国家的根本，"让我们抽出一部分作为储备吧"！可是刚一立法，存积盐也拿出来卖，因为所谓存积无拖欠，所以受欢迎，一时畅销。可是常股盐只有原额百分之八十，以前纳粮候盐的盐商候得更久了。1449年明军在土木堡和蒙古人作战失败，皇帝被俘虏，军队需要补给的情形愈严重，于是将存积与常股的比例从百分之二十至百分之八十，提升到百分之六十至百分之四十。此亦即是政府赖债，违背合同，不付利息。日子一久，存积盐的拖欠也和常股盐一般无二。

盐价高则私盐盛行。原来的灶户要不是逃亡，就是少报人口，片面的制盐私贩。总之就是政府失去控制，收入短缺，无储存之盐对付应支盐的商人。补救的办法乃是所谓"工本盐"。理论上各盐丁额外加工，在缴纳政府的数量外另外煎制之数，要商人除了缴纳边防军粮草之外，再多出工本向灶丁购买，其实各灶丁所缴已远低于初年三千二百斤之数。这样的安排，无非是将他们所制私盐公卖，政府也仍从中取利。到了这种程度，政府本来可以干脆的承认自己无力专利于制造，以后只在食盐上抽货物税（excise）。可是这样违反了整个官僚机构的行政逻辑，同时食盐专卖既牵涉边防军与户部，也影响他们的帐目与预算，所以宁可拖欠，没有人能负下改制的责任。

我们这里提到的商品只有一种——即是食盐。可是因为经理管制的原因，起先分为三、四种，后来分为八、九、十种。再举一例，十六世纪后期，有些地方得不到盐，于是要加速食盐的运销，以前食盐堆积于各产盐区的批验所，要成批放行的办法仍是不改。可是另外抽出一批盐，只在船上抽验放行，称"河盐"，以与囤集在码头上的"堆盐"区别。用不着说，河盐有利，给堆盐很大的竞争。一种商品既为日需品，又分作两类以上，必有优劣之分。其竞争的结果，并不是优势部分将价格降低，而是一齐将价格增高。凡是运输粮草到边区的成本，候盐期间的利息，贿赂官僚的费用等等，都要加在零售的价格之上；即是私盐，它也不可能将官盐的价格降低，而是随着一齐上升。到情况最不好的时候，食盐成为奢侈品，一般人民淡食。

本来食盐专利是工业革命之前的利薮，也为其他国家如法国采用。只是因为明朝全部以官僚主义的精神把持，害多利少。有时弄得产盐之处食盐堆积，原来已付费的商人筹不出额外需索的费用，各处待配盐的地方又缺货，资金冻结，食盐损耗，只有最少数的投机商人和不肖官僚发了一批横财，政府与正当商人一齐与老百姓受罪。此种情形终明季未止。

还有一个例子，更表示明代政府，其本身之目的在管教，而不在服务。

官僚管制大批民众的办法，乃是"集体责任"（group responsibility）。如果子弟犯法，找到家长负责。村民不受约束，由里长甲长负责。纳税人欠税，由"总催"负责。好在大家都在农村里，一般情形之下无法远走高飞。即是商人也可以责成他们互相保证。惟独对于开矿的矿工，缺乏适当的办法对付。他们一般从各处招募而来，即无从打听个人底细。当日开矿又是投机生意，本来矿主的资本就不够，一到开采不利，又无遣散员工各还本籍的办法。矿工人数又多，失业之后缺乏救济，一般落草为匪。他们开矿之后学得打铁，也有了制造简单兵器的本领。十六世纪有好几次的匪患，由开矿而发生。1559年嘉靖帝需要修建宫殿，让全国人民开矿得银民六官四，可是引起浙江江西间大规模的匪患。1566年"矿匪"攻下了南直隶的婺源县。事平之后，政府在1568年将三省交界处的矿区划为禁区。所有矿洞一律封闭。重要的道路上勒石，不许闲人进入，原来在矿区的民户也一律强迫迁出，因此受损失的田赋，则由附近各县附加抵补。官方尚印行一种书籍，称为《三省矿防图说》，里面讲到各条道路及应防备的地方。一部地理上的书籍不提倡开矿而反对开矿，看来也算独树一帜，只代表中国官僚主义之特色。

这样看来，明朝政府的收入，得自工商业的方面极少，也不足为奇了。我作《十六世纪明代的财政与税收》时，估计土地税并附加约为银二千五百万两，盐税约为二百万两，其实盐税里尚有一部得自"荡价"。"荡"原来是水浸低湿之地，当中产芦草，可作煎盐的燃料，后来被有些灶户开垦为田。政府也向他们征一部分的税，而并不在一般土地税内计算，而抵补食盐专卖的短缺。这两项就已注入全国收入之绝大部分，近乎百分之九十了。其他所有的收入，共计三十种项目，总共所入即从宽估计，也不可能超过四百万两，只有三百七十八万两左右。而且当中最大的项目，尚是我们所谓行政收入。例如捐官（即"开纳事例"），每年可到四十万，而全国开矿的矿银，即在最丰裕的一年，也不过十五万。

所以我一看到时人写历史，谈到明代嘉靖、万历年间，膏腴万顷，土地集中，各王子也建庄园，是谓封建时代，后来松江华亭上海纺织业发达，又是资本主义的萌芽，就希望这些人能够花一天半天的时间，稍为浏览明朝的财政史。再说一遍：资本主义要金融经济、商品经济趋于成熟，信用广泛的展开，支持现代经济的技术因素如信用状（letter of credit）、汇票（bill of exchange）、提货单（bill of lading）、复式簿记都已通行，而且保障这些因素的法制都已在位，才够谈得上。明朝与清朝，不仅货币还没有组织得上头绪，而且法律上还没有彻底支持个人私人财产权利这一观念；一般人也还认为"集体责任"是好办法，不仅银行业和保险业还没有开头，连最基本的交通通信条件尚不具备。在这情形下如何能谈得上资本主义，尤其我们以为资本主义是一种组织和一种运动的话？

我们无意在这种主义与那种主义上咬文嚼字。可是以上的误解蒙蔽事实。明清时代有少数的人在特殊环境里成为巨富。长江下游所产棉布称为"南京货"（nankeens）尚在工业革命之前输入欧美，保持夕阳前的质量优势，但是这些条件不是具备中国现代化的条件。财富缺乏法制上的保障，又无品位相同的公司做生意，将批发与零售结构为一体，势难持久。在这背景上我们尚可看到剩余的资本无法适当的投资，只能将金银制成器皿，或者埋藏于地下，再不然即开当铺，而不是用于生产。十六世纪中国有当铺二万家，即十九世纪仍有七千家，即是信用不发达的证明。

于是经济无力多元化，传统农业生产方式也一直维持到本世纪，百分之八十的人口，也还是以此为生。农地分割破碎，技术落后，农民借债只及于远亲近邻，他们惟一出头的办法即是进学中举，要不然就是增加户内的人力，于是引起人口数目直线式的上升。总而言之，中国近世纪的种种困难，在明清之际都已存在。只因尚未开垦的土地仍在，这经济体系仍能在数量上扩充，而且因科举考试及其他原因而产生的社会流动性（social mobility），使这种体制仍能继续。

第五点，虽然有了以上的指摘，我们不能以为我们一生的不幸，应由这种财政体制负责。

中国人重褒贬，写历史时动辄把笔下之人讲解成为至善与极恶。这样容易把写历史当作一种抒情的工具，于是最近几十年尤其在大陆，产生一种骂历史，骂祖先，甚至骂地理的读物。我知道这种弱点很难避免，即我自己亦然。可是这样情绪激动之后，把当初寻觅因果关系的初衷整个忘记。凡是一件事情的发生，必有它的前因后果。我们只能说历史为何如是之展开，无法坚持历史应该如是展开才合情理。尤其今日我们提倡放宽历史的视界，我们务必采取中国法家所说"天地不为尧舜而存，也不因桀纣而亡"的客观态度。归结起来，我说明研究中国近代史从财政税收可以打开出路，但是这是起点，不是终点。我不能因为自己写了一本财政税收的书，因此也鼓励大家都写书讲述明代的财政税收，那样就辜负了自己写书的目的，也就辜负了东海大学要我来和各位讨论的目的了。

（二）过渡期间的社会与经济

1992 年 11 月 10 日讲于东海大学

中国近代史里面有很多事迹，我们以为已成定论，历史书里早已记载详细，没有要讲的了。而其实不然。举一个例，1930 年的中原大战，蒋先生与冯玉祥、阎锡山大战于河南、山东及江苏北部，双方动员一百四十万人，战事从五月延至双十节。战事最激烈的时候，冯玉祥部队因为过去有俄国接济，每日发炮弹二万余发，抗战的时候我们没有这样的火力。战事结束时，蒋对外国记者发表谈话承认中央军死三万、伤六万，对方伤亡十五万，而且在陇海铁道沿线之破坏不可胜计。这距中国全面对日抗战只有七年。我们读到这段历史，不免掩卷叹息，要是花在这种内战里的牺牲用以抵御外侮，岂不是对国家对个人都比较上算？

这次发动战事的原因，由于提议裁军而起。民国十七年也就是 1928 年北伐成功，东北易帜，南京政府提议裁兵，冯玉祥首先反对，阎锡山也通电蒋介石，他愿意与蒋一同下野，也就是表示不听蒋所主持的中央遣派。单从道德的立场着眼，我们可以跟着一般人对冯、阎责骂，或者甚至把蒋先生骂在一起，总之就是军阀逞凶，意气用事，勇于私斗，怯于公战，没有什么好讲的。

可是这次事情既已发生，则必有它的前因后果。三个、五个人没有见识，自私自利，还可以说得通。但是动员的区域牵涉到十余省，死伤人数超过二十万，就不是那么容易可以解释的了。难道这一百四十万人里面所有的军官都是利令智昏，或者他们全部被蒙蔽？

首先我们必须承认当日农村人口过剩。骤看起来这说法不近情理。今日大陆的人口超过十亿，1930年最多也不过五亿。为什么今日农村还能维持这么多的人口，六十多年之前就维持一半还感困难？其原因则是耕地零碎，土地没有经济的使用。同时农民放债收租及于远亲近邻，收成不好的时候负债的农民被排挤，只好离开家乡找出路，所以到处都有剩余的游民。他们在城市间寻找工作不得，只有当兵，否则落草为匪。我小时候在湖南长沙就亲眼看到各部队的军士，张扬着"招募新兵"的旗帜，临街招兵，而立时就有人应募。北伐期间中国军队由一百四十万膨胀到二百三十万，只是增加容易，裁减困难。士兵和下级军官既已在军队里拼过一场两场命，就指望在冒险之中打开出路。中原之战可以说是由下层不愿被裁，向上级所构成的压力激成，一方面也可以说是一百多万人互相竞争，显示个人应当被留，而不当被裁的表现。我初在美国上大学时，听到一位教授讲中国人命不值钱（In China, life is cheap.），心中就觉得非常气愤，想着谁卖命给他？后来听到朋友说四川军阀部队在冲锋前挑选敢死队，确曾把银币成堆的摆着做犒赏，功成之后立即领钱。这已经是要人卖命了。不料后来读到一段史料，提到蒋先生在广东打陈炯明也曾采用同样的办法，惠州城之攻克，即曾采用此办法。这不是我们讲历史的人毫无记挂，可以信口提出心安理得的。只是今日业已事过境迁，我们回忆到六七十年前的国步艰难，才能对眼前的问题另有看法。回头再说1920年间及1930年间的内战，旁的条件不说，要不是当日农民绝对的穷困，生活艰难，这样大规模的厮杀，不可能由少数的人随意指使，经常发生。

中国人至今还有百分之二十不识字，民国初年不识字的可能在百分之九十以上。各位记着我昨天讲到明朝财政税收的情形，也可以想像，识字除了读书进学中举做官，或在衙门里当书算手之外，很少有用途。农民除了用人力打开出路之外，别无他法，孩子十岁左右就要帮着成人作庄稼之事，谁有闲情逸致送他们上学校读书？我在军官学校毕业之后，在1941年分发到部队里当排长，我手下三十六个士兵，就只有四五个能识字。我在部队里第一天就犯了一桩大错。我把口袋里一本小册子，亦即是这三十六个士兵的名册，要我的上士班长照名册点名，他一时面红耳赤，我还没有了解到问题之所在，直到他喃喃的说出"不识字"，才知道我的工作环境。从那第一天起，那个上士班长就把我当作对头，他以为我有意在士兵面前羞辱他。

迄至在军官学校里我们的想法，总以为军队里有纪律，下级总是俯耳帖首听上级命令。这只是一面的看法。另一面则触及群众心理与社会习惯，则上级无不迁就于下方。我当下级军官最大的困难，即是彼我之间没有共同的语言。这时候抗战已近四年，士兵已经确实知道我们在"打仗"，眼前有一个强敌日本。可是此外个人的权利与义务、责任问题、如何分工合作、纪律之重要种种抽象的观念，全部说不清也讲不通。那我们部队里靠什么维持？其答案乃是群众心理、传统意识形态、仗义气、讲面子、士为知己者死、原始英雄崇拜。要是排长能压制住班长，其他士兵就服从于排长，要是班长盛气凌人，反而欺负排长，则军队里的重心已不同于表面上的编制。各位再要回想：1930 年的中央军是一支新突起的军队，冯玉祥的西北军、阎锡山的晋军，和张学良手下的东北军都已经有了十多年、二十年的背景，他们的组织系统上下之间都老早有了这种传统力量维持。新国家与新社会尚是一种抽象的观念，属于未来。个人的人身关系，一同拼过命的战友，对部下与遗孤的责任反而实际，不可抹杀。这些条件都属于社会学（sociology）或社会心理学（social-psychology）的范围，可是今昔的学者很少注意。中原之战前冯玉祥向他的士兵训话，就提到南方人在欺负北方人，可见得各人对于当日内战的看法各有不同。

昨天我同各位讲到明朝的财政与税收，从这些背景上即可以看出，明朝与清朝不是我们今日所公认的一个国家。实际上这是一个无数农村拼成的大集团，皇帝的力量不来自军备，也不来自经济，而是因着意识形态的支持。他是一切威权的来源。表面上他的威权无限，而实际他能掌握的纵深极浅。民国成立之后，新政府无从承继到旧体制的威权，却先已受到旧体制里财政税收的限度所拘束。各位要明了：税收的沿革是这样的，并不是十四世纪的赋税抽得轻，二十世纪就可以加重。当初税轻，农业的收入早已支持大量的人口，也使远亲近邻层层剥削为可能，这种情形经过好几世纪，不能再由政府突然改变，说是过去税轻是一种错误，现在我们要实行加税。各位也记着：民国成立以来，国库囊空如洗，新型的收入像关税和盐税（盐税经过外人的解组，业已现代化）也都被外强把持，作为战败赔款与借款的担保，在财政没有出路的情形，也是政局不能稳定的一大主因。

在很多国家田赋是收入之大宗，在英国和日本都在国家现代化的当头，发生决定性的功效。但是在中国既然这样的微薄，又分散而无法集中，只能维持省级单位的旧式衙门，有时省级尚只能让县级用作开销，自己另觅财源。说到军费更是可怜，很多地方只能靠卖鸦片烟，再不然则出自厘金。厘金创立于太平天国发难时，满清政府准许各地驻军在防区内设关卡，对转口税值两抽厘，亦即千分之一，取其税率低。但是关卡林立，老百姓贩布卖猪都要付税，经过五个关卡就要付五次税。它和鸦片税捐一样，只有附近驻军作主，才有成效。其收入也是就地支用，不受中央管制。

综合起来，这是一种可怕的现象：军队的向心力不在国法与纪律，而在忠义的成分，亦即是私人关系与私人道德。军队的维持又靠地方上鸦片的贩卖与内陆的物品转口税，也伏下了"地盘"的观念。这两种成分加起来就是军阀体制。所以当日的军队统治有内在的原因，预先埋伏了若干军阀性格。（当然与带兵将领的性格也有关系，但仍是这内在的力量强。）中原之战也可视作政府企图中央集权，与这地方部队和省区部队的军阀性格冲突之表现。

1927年国民政府定都南京，首先就想整理财政，寻觅新税源，也在上海新增了若干税捐，曾遇到外人的抵抗。我这里有当日英国人办的《字林西报》的一幅漫画，表示外人的反感。尤其国民政府收回盐税，曾遇到《字林西报》的抗议，因为盐税在北京时代已经用作外债的担保。

可是中原之战发生在1930年，隔1927年又已经三年，国民党已经在江浙地区产生了稳定的力量，外商的态度也渐渐改变，逐渐希望当日之蒋总司令完成中国之统一。中原之战爆发之近因，乃是阎锡山在5月3日扣留了天津海关的收入。以前南京政府还在与北方通电，互相争辩。海关收入被扣之后，蒋即在5月8日北上指挥军事，和议到此绝望。还有一项局势之展开，至今为写中原之战的历史学家所忽略。当战事激剧的展开时，南京的财政部长宋子文曾于5月27日，在河南归德的总司令部发表谈话，强调军费不易维持。他说到过去军队随处作战、遇地征粮的方法已不适用，但是他的财政部筹款的办法，也已山穷水尽了。这种情形，非常特别，很少有作战期间自己的财政部长，自己暴露本方即将破产的弱点，而且这种呼吁又向外人提出。我的观察，他的目的在唤起西方国家的注意，即对南京政府不加援助，也应当不加阻挠。如果中国再又弄得四分五裂，各人都截留关税，对外商也没有好处。果然他的呼吁发生效力。两天之后，亦即1930年5月29日《纽约时报》登载了一篇社论，支持宋子文的言论，在我看来这与当年年底南京政府宣布废除厘金，实行关税自主，没有遇到外人之阻挠有关。

中国的关税一般称为"值百抽五"，其实这是一个大概之原则，各种品目有高下。只是自从与西方各国订立不平等条约以来，一直维持十九世纪的价格与税率，海关的管制，也操在外人手中，其收入除去赔款与借款之本利外，只有剩余一部分，称为"关余"，才由英国人充当的总税务司拿去交中国政府。中国过去曾屡次要求关税自主，修改较合理之税率，也和美国订有合约，只是无法执行，直到中原之战后于1931年1月1日成为事实。对中国讲这是一件大事。与革新之盐税摆在一起，南京政府才勉强有一点像现代国家之财政与税收。所以中原之战，正面看来只是同类相残，损害了国家的元气，在侧面却并未缺乏隐藏着的好处。

国民政府希望全国确实统一的计画，因此一战只片面的做到。阎锡山部于7月被击败，冯军战线至10月才整个崩溃，但是中央军对二者都没有追击。这时候东北军也已进入华北，蒋、张同盟，张学良就任国民政府陆海空军副总司令，蒋委托他对冯、阎军改编。冯玉祥从此无力再问鼎中原。阎锡山虽然失去平津地盘，也仍然能够控制山西与绥远，冯旧部如宋哲元、张自忠仍有掌握一省的力量。蒋先生能够确实掌握的地区只在黄河之南，和北纬35°接近。这和北宋统一中国，留着吴越钱家半独立的姿态大致相似。好像是一种妥协的方式。

可是仔细看去，内在的更变，多于外界的妥协。有如过去西北军受到苏联的资助，东北直接与日本办外交，经过 1930 年后此类事再未发生（虽说阎锡山战败后一度退居大连，与日人保持接触），同时日本增强对中国之侵略，发动九一八事变，也是因为中国之统一，与他们的大陆政策极不相容。

从国民政府的档案看来，蒋介石于 10 月 9 日中央军攻占洛阳之日，即返南京；1931 年 1 月 7 日财政部长宋子文北上与张学良洽商北方财政问题。他去后十天，各问题即已解决，1 月 18 日宋哲元、商震、徐永昌、傅作义等（都是冯、阎军之将领）通电中央，表示服从，接受改编，宋子文于第二天回南京。这当中的详情缺乏记载。一直到最近我看到宁恩承先生在《传记文学》（331 号 1989 年 12 月）发表的一篇回忆，才知道宋子文与张学良的协议产生了一个河北财政特派员，后来所属为冀察晋绥四省统税局，名义上属财政部，实际由张委派。厘金取消后改抽统税，所属为棉纱、卷烟、火柴、面粉、洋灰，再加入矿税、烟酒税、印花税等，即以收入经发四省军饷与政费。这样虽然没有做到财政统一的理想境界，与过去资鸦片、抽厘金的军阀体制相比，则已进步多多了。

从此南京政府以新式装备维持核心约三十个师，被人家称为"蒋氏嫡系"，外国人也称之为 Chiang's Own，外围又用津贴的方式，维持到可能近于一百个师的地方部队，再更外围的部队，如云南、四川各处的部队，只要他们名义上服从中央，细部已不过问，大体上仍保存他们的补给办法。这种新平衡的方式，除了极少的调整外，维持到抗战前夕。换言之，此亦即是中国对日抗战开始时之阵营。直到八年抗战之后，中央军与地方军之痕迹才逐渐消失。但有些仍保留至抗战结束。

这不是一种理想的解决之方式。前天我已经和各位谈及，我们学历史的人不当注重历史应当如何的展开，最好先注重历史何以如是的展开。蒋介石与国民政府于1926年开始北伐，只有四年时间，他想成立一支现代军队，由财政集中的方式支持，为中国历史之前所未有，至此已尽到最大的力量。并且抗战之决策，并不是以同等的兵力与敌方对拼，而是利用中国人力与土地的广大和对方拖，把对方拖垮。同时得到欧美的同情，使中日间之冲突化为一个国际战争。中原之战前提议裁军，将全国军队缩编为六十五师，人数八十万，务必要采取精兵主义，可是中国的军需工业和交通通信的设备，都够不上支持现代化的军队。抗战开始一年之内，中央军现代化的表面就无法保全，以后被驱入内地，工厂的数目只有全国百分之六，发电量只有全国百分之四。这不是精兵主义可能融洽得下的。1986年年底我来台北参加第二届国际汉学会议，我已经当场报告：我做下级军官的经验"半像乞丐，半像土匪"。可是也只有这样，能在内地农村生活条件下生存的力量，才使抗战持久。虽然没有凭自己的力量打败对方，我们却已达到将他拖垮的目的。如此看来中原之战不是那样毫无意义。虽然我们仍旧痛心于二十多万的伤亡数，虽然我们仍旧可惜那每天两万发炮弹的火力，至此我们可以想到这次战争是北伐到抗战之间的一种必经阶段，因为如此，我们可以就此承认它在长期历史上的合理性了。（此即 long-term rationality of history。）

〔各位先进，各位学友，我来此的目的不是注解中国历史，而是提及自己读历史的经验。我所提出的中原之战不过是举一个例，说明中国近代史可以从社会史和经济史发展。如果我们注重1930年间社会情形，军官与士兵心理状态，我们就知道军阀割据的内在原因。如果我们推广到抽税筹饷，我们就可以想见虽在最黑暗的关头，中国仍在前进。不料举一个例，就讲到半个钟头以上。我看休息五分钟，大家伸伸手足如何？〕

我曾被批评说是我写的历史完全以成则为王、败则为寇为标准，这种批评完全不正确，同时我也不是"人是我非，人非我是"。那样所谓"平反"也不是我的目的。我写历史，重于已经发生的事情之因果关系，而不注重私人情绪上之好恶，外国人叫做positivism，本来是积极性，也有人翻译为"实证主义"。（我也不高兴这样主义、那样主义，因为中文一提到主义，就是一个大泥坑，一跳进去，就爬不出来了。英文之ism比较轻松。）说来说去，历史学家的工作，主要在探询在我们面前发生的事情之前因后果。一件事情既已发生，最低限度经过二十年。其成果尚不可逆转，那我们就务必要就事解释。虽说我们高兴某人，不同情某人，不能完全避免，那已经不是作史者之正途，有时反而使读史者误入歧途。

昨天我已经提起，在我们这一生衣食住行无不经过一段改造。我在1950年第一次来台北，从飞机上看下去，触眼只看到日本式的木房子。下飞机之后街上飞尘扑鼻，所见通行的车辆无非军用卡车与吉普车。今昔相比，这样变动已经很大，可是环顾内外，不仅台北如此改变，其他各地方也有类似的改变。在时间上讲，我们眼前所经历到一段的改变，也仍只是一个长时间亘世纪的一个大改变中之一部分。1988年我来台北时，社会大学吕学海先生说他在基隆附近的农村里有一所房子，星期天他要我同他去当地参观。第一件引起我注意的则是当地乡村里有电气设备。信不信由你，这是生平第一次我看到中国农村里有电。我一问起何时开始，是日据时代还是光复之后，村民告诉我们，开始于1960年代，离我们访问的时候已经二十多年，快三十年。

农村里有电气固然是物质生活的一大增进，同时也反映社会组织的改变。电线能通到农民的屋顶上，表示电力公司已经在会计上认为每家是一个单一的用户，能够把电力供给他，到期按电表收费。在我看来，这不仅是进步，而且是改组了。以前怎样呢？据我在大陆上的经验，在乡村里和一般农民打交道的只有政府。政府尚不承认各家各户在法律之前是一个独立的单位。凡是有何交易进出，概由保甲经手，征兵纳税无如此。一家漏税，唯保长、甲长是问。一个人犯法在逃，亲朋邻舍负责。这也就是上次所说集体责任之由来。从那样的体制，到今天各人自付电费的体制，是一段很大的改革。在中国讲牵涉到一千年的背景。不仅我今天所讲的中原之战，是北伐与抗战中的一个阶段，它把中国军队里的军阀性格稍为约束，也把财政税收军需出入比较做得更现代化。前者属于社会史，后者属于经济史，这一切已是前所未有，仍只算作改革过程中临时的一段调整。而北伐与抗战也仍不过是这空前庞大运动中之一环节。

用不着说各位已猜透我所要讲的空前庞大的运动，可以说是进入资本主义之体制；这也是一个国家现代化之真髓。我因为这些名辞非常混淆而容易引起争执，所以强调进入此境界时，一个国家和社会即可以用数目字管理，亦即是过去以农业社会之生活方式作为施政的基础，现在利用商业社会里的生活方式。这样反能使读者看清这种改革之内涵，比一种呆板的定义更实用。（可是在《资本主义与廿一世纪》书内，我仍给资本主义赋予定义，详该书页182。）换言之，我重归纳法，不重演绎法。有如我在《万历十五年》内已将中国官僚主义的理想与习惯叙述得详尽，即无须再将官僚主义这名辞搬出来，再制造出一套抽象的理论。

可能也因为资本主义是一个常用的名辞，我不能如是容易的脱身。大家都知道讨论资本主义的前有马克思（其实马克思未曾在字面上引用"资本主义"这一名辞，只称为"资本家时代"[capitalist era] 以及"资本体制之凭借的根本"[Kapitalischer Grundlage]），后有韦伯，今日有不少的理论家自己已钻入"逃墨则归于杨，逃杨则归于墨"的境界。我个人即有此经验。有人问我是不是马克思主义的历史学家，我说不是，对方就说那你一定相信韦伯了。

可是事实不是如此简单。在这情形之下，我们也可以再引用孟子所说"尽信书不如无书"。韦伯叙述欧洲脱离中世纪而进入现代时，思想信仰上的解放，有如路德及喀尔文的神学，赋予教徒以自信，使他们将宗教上的信仰应用到日常生活上去。这种"新教伦理"使各人心、口、手一致，所以思想与行动合理（rational），非如此令人预为筹谋的法制即无法执行，法制合理化，才有资本主义。这种说法具有极高度理想主义之成分，只能令人长思，无从证实。一种带集体性的基本思想，行践于社团当然有长远的影响。我上面就讲到爱面子，重英雄崇拜，人与人之关系为单元而非多元，就助长了军阀体制，也是这个道理。中国的秘密结社崇拜关公，也是旁的组织原则，权利义务无从合理的划分得清楚，私人义气可以代替这些原则的表现。在这种情形之下我们得到韦伯启蒙的作用，我也劝各位在研究中国近代史时，注重心理学和社会学。

可是要靠韦伯作为打开中国秘幕的钥匙，则未免期望太高了。首先我们务必了解韦伯的解释，只能在有选择性的场合上适用（他就引用巴克斯特 [Richard Baxter] 及富兰克林的言辞支持他的理论），并非新教徒都成了资本家。据我们所知，世界上资本主义成熟得最早的地方威尼斯，这城市国家始终没有放弃天主教，只是她的主教自己选派，凡教堂对商业的约束她都拒绝遵守，此外并未产生独特的新教伦理。法国与比利时也为天主教的国家。这并未阻止资本主义在这些国家内发展。荷兰因抵抗西班牙以主教加强各地之管制而独立，在独立的过程中喀尔文派的力量才逐渐发展。独立运动的领袖威廉寡言者（William the Silent）先为天主教徒，后改信路德派，最后才为喀尔文派。至于这地区历来地方自治的力量强，各城市的绅商有势力，独立之后新国家没有其他的逻辑，才锐意经商，作为资本主义最前进的国家，这并非由于教堂的力量促成，也并非受神学或伦理所摆布。

总之，像韦伯这样的一个思想家，他的地位甚至可能与王阳明对比，不可能由我三言两语抹杀得干净，一个国家和社会从农业体制衍化到商业体制，牵涉到万绪千头，不可能没有思想上的大规模调整，韦伯的用处也在这地方。他讲到中国时提到父系威权（patriarchal authority），妨碍合理化的组织劳力（rational organization of labor），我们都无从反对。我昨天就讲到明朝抽税威权由上至下，各人都要规避责任，土地变形，赋税也不能注消，正符合他所说，可是韦伯不知道有北伐，有抗战，他没有听到蒋介石的名字，不知有张学良、宋子文，我们不能从他的言论中，开创写中国近代史的出路，反之，我们过于崇拜他，只会禁锢我们的思想。

以上说及韦伯各点更可用于马克思。马克思曾说及："人之自觉不能决定他们的生存，只有他们社会上之生存决定他们的自觉。"在这一点他的结论为："物质生活上的生产方式决定了社会生活、政治生活和精神生活之特征。"（摘自《政治经济评论》Critique of Political Economy）他的劝告使我们注重经济史，因为他所说经济开头，思想随之转变。可是适用时也有限度，大陆方面实行共产好几十年，最近很多台湾人士回大陆，发现大陆上的人主要的还是一个传统的中国人。所以我们仍要保持尽信书不如无书的态度。

《共产党宣言》里面提到资本主义萌芽，不少的中国学者也随着依样葫芦。西方的萌芽，基于"外放分工"（putting-out system），亦即在纺织业初开始时，不设工厂，投资者将原料挨家逐户的分配于劳工的家庭，各人在家中纺织，织成后，投资者又将成品收集发给工资。从这种组织与系统，产生了以后之工厂，于是形成日后之资本主义。以后马克思主义的历史学家就抓住这外放分工办法，作为资本主义萌芽的重点。

恰巧明清之间长江下游地区的纺织业也采取了这种外放分工办法。不少大陆方面的历史学家也就抓着这点作为中国资本主义萌芽的证明，咬定资本主义已于十六世纪在中国开始组织。以后这说法也被日本、英国和美国的学者所接受传播。可是世界上有名花异卉，萌芽了三百多年，还没有结实成果？可见得过于相信威权，可以否定本人的判断能力。

所以我的答案：我不是韦伯的信徒，更不是马克思的附合者。我觉得要将中国与现代西方比较，务必要将整个体系拿出来比较。从昨晚我们讲到明清的财政税收系统，我们也就可以看出这是一种独特的体制，在交通、通信、统计科学、测量技术尚未展开之际，中国皇帝就要向全国的小自耕农抽税，小民也雇不起律师，于是笼统马虎，一切只仗威权，这是内向而不带竞争性（introvertive and non-competitive）的体制，只能在闭关自守的情形下维持现状，不能门户开放。

这样看来，也可见得门户洞开之后，天翻地覆的局面了。今晚开头我也讲到 1930 年的情景。蒋介石和国民政府也还只在一种创造的阶段。他的财政税收也还在草创开始。只表现着中外体系冲突时，新中国发觉旧系统无可改造利用，一改即都要重新组织。中国与外国的区别何在？这是一种特殊的农业体制面对一种特殊之商业体制。商业重信用，所以它能够使资金广泛的流通，经理人才不分畛域的任用，技术上的支持因素如交通、通信、保险等业通盘支配。这种种条件要能做到必须有法律支持，而且法律要能生效，也要从下端做起，厘定各人之权利与义务，不能全靠义气与私人道德。

在目下历史学发展的过程内，我不主张先作一部完整的社会史和中国近百年的经济史。因为整个尚在动态之中，材料很难收集，而且在一种广大的群众运动之中，局部的逻辑，不能算数。有如当日李、白、冯、阎的心理状态，与地方因素支配他们部队的情形，很难得到中肯的描写，而且统计数字更谈不上。刻下西方学者有的已循着学院分工的办法，如是做去，我已经提到膏腴万顷被当作肥沃的田一百万亩，再不然也染上了骂历史的坏习惯，将一种组织还没有条理游动状态的情形，和西方业经稳定的情形比，以至贪污无能，各种不负责任的指摘，占满篇幅，这些都不是正规之历史。我想将来都会被淘汰。

我的建议：我们打开中国现代史的出路办法，仍从军事政治史的纲目着手，不过每一个题材之内，加入社会学、经济学之成分。同时经常记忆着"立"这个字的意义，亦即上与下之组织，当中法制性的联系，又和以前的事和以后的事对照，比如中原之战必与北伐及抗战有关，尚且不被过去之威权所蒙蔽。我想大家都如是做去，中国的历史，三五年后必有一番新面目，也会充沛着积极的成分。

（三）现代的展望

1992 年 11 月 13 日讲于东海大学

谢谢各位同学，星期二晚上，因为坐席不够，还让很多同学在讲厅后面站两个多钟头，非常过意不去。今天是星期五，各位在下星期又要通过期中考试，今天晚上仍然踊跃参加我们的讨论，令人感到振奋。

星期一晚上我提及明清政府在交通通信条件尚不具备之下，由中央政府向全民抽税，因此管制严、效率低、税收数额短少，民国成立以来承袭了这种体制，对以后局势之展开至为不利。星期二再谈到过渡期间，旧体制确已崩溃，新系统尚未登场，人与人之间不能立即执行新时代之权利与义务。即在军队之中我们也只能以"有面子"和"无面子"的态度对人对事。这表现掌握群众心理的仍是旧时代的社会价值。然则在最黯淡的阶段，社会之衍化，并未停止。有如 1930 年的中原大战，表面看来只是祸国殃民，按其实中枢借此一战，革除了过去之厘金，在华北即代之以统税。统税所辖的为火柴、水泥、卷烟、棉纱及面粉。这些商品在工厂里生产，也显现着人民之衣食住行，开始向现代的方向走。虽说进度仍有限，中枢想统一全国的程度仍不够，只是现代化的程序已经发轫，也由经济生活开始，影响到其他的各方面。

今晚我仍循着这次序，继续讲述中国长期革命的重要里程。

新中国的高层机构由蒋介石及其率领的国民政府，经过对日抗战造成。

可是直到今日很少人看出这段历史的积极性格，一般对国府的观感即是贪污无能。

很奇特的，贪污之由来乃是预算不足以覆盖应当解决的问题。例如1936年，已算是抗战之前夕，整个国家的预算只有十二亿元，以当日三比一汇率计算，只值美金四亿元，这种数字见于《中国年鉴》，也载在《剑桥中国史》。这是一个微小的数目，不可能用之于供应全国陆海空军，经理庞大的文官组织，尚且兴实业，办教育，维持全国的交通通信。于是预算经费覆盖之不及，只能指令负责人就地征发，有时采包办制度。同一性质之问题采用不同的经理方式，于是整个组织不能在数目字上管理。即是原列入预算里的经费，也可能由经手人中饱。其采取包办的一部更无庸议。追根溯源，还是所掌握的资源不足以对付当前的问题。

离中枢愈远，其处置问题的情形愈不堪问。于是也招惹上一个无能的责备。

我个人无意为贪污无能辩护。一个官员贪污，也是贪污。一个将领无能，也是无能。只是抗战期间动员三百万到五百万的兵力，在统一的军令之下，以全国疆域为战场，与强敌作八年生死战，为亘古所未有。亦即在中国历史上，自秦始皇至光绪、宣统没有过类似的事情。各位听我讲到传统中国财政税收的情形，也就明了中国以文教治国，几百年对内不设防，连动员的能力也没有。国军被驱入内地之后，工厂数只有全国百分之六，发电量只有全国百分之四，于是苦肉计有之，空城计有之。

我在 1941 年在国军当排长的时候，军政部只能供应我们一套夏季制服。遇到天晴我们带着士兵在河中洗澡，一方面仍是赤着身体将衣服在河内洗涤，在树枝上晾干，以作换洗。迄至 9 月才由军政部发下一笔钱，说是另一套制服之代金，可是发下来的钱就不够，滇南万山之中也无处购买，更缺乏交通工具。最后只能由我们师长令一个军需化装为商人，逾境去日本人占领的越南，买下一批白棉布，回头用土染醮成黄绿色，又缝剪为运动员式的短衣短裤以节省材料，至是我们官兵才有衣物换洗，其他捉襟见肘的情形，亦无不如此。

1986 年底我来台北参加第二届汉学会议时，即说出我当下级军官时"半像乞丐，半像土匪"。然则对方日本即是因着我们宁死不投降，被我们拖着八年而拖垮。各位只要看到当时日本人，不得下台而焦急的情形，才能体会到抗战的伟大。经过这一段奋斗之后，中国才真实的成为一个独立自主的国家，军阀体制才算解体，国家的高层机构才有着落。我们若带着批评的态度读这段历史，可是也不要完全忽视自己的成就。

至于拖垮日本之后，却敌不过中共，乃是由于缺乏新时代的低层机构。中共之翻转中国社会的基层，从农民暴动着手。这牵涉上两种不同的政治思想，两种不同的群众运动，完全相反的外交政策。于是也显示着中国的内战无可避免。

中共和毛泽东的一段作为，当然也有它在历史上的积极性格。我主张承认他们的成就，但不接受共产主义。这是一个相当复杂的问题，需要在背景上有一段阐释。

前三天高教授已指出，我所说的高层机构与低层机构并非社会上的阶级，而只是在国家社会功能上所产生的区别。如国军及政府各部门属于高层机构，地方上的组织如过去之保甲，以及土地分配占有的情形，属于低层机构。

我们提及共产主义，又撇不开马克思。各位务必明了马克思是一个不拘形迹的作家。他有时写得严谨，有时又非常放浪。他有一次曾提出大学教授和军人不事生产，与娼妓无别。那他认为不屑之行业三种，我自己倒占了两种。这种地方只表现他意气用事，不加检束。他最大的毛病，还是前后不符。剑桥大学的经济教授罗宾生（Joan Robinson）曾提出马克思在《资本论》第一卷说及生产虽增加，资本家仍保持同样的利润，工资在这体制之下不能提高。及至写至第三卷，却说生产增加之后利润下跌，事实上工资上升，工人与一般人民生活同样改善。马克思则将其详细情形避免不谈。我们再看到《资本论》里中国被提及十次，倒有七次与印度并列，只算是殖民地，还有一次则说及中国人工资之低，可能将其他国家的工资一并拖下去。总而言之，马克思之共产主义，是资本主义发展到尽头后的出路，是否可行不论，起先即不可能与一个现代社会尚未组织完整的中国相提并论。他和恩格斯所作《共产党宣言》尚且说及共产主义者不应当另外组党，以与劳动阶级所组政党对抗。有了这种种考虑，我曾提出……尤其避免与国际共产主义者联系。

有了这段交代，我们才能在现实的条件中，看出中共之作为在历史上的意义。

中共的土地改革也是一种革命行动，对被损害的户口无公平合法之可言，可是土地之使用自此合理化。因着这行动，中国乡村的组织也有一段改造。据参与行动的人士提出：最先组织的是贫农团，只有贫农才能参加，只有贫农才有表决权。因贫农团的扩大，而有农民协会，又因农民协会的扩大，而组织村民大会。村民不识字，即用白豆与黑豆投入碗内，作为表决。这样一来，基层组织由社会上身分最低的参与着手，没有人被排斥。过去乡村里的保甲不由上级指派，即由当地人奉承上级旨意推举，总离不开一个真理与威权由上至下，民间组织无非替官衙征发勒派的形态，中共的改革脱离了这传统。即是他们自己在乡下的组织，也经过同样一段，由下至上审核的程序。

他们的办法即是将乡村组织之成员，全部通过村民复核。每个党员都要通过贫农团、农民协会和村民大会的三道关（这些组织的成员倒不一定是党员），不过第一关不能过第二关。虽说这套程序，在当日即经过一套操纵与摆布，而今又隔四十多年，可是看来其基本精神未变。最近中共党员发展已至五千万，内中仍可能有百分之二十不识字。这是他们的短处，也是他们的长处。其长处则是其基层能代表其社会之真实容貌。

从 1949 年到 1979 年中共犯下不少的错误。大凡一个待开发的国家，基本组织就遂后尚要面临到两种难题：一是大量被解放的农民不容易管理，一是初期存积资本的艰难。几个世纪之前，先进的国家用向海外发展的方式，开拓殖民地、贩卖奴隶、发动对外战争、勒索赔款的方式存积资本（即大哲学家洛克 John Locke 亦说及战胜者可向战败者索取赔偿，最高时可达五年之收获），此等方法至今都不适用，而且中国大陆尚得不到国际援助。这种困难曾使中共领导人徬徨不定，越想突破越弄得自己手足无措，中国人民也经过几十年禁锢在人民公社里。可是现在看来，他们所受罪并没有白费。

在这几十年内，政府向农民低价的收买粮食，也以低价配给市民，于是才能两头克扣，压低彼此的工资。所以大家都穿蓝布棉袄吃大锅饭，因此存积一批公众之资本。据北京国务院一个研究机关的计算，此三十年内一般农民对国家的贡献值人民币六千亿元。因此我们估计中共在同期间内存积的资本达美金两千亿绝不为过。各位看到近十多年来大陆的城市大兴土木，短时间内使天空线改观，即由于几十年来集体撙节之成果。

而且经过 1979 年改革之后，吸收外界投资，注入私人资本，已能使农业上的财富与新兴工商业交流。前两星期我和内人由香港至深圳，经过广州入黄埔，折向中山转珠海，而去澳门，沿途看到无数小规模的工厂，利用本地的劳力，使城镇与乡村打成一片，这是几十年前我们不能想像的。

星期二晚上我在此地提出"社会架构论"（Theory of Social

Restructruing），说及一个现代社会能用商业原则管制，因此表现：① 资金广泛的流通，② 经理人才不分畛域的雇用，亦即经理与所有权分离，③ 技术上之支持因素全盘活用，包括交通、通信、银行业、保险业以及请律师等。其症结则是社会上的经济因素概能公平而自由的交换，于是其组织可以越做越大。在进入这境界之前，过去的农业体制通常成为改革之障碍，须要全部被推翻，这也是我提及的立字秘诀。

至于一个国家已经进入这种境况，属于资本主义或社会主义，不是问题之关键。从技术的角度来看，两者只有程度上的不同，没有实质上的区别，严格来说现在纯粹的和百分之百的资本主义已不存在。譬如说当今美国是资本主义最先进的国家，可是在很多地方美国的立法与行政已带社会主义色彩。因为我们在美国有一所自己住的房屋，现今家里已无小儿上学，每年仍要付一千多元的学校税，以便使没有地产家里的小儿同样上学。最多我们也只能说资本主义的国家，私人资本在公众生活之中，占特殊的比重而已。

综合这种种情形，我们可以说今日之中国，台湾在前，大陆在后，都已经或者即将进入可以在数目字管理的境界。这也就是说立字上的一点一横，和下面的一长横都已在位，目下的工作是加入当中的两点。此即执行商业交往时，在法律面前厘定个人的权利与义务。是以刻下大陆方面的经济改革，其目的不仅在提高人民生活，也要在政府与人民及人民与人民打交道的时候，确实决定各人之权益，才能造成永久体制。

其中当然还有无数问题，我不是经济专家，我只能以一个学历史的从业员身分，说出新中国的间架已在。

同时瞻望世界大局，问题也多。中国之工业化，价廉质美的劳工，借着商品向外输出，必使工商业先进、工资和生活程度很高的国家感受压力。最近大陆各城市里地产大涨，而美国及日本房地产不能增值，虽然没有直接的关系，已象征着问题的来临。我们知道房地产可以作为投机生意，同时也是投资者下注时终结之所向。不仅工厂与机器需要厂房，银行业与保险业也靠地产保持它们大部分的本钱。地产普遍的增值，表示整个地区经济全面展开。这一两年中国地产增值，即有日本财团的参加。这对日本讲也甚可能成为问题。这个国家鉴于战前农村经济与城市之间产生了一道鸿沟，所以在第二次大战之后，竭力避免这覆辙，长期执政的自由民主党，千方百计的在各处兴建，务使农村地价不与城市的地价脱节。今后的发展是否影响到两方的国交？我们如果对利害冲突发警报未免太早，但是事前指示已开发的国家和正在开发的国家，需要看透彼此的问题，尽量分工合作已到时候了。

再瞻望下去，我们纵认为中国与俄国即将通过金钱管制，进入可以在数目字管理的境界，世界上还有约一半的人口，不能在数目字上管理。他们承受着外界的压力可能产生的反应，也很可能影响到我们的前途。从过去的纪录看来：凡是世界上大规模的改革，都是以宗教发难，以经济终。（中国在五四运动时也用过"打倒孔家店"作标语，注意其对象不是孔子或儒家，而是儒家社会所遗留下的"尊卑、男女、长幼"的序次，与清教徒旨不在推翻基督教大致相似。）今日不能在数目字上管理的国家，也仍因着宗教的禁规与教条，或者僧侣寺院的力量维持传统社会体系。他们的出处也甚足以影响到世界的前途。环顾和我们紧邻的中东与东南亚都是这样的国家。

即以印度为例：大家都知道这是一个印度教的国家。印度教管制社会的方法通过种姓（caste system）、职业遗传。其实传统所谓四大种姓 Brahman 为教师方丈，Kshatriya 为武士官僚，Vaisha 为商人，Sudra 为农夫，只不过是历史上原始型的安排。现今仍存在之种姓称为"甲体"（Jati）。全印度可能有三千个，几乎包括农村社会里所有之行业，但是这些甲体每一个地区不同，大概一个村庄里不过约二三十个。当中一个甲体称为"查支曼"（jajman），拥有村庄内所有的土地，我们不妨称之为"地主甲体"。其他的甲体带服务性质称为"卡明"（kamin）。原则上非同种姓的男女不通婚姻，职业遗传。带服务性质之甲体所供应的服务，具有集体性格。制木器和陶器的供应所有的木器与陶器，洗衣服的洗所有的衣服，理发的甲体内之男子均为理发匠，妇女替村内所有妇女洗发。他们所得的报酬也集体支付，由查支曼以谷物整年的一次付给。各村庄内和各甲体也各有他们的管理机构，称为"五人委员会"（Panchayat），他们根据习惯法处理种姓以内之事。这样的安排使每一村庄几乎完全成为一个独立自治的单位，与外间隔绝。这和我们所说整个国家和整个社会里面的经济因素都能公平而自由的交换，全社会构成一个分工合作的有机体，有了一日千里的距离。

我们常常听到印度的朋友讲种姓制度业已废止。其实这种制度构成社会的低层机构，无法通令废止。只能在开设学校、组织军队和建设工厂的时候，职业全民化，新时代的力量才能缓慢的从城市中渗透入乡村里去，打破内中的小圈圈。可是我们最近打开报纸，不时又仍看到印度村庄里面的男女冒犯宗教的禁忌通婚，被五人委员会判处死刑的消息。可见得传统力量依然掌握着内地。

总而言之，一个社会务必有它的架构，除非新架构在位，旧的无法排除。印度和中国不同，他们没有中国所经受的内外压力。东西国家都要交结印度，而印度军人也一直没有发生兵变、割据地方的情事。我们将中国之所经历与尚未改组的国家比较，也更容易了解我们历史发展之真意义，也更容易看出当中的积极性格。

印度教的力量不算，回教的传统也有阻碍经济因素公平而自由交换的地方，即如原教旨主义（fundamentalist）的回教徒，禁止男女交往，也就束缚了女性的劳动力。至今还有些国家如伊拉克，虽拥有资源，而被"圣战"（jihad）这个观念所支配，虽自称实施社会主义，却在分配资源的时候极端注视军需工业，也不能在分工合作之当头，造成一个多元的社会。我们虽无意于批评其他国家内部的事情，作为一个新时代的公民，却不能不对这些问题有一个概括的了解。况且举一而反三，历史上的借镜不尽在西方经济业已展开的国家。

在座的不少的同学已经看到今天《中国时报》"开卷"版对

我的一段批评。我想有了这三场讨论，各位已可看出我们所讨论的问题远超过一般人所认为"资本主义"这一范围。即称为资本主义，也不当被"新教伦理"和"阶级斗争"的两个窄狭的观念所蒙蔽，所以我主张不顾这些框格。在今日综合世界各国现代化的程序，仍离不开韦伯或马克思，一定要非杨即墨，可见得自己的立场尚不离十九世纪。所以我不得已，提出"社会架构论"这一名目。然则这名目也可能成为一种框格，希望各位小心注意。总而言之，有人类即有历史，明日之历史必不同于今日之历史。

凡是在世事中作大范围的检讨，不期而涉及神学。因为我在书刊里一再提及"历史上长期的合理性"（long-term rationality of history），就有人认为当中有极端的奥妙，而且已有人说我写的历史属于"目的论"（teleology）。

我认为一件重大事情的发生业已经过二十年（这也只是一个大概的标准），其情形又不可逆转，则我们务必看清它在历史上长期的合理性，虽然它的结果不尽与我们个人的好恶符合。法家所说"天地不为尧舜而存，不为桀纣而亡"亦即是这道理。我提到中原之战，也有它在历史上的意义，因为它代表中国统一过程中的阶段，同时替抗战筹备新阵容。因为它在北伐与抗战之间前后衔接，即具备历史上之合理性，当然这不是褒扬军阀提倡内战。同时中原之战业已发生，抗战业已发生，内战业已发生，今日我们的立场，即为这些事迹汇集之成果。除非我们立志推翻这些成果，则只有接受历史之仲裁，此中无选择性。可是接受历史上长期的合理性，与介绍一个"历史的终点"有天壤之别。

历史是很现实的，它使我们看清我们今日之立足点。虽说过去之事使我们看到未来若干趋向，但是这不能使历史学家成为预言家，因为这些趋向所展开之现实，必在时间上汇合。这种汇合（timing）无人能确切掌握。要是希特勒以德国之资源，先造成一颗原子弹，使 1944 年 6 月 6 日登陆盟军全部毁灭，以后是什么一个世界？这问题无人可以解答。一人一时一事尚且如此，预言全世界全人类的出处更属渺茫。

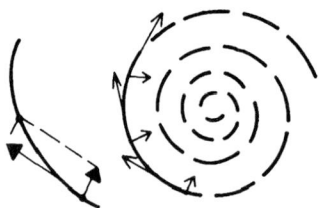

　　上面的一幅图解我已经在几种书刊上载出，其用意就是说明我的历史观旨在实事求是，无宣扬某种主义，或追求目的论的宏愿。圆上实线表示人类历史，最长也无逾万年，大概只有七千年的样子。历史上长期的合理性无非表示刻下的立足点因过去事迹而产生。人类的企图与愿望，以向外的箭头表示，当然有创造及理想的成分。内向的箭头则代表自私、惰性和憧憬于过去的习惯，或者可以以基督徒"原罪"（original sin）的观念概括之。两者之合力即产生现阶段的历史，而标示着下次行动的立足点。这七千余年的历史符合康德所谓"现象"，我们只能根据这段实线，设想辽远的过去和无从证实的未来，有如图上虚线，勉强凑合于康德所谓"本体"（noumena）或"超现象"。再进一步的讨论属于神学。要是我逾越这界线，则要违背我研究历史讲解历史之初衷了。

答问

问：你提到在财政税收上讲明清帝国与唐宋帝国不同，这不同的地方是什么？

答：唐宋帝国的财政税收带扩张性，从前至后我们可以看到数字逐渐扩充。明清带收敛性，几十年后税收数额尚赶不上人口增加，或通货膨胀的系数。尤以明朝与宋朝比，两者之间差别显然。宋朝向经济最前进的方面着眼，如铸钱、开矿、经营水运等，所以它的财政税收单位为银两、绢匹、钱，明清反又用人丁之丁及谷米之石。宋朝自王安石以来即用"免役钱"将差役折为货币交纳，明朝又恢复亲身服役。唐宋政府设立转运使，在各地经收转运物资，明、清保留这些名目，却没有控制交通工具。全明朝二百七十六年所铸铜钱数，北宋只要两年即可全部铸成。这种差别特别值得注意：因为这是由十一世纪到十六、十七世纪，这样的倒退在世界史里为仅见。

问：你的批评是自今日的眼光看出，也从外界眼光看出。如果站在中国本位的立场，是不是当中也有很多优点？

答：说得对。我上面讲过既有人类即有历史，明日之历史，必和今日之历史不同。

让我这样说吧，一个男孩和一个女孩情投意合，突然有一段事故发生，他们分手。十年或十五年之后各有婚嫁，他们回顾以前分手的情形，必和当时反应不同。可是再隔十年二十年，两人的经历愈多，再回顾过去其观感又必然不同。个人的情形如此，人类的历史亦然。

明清社会是一种内向（introvertive），而带非竞争性（non-competitive）的组织。只要这两个条件能保持，当时人无从否定它的优点与长处。当时税收低生活容易，承平日久，社会安定，人口增加。明朝二百七十六年之内，没有一个带兵的将领叛变朝廷。及至清朝顺治康熙年间，欧洲的启蒙运动抬头，中国犹被羡慕。可是要和十九世纪的情形对照，我们就可看出这体制之值得批判了。

问：你说及传统社会人民只有义务而无权利，权威总是由上而下。可是我看过瞿同祖写的关于清代地方政府的书，他说及清朝官吏对地方绅士的财产相当尊重。

答：他说的是对本地有声望的人士刮目相看，这与尊重私人财产的权利不同。我们今日所谓私人财产权是普遍的对所有人而言。如果我领有这笔财产，就排斥其他人对它的占有，同时我也对所有有关的人员有某种义务。一个现代的政府必须保障这种权利与义务，才能展开现代之经济。显然的，明清政府无力及此。

问：你看台湾今日是否已敷设法制性的联系，确定人民的权利与义务？

答：据我知道的很多条款都已存在，可是大多是行政机关立法，所以称为章程、规则等，当中恐怕有很多只顾到官衙的便利，看来还要重新通过立法的程序，才能确定权利与义务。

问：你对台湾的土地改革与土地税如何看法？

答：这问题我只好谢绝答覆。我是一个学历史的人，并且还只用长时间远视界的观点看历史。我只好说我不知此中实情，同时也缺乏判断的能力。

问：你说及大陆方面的改革，你"当然"希望他们成功。那为什么当然？

答：在我看来中国人民有一个"公众之志愿"（General Will）在。这公众之志愿超过国民党与共产党的敌对行为，也无社会阶级之阻隔，大家都希望看到中国之富强康乐。国军的第二百师和以后扩充的第五军，是抗战期间唯一的机械化部队，前任师长、后任军长为熊笑三，他的父亲熊瑾玎即为中共党员，曾任《新华日报》的经理部长。各位看到日月潭附近为玄奘寺题字的有陆军上将徐培根，德国留学，也在国民政府里做大官。他的弟弟笔名殷夫则为共产党员，在1931年被枪毙。这种父以子继、兄终弟及的奋斗与牺牲，超过个人的人身利害。既有这公众之志愿，我就希望它早日成功。刻下看来经济改革，为完成这公众之志愿的唯一方案。

问：你为什么一定要用蒋介石代表新中国的高层机构，并且引用到大陆方面去？

答：因为事实如此，自黄埔建军北伐抗战，包括星期二说及的中原大战，他一步一步的将中国统一，得到外国的承认与协助。

西安事变时周恩来也在支持他，认为他是唯一的领导人物。抗战期间以及内战期间，中共尚且不搞自己的高层机构，大部队只用无线电联络，整个城市文化全部不要。所以我说创造新中国的高层机构不能摈斥蒋介石。即是你不满于他的个人，也不能否定他所代表的群众运动。

1987 年北京出了一本《中共党史大事年表》，是他们的官方刊物，内中提到抗战时中国共死伤二千一百万人以上，内中中共的军队死伤六十余万，他们控制的地区又死伤人民六百余万。不管这数字确实可靠与否，则国军及其控制的地区死伤军民逾一千四百万了。我所说的高层机构不能摈斥这大规模牺牲之领导力量。我无法在写中国近代史时抛弃这一部分。

问：你的大历史观以五百年为单位，那么台湾四百年的历史就不用提及了？

答：没有提及并不是否认它的存在。我是湖南人，我写大历史时也没有提及湖南的地方史。

问：那湖南怎么能和台湾比？

答：如果要强调内部的差异，湖南也有它的特色。即如最近湖南的劳工，周期的辗转到广东去做工。语言不同，生活习惯也有差异，也被歧视。不过我们共通的地方多过于不同的地方。即如烧冥钱，台湾的风俗也和大陆内地的风俗一样。我的目的是注重相同之处，检讨共通的历史。例如对日抗战就是我们共通的历史。我有一个同事非常坚持于台湾独立运动。但是他告诉我，抗战胜利之后，他首先到码头上去迎接国军。直到二二八事变之后，他才彻底改变态度。我想他的态度也代表很多台湾朋友的态度。这是对一种政治变故之反应，不能算是对历史的反应。

至于二二八事变我已说过，从大陆来的军民二百万，代表政府军队和教育机关，全属一个社会高层机构，突然移植于一个生疏的地方，时间又短，彼此都缺乏认识，甚难不生冲突。即是当日接收人员到大陆沿海各城市的情形亦复如此，可是我们不能用这类事情去遮蔽中国长期革命的积极性格。并且说得不好听，不要忘记我在国军当下级军官的情形，即半似乞丐半似土匪。

问：那你一定要把历史的五百年讲成一个单元？稍短一点如何？是否五十年也可以？

答：那当然可以。我把这几百年的历史勾画着一个大轮廓，主要的在使读者看清自 1920 年间到 1990 年间只七十年内，中国人集体的把国家与社会向前推进了三百年，这是一种伟大的事迹。这大历史有如宏观经济（macro-economics）。宏观经济不能统计失业就业的人数，不能分析物价，不能讲解物价指数。较详细的分析仍待微观的工作。不仅五十年，即五年十年及更短时间的研究、更局部的检讨当然都不可少。我只希望治史者不要忘记后面一个大前提，不要忽略我们所处的一个非常时代罢了。

问：是否所有的国家都要经过一段空前的动乱才能完成你所说社会之改造？

答：也有少数的例外。如瑞典原来是一个穷国家，曾向外大批移民，又遇到科技的进步，北部的木材与铁砂，过去不能采用，突然可以开采，就乘着工资上升、资源到手的机会改组。挪威也有类似之情景，本世纪初期水电展开，这个国家独得其利。第一次世界大战爆发，挪威人向交战国两方做生意。他们本来人口就少，又大量向美国移民，这些条件促成其改革。不过你若检讨其上层机构、下层机构及当中法制性的联系，则可以看出，虽然没有经过大规模的变乱，这些因素都已改变。至今斯堪底那维亚的国家都是社会民主党（Social-Democrats）执政的国家，此非经过一段社会体制的改革，决不可能。

二 中国现代的长期革命

可以看出或是四五百年之间，或是六七百年之间，法律制度与社会环境不相衔接，或是经济的条件变更，或是对外关系改观，整个国家社会逼着从基层起再造，当中必有一番变乱，中国现代的长期革命，也是出于这样的要求。

我们在美国不时听到人说："我们既有好消息，也有坏消息，先从坏消息说起。"而我的演讲也采取这方式。

先从坏消息说起：辛亥革命至今八十年，内中令人愁眉苦脸的事情多。起先民国还没有组织得有头绪，第一任大总统就想做皇帝，次之就有张勋复辟、军阀混战，等到北伐刚完成，又有中原大战。于是招惹了九一八事变。好不容易千辛万苦挨过八年抗战，只是战事尚未结束，内战已随踵继起，我们至今只能遁迹海外，也仍是这一串经历所产生之后果。老百姓更少有几天过到好日子。

我所谓好消息则是这一切都成为过去事，今日局势业已打开，中国现代的长期革命已经成功在望。本文的目的亦即是和各位检讨这好消息。

这并不是说以前的事可以一笔勾销，它们仍在历史书里存在，只是今昔心情不同，我们有了历史上的纵深，可以对过去的事，有了新的看法，而重视这些事迹的积极性格。比如说过去我们提到军阀混战就无人不骂，写历史的人也骂，读书的人更骂。今晚，我就可以提醒各位，抗战中为国捐躯的高级将领——佟麟阁、赵登禹、王铭章和张自忠——全是从军阀的部队里出身。提及中国的领导人物，当中的纠纷愈多，很多外国人对国民党和"老总统"蒋介石先生没有一句好话可说，只以"贪污无能"四个字概括一切，美国人如此说，不少的中国人也跟着随声附和。今天我们即可以用客观的立场，并且还用不着只加恭维不予批评（我在《中国时报》上写的文章也就提名带姓的称他为蒋介石），可是批评之后我仍认为他是中国历史中最伟大的人物之一，我就没有看到一个骂他的人，有他的气魄与胆识。他在抗战前夕，整个国家的预算只有美金四亿元。我在他的军队里当排长，只有三十六个士兵，我晚上常睡不着觉，只怕士兵将机关枪盗卖与山上的土匪，同时偷吃老百姓的狗和玉蜀黍，因为他们贪吃生病，一病就死。而蒋委员长领导着三百万至五百万如是的军队——实际的人数我们尚且搞不清——胆敢和日本作生死战八年，虽说没有用自己的力量打垮日本，最低限度把它拖垮。这种丰功伟业已是人世间罕有，如果历史学家不同意，请他们举出一个与之类似的例子。再说毛泽东，也是一般人咒骂的对象，连我自己也可以加入骂他。我家里父母兄妹离散，还不是他毛泽东毛润之先生"造反作乱"所致？可是我所学的是历史，即使保持最低限度的客观也要提出，为了中国的长期革命，他眼见一个妻子被枪毙，另一个妻子据说得神经病，他也牺牲了两个弟弟和一个妹妹，还用不着说一个妻子在他身后自杀，一个儿子死在朝鲜，这样看来，如此他也不可能的仅为自己身家性命打算。

我有一个幻想：我希望将来写历史传记的人，在叙述这八十年间的人物时，不妨以《三国演义》的方式写出。"三国"非正史，内中也有孔明祭东风，替刘备留下锦囊妙计等想入非非的传说。可是作者始终以笔下人物为非常之人，所记之事为非常之事，因之不被俗套拘束，而能将各人生龙活虎的姿态描写出来。

本来将过去八十年的事迹，搬出和《三国演义》对比，也并不是全无学理之根据。中国自公元 220 年东汉覆亡之后，到隋文帝重新统一，当中有了三百六十多年的距离。这魏晋南北朝之分裂，也是旧体制业已崩溃，新体制尚未登场之结果。三国中之人物如袁绍、公孙瓒等也就是军阀，书里说及"杀到天明"也是在打内战，内中提及刘备与孙权，彼此都用剑将一块大石砍为两段，也是以象征方式说及双方都企图以武力统一中国，而结果则适得其反。自从南宋覆灭至朱明王朝之登场，当中的元朝也只是一种过渡阶段。各位看到《元史·食货志》里提及华北用租庸调制，华南用两税制，也可见得税收政策尚未统一。因为其朝代之组织尚成问题，况且皇帝不识汉文，不通汉语，以色目人主持国家大计，可见得谈不上国家制度，因此终元朝一代内乱未息。首先即蒙古人与蒙古人打，次之则互相争夺皇位，终至元顺帝时群雄起义，汉人再度抬头。

我提出这些事迹之目的，当然不是提倡内战，褒扬军阀。只不过指出凡是历史上一件重要事情之发生，必有它内在之原因。我们首先必须从技术的角度考究其因果关系，不能用道德的名义笼统带过。因为通常在类似大转变的情形之下，道德标准本身已被重新估计。

如果我们称秦汉为第一帝国，隋唐宋为第二帝国，明清为第三帝国，即可以看出或是四五百年之间，或是六七百年之间，法律制度与社会环境不相衔接，或是经济的条件变更，或是对外关系改观，整个国家社会逼着从基层起再造，当中必有一番变乱，中国现代的长期革命，也是出于这样的要求。

1911年至今八十年，如果以各个人的经验衡量，这是一段极长的时间，几乎超过我们各个人全部生命之长度。所以即使主持各种改革的人，也通常见其首却不能见其尾，见其尾则不见其首。况且当事人极容易被自己的情绪所蒙蔽。这对参与革命的人物讲实为不利，对我们从旁观的身分看来，尤其我们从历史之后端看来，却是一个极好的机缘。它让我们讲学历史的人不仅对事实作报道，也还带着分析解释。我在《万历十五年》台北版序和大陆版跋都曾先后提出：中国的革命好像一个长隧道，须要一百零一年才可通过，我们的生命最长也无逾九十九年，以短衡长，我们对历史局部的反应不足成为大历史。其实内中所说一百零一年和九十九年也不过信手拈来，只表示时间之长，有了八十年也就切应场景了。至于所说"大历史"更与现在的"长期革命"互为表里，此中最紧要之处则是刻下大隧道即将走穿，前面已见曙光，倘非如此我不可能平空创造这一套理论，也绝对不敢建议以《三国演义》的眼光，衡量当代人物。（这也就是说我不是来此鼓吹造反，而是郑重声明，造反与用武的时间已经过去。）

如果以上提出三个帝国之事例尚不足为凭的话，我们还可以从西洋史搬出若干事例作陪衬。刻下我就有两个例子，一是荷兰，一是英国。荷兰今日行君主立宪制，可是她在十六世纪和十七世纪之后，刚独立时却是一个民主国。在十七世纪初年她全部人口不过一百五十万左右，敌不过中国两三个府。以这么少的人口，她过去又没有独立自主的经验，而且她内部所谓之省和大公国，也不过是西班牙国王的家产。可是她刚独立即拥有今日之纽约（当时称新阿姆斯特丹），将南美洲之巴西开辟为殖民地，向东航行时又据好望角附近地区为己有，还盘踞麻六甲海峡，掌握着今日之印度尼西亚。甚至威胁我们立足的地方，她在台湾即树立了根据地。这还不算，在十七世纪她曾先后与西班牙、英国、法国和瑞典——这是当日欧洲仅有的强国——交战。英国和荷兰作战的时候，发现她自己的商船几乎全部保险在荷兰保险公司的名下。

其所以如此乃是荷兰经过一段长期的动乱，其社会已经一度翻转改造。

刚才提及，十六世纪，今日的荷兰、比利时同为西班牙国王的家产。1567年此地发生纠纷，很多当地的贵族反对天主教的仪式，百姓随着参加，西班牙王派兵镇压，翌年战事展开。当初只是宗教问题，因着战事旷日持久，西班牙希望以战养战，全面收税，引起全民的反抗。战争也逐渐向南北轴线上进行，更引起荷兰民族主义的抬头，领导权也渐渐落入各地绅商的手中，谁也料不到这战事直到 1648 年才正式结束，世称"八十年战争"（与德国境内的三十年战争重叠），至是荷兰之独立才为西班牙承认。从此荷兰民国是西欧第一个以航海事业、商业组织的原则和联邦制为基础的国家。

英国的情形更为复杂，最初国王因宗教问题和传教士冲突。国王要设主教，清教徒反对。国王因对外关系须要扩张海军，地主绅商则因政府筹饷违法抽税而反对。按其时十七世纪交通发达，国际贸易展开，外交问题繁复，政府权职都要扩充，过去的成规已不实用。如果改组由国王作主则是一种专制政体；如果由人民作主，则是代议政治。可是时人没有我们今日之眼光，所以圆头党和保皇党彼此都为过去例规争执，以致兵戎相见，内战就打了两次。圆头党领袖克伦威尔得胜将国王查理一世处死。可是以前查理一世不能主持一个循规蹈矩的议会，至此克伦威尔也无从掌握，只好在事不由己的情形之下，做了一个违背本身原则的独裁者。

克伦威尔去世之后，就有查理一世的王子查理二世之复辟，只是国王与群臣对宗教问题和征税筹饷问题僵持如故。又直等到 1689 年所谓光荣革命成功，国王詹姆士二世被驱逐，新国王与王后威廉与玛琍被邀请主政，等于被选举出来的君主，大局才有着落。按其时这个国家人口由四百万增加到六百万，在这八十五年之内也有了划时代的改变。这样的我们可以用一个"立"字形容之。

这"立"字上头的一点一横代表新的高层机构，从此之后国王只是一个橡皮图章，有形式上的威严而无实权。英国逐渐施行政党政治和内阁制，军队也听议会摆布。其所以如此乃是代议政治能够展开，各议员能确切代表社会各阶层的利益。这立字下面的一横则代表低层机构。以前土地所有漫无头绪。中国在十七世纪福建的田地有所谓"一田三主制"，英国的繁复情形有过之无不及。大凡欧洲封建体制之遗物，法律上只承认各人的使用权而不注重所有权，所以很多情形之下土地无法转卖抵当，应加租而不能加，另一方面有些种田人又有随时被退佃之可能，抽土地税尤为困难。自从内战复辟以来，军队两进三出，有些土地被没收，有的被拍卖赎还，有些土地开始集中，主权也明确化。一般各地士绅就近作主的多，大概军威与法定主权双管齐下，也谈不上公平与不公平，总之今后主权就已整体化和规律化了。有了这上面的一点一横和下面的一长横，当中的两竖则代表法制性的联系。迄至十七世纪中期，英国的法律以"普通法"（习惯法）为基础，这是农村社会产物，凡以前没有做过的事全不能做；对于遗传典当的处置也不合时宜，强迫执行合同的条款也马虎，尤其关于破产及监守自盗的处理全部置诸空中楼阁。这些缺陷以"公平法"（或译为"衡平法"）纠正，初期还只及于商人，光荣革命之后则逐渐推及于全民。总之就是迎合于现代社会之需要，慢慢的接近商业习惯。

诸位女士诸位先生，我上中学的时候，国文老师说要是我们的作文做得不好，他就用不着看，只在作文本上批一个"也"字。这就是说开头的一段之上画一勾，落尾之后，又画一勾，当中打一个大"×"，全部要不得，一切重来。我现在建议的"立"字，也有相似的意义，也是整个重来。

如果一个社会上自高层机构下至低层机构，当中法制性的联系，牵涉到私人财产的权利都要重新从头做起，也可以见得工程之浩大。英国以四百万到六百万的人口酝酿奋斗了八十五年，则我们以一百到两百倍的数目，达到类似的境界，也不能算是完全没有出息了。

我也不知道诸位想起没有，我就和美国学生讲过，要是中国的长期革命加在他们的身上，即上自头发上的装饰，下至脚上的鞋带，当中的思想习惯、婚姻关系，口里的辞汇无一不须要改变。假如我这一代的祖父祖母还能有知的话，用不着说今日之台北与香港，即看到今日之北京与上海，也会觉得我们已经把他们一代的生活方式用一个"也"字勾销，而代之以一个"立"字了。

这英国的例子与我们的关系极深。不久之前大陆上的人民大会通过香港的基本法，内中就提到普通法及公平法为香港法制的基础，不容在1997年之后变更，这也就是香港居民拥有个人财产权的保证。还有，英国自从光荣革命之后，进入了所谓资本主义之体系。我因为资本主义这一名词辞义含糊常被滥用，容易被用作阶级斗争的凭借，暂时避免不用，而注重这种境界"可以在数目字上管理"，此亦即放弃过去以农业习惯为执政标准的办法，而代之以商业条例，让它作为国家社会一切事务之大前提。这种体制已为世界一般趋势。

我们再看荷兰与英国的例子。起先她们都以宗教问题发难，可是长期变乱之后，问题变质。当初宗教上之争执，八十年和八十五年之后好像被一般人遗忘，至少很少人再将之提起。其结局则是私人财产权的固定与抬头，至此经济色彩浓厚。我再详细解释它之施行于中国之前，先要综合的说一句，这也就是中国长期革命所采取的途径，而且同一归宿。对中国读者和听众讲，这是一个非常容易发生误解的题材。我想唯一有效的办法，乃是先从"负"的方向着手，让我们首先摒除误解。

这里所述的宗教，极少涉及神学，甚至不与道德规律（moral law）发生直接关系，而与宗教仪式极为接近。其症结则是旧体制免不了以宗教教条和仪节作为辅助政权、维系人心和保障治安的工具。西班牙的国王和英国国王都希望透过主教提倡皇权神授说。主教由国王指派，有督率一般人民的责任。简概说来，这亦即是旧式农业社会里不能在数目字管理的条件下，传统体制之延长。新式商业体制，一切都能公平而自由的交换，开始用数目字管理，必定和它冲突。所以英国、荷兰的宗教问题，自始就隐含着若干经济性格。一到国王开始派兵筹饷抽税，则整个经济问题全面展开了。乍看起来这与中国毫不相关，因为一般中国人宗教性格并不浓厚。然则仔细分析起来这也是误解，从实用的场合上讲，又从宗教的广泛范围内讲，中国人的宗教性格不低于其他国家人民。例如洪秀全提倡拜上帝，曾国藩就说："中国数千年礼义人伦，诗书典则，一旦扫地荡尽……孔子孟子之所痛哭于九原。"此中所谓"礼义人伦，诗书典则"已经带有浓厚的宗教色彩。而他说及"孔子孟子痛哭于九原"更是宗教意识浓厚。（要是他只把孔子与孟子当作一般哲学家和政治思想家看待，则以上的标榜无异于"喂，你不能那样做呀，假使你那样做，胡适和冯友兰听来一定会在黄泉痛哭啦！"那就不会产生同样的效力了。）

以下我还要提到儒家教条。为着避免误会起见，务必再度声明，我们注重的是技术问题，不在道德问题。要清算的是将这些美德在政治上的滥用，不在这些美德之本身价值。譬如说"忠孝"也是孔子、孟子传下来的个人美德，孙中山先生就说应当恢复，台北市也取为街名，我们不能够，也无意信口批评。但是在历史上讲，晚清的人物用忠孝的名目拥戴着光绪帝，让慈禧太后去"母仪天下"，那样不算，又因着她窄狭的眼光，纵容义和团，向所有与中国有来往的国家一体宣战，酿成八国联军入北京城滥杀中国人，则又当别论了。

有了以上的交代，我们可以断言中国传统社会具有宗教性格。即使我年轻时，已是民国十多年，我还亲眼看到湖南乡下很多农户供奉着"天地君亲师神位"，在那时候我也曾亲耳听见乡人吵嘴彼此攻击"你不守王法的家伙"，用不着说专制时代皇帝之称"天子"乃是货真价实的"政教合一"。传统中国没有似天主教的神父，可是全部文官组织上自内阁大学士、尚书侍郎，下至九品小官以及"未入流"，也包括贡生、监生、廪生，全部都熟读四书，都认为"无父无君是禽兽也"，亦即是全部在支持皇权神授说。又因为这天地君亲师里面的"亲"字，也把血缘关系、亲属关系与政府牵扯在一起。

所以专制体系下的国家即是社会，社会也是一大家庭。此中的组织之基本原则无非"尊卑、男女、长幼"，此亦即"读书明理"的状元、进士、举人、秀才高于无知之小民，男高于女，长高于幼。仪礼可以代替行政，纪律可以代替法律。本来人类天生就不平等，各人只有在这不平等的关系之中各安本分。法律只在各人不安本分的情形之下处罚坏人，所以民法、商法、公司法、破产法全没有提及，法律限于刑法，内中又以"十恶"为首，同一罪名也看对方的亲疏关系按"五服"之不同定罪。

这种法制的好处则是能持久不变，清律根据明律成，明律根据唐律，唐律则又根据西汉的九章律作基础。所以两千年的制度本质不变，尊卑、男女、长幼的顺序也不待分辨，不说自明。各人既有自己的年龄与性别，再加以各人社会地位不同，则用不同的服饰装束标示出来。总之则是全部具体化，可以灌输到一般人的头脑里去；又因为这种组织制度不较地理上的环境，也不具经济性格，可以全国一致推行。更有一种好处则是价格低廉。满清末年政府全年的收入，从来不逾白银一亿两，以中国人口计和以世界的标准计，这都是一个很小的数目。因为其组织之简单、技术之肤浅，可以使一个泱泱大国以小自耕农作基础，人数亿万，可以不雇律师，不设专业性的法官，一直维持到鸦片战争。

你如果问我这制度的弱点在什么地方，我就可以简概的说，我们一生遇到的不幸，我所提到的坏消息大半由于这社会上的架构所产生。

一个社会的架构不仅是社会价值之所寄托，也是经济发展之关键，更是军事力量之来源。中国传统社会之组织既以尊卑、男女、长幼之序次组成，亦即上重下轻，又因其注重形式不较实质，所以只要冠冕堂皇，在功用上打折扣没有关系。威权既然凝聚在上，底下实际的情形经常无人过问。

我研究明朝在十六世纪的社会情形时，发觉很多上端的情形，记载得非常清楚。

例如某年某月某日皇帝早朝时发生的小事故，倒记载得很清楚，至于下端人民的权利义务却缺乏实际性的记载。明朝还有一位"好官"，他也确切的相信孔子所说"听讼吾犹人也，必也使无讼乎"的说法。这也就是说，听百姓告状打官司，判判是非，我孔丘也不会比旁人高明，最好是人家都不要告状的好。于是这位好官立即下令，今后如有人告状，他先不顾案情，只将原告被告两造抓来每人各打屁股二十板再说。我们也可以想像在这种"清官万能"的局面之下，私人财产权无法合理化，即是纵有权利义务与合同的关系，也不过在一种原始状态之中。这样只能构成一个单元的社会，不能有现代社会之繁复。

明朝如此，清朝也如此，迄至民国初年和抗战前夕，这种缺乏技术能力的统治方式也根本未变。1930年间洛克斐勒基金会在河北定县作过一段农村调查，据参加的人所写专书看来，当日的土地税，还用明朝末年的纪录作底帐。即是鲁迅所写的小说，用浙江的情形作背景也还是与明朝的情形接近，和外界的二十世纪距离远。

这和西方的现代社会有了很大的差别，一个以商业体制作主的社会，亦即能用数目字管理的社会，各人私人财产，以及各人以劳动力所赚得的工资都能公平而自由的交换，所以墙上之砖才能愈砌愈高。这里我也要申明：我这里所说并不是把每人都当作一块砖，一律同等待遇，而是各人之工资与投资之利润所有的基本单位都能公平而自由的交换。原则上我口袋里的一块钱和洛克斐勒先生口袋里的一块钱，有同等的价值，这样才提得上以商业条件作主。

劈头已经说过此次来台北之目的，志在参加……要不把过去革命过程中所过种种困苦胪列出来，也辜负了当今庆祝的意义。从辛亥革命至今八十年我们只写下来一个立字，决定新体制要重新铺张的宗旨。其实在背景上即准备这种工作，也经过了七十年，鸦片战争发生于 1840 年，距 1911 年也是七十年或七十一年。这段期间前人就写下了一个也字，发现了旧体制无从改造，才决定改弦更张。

提及鸦片战争，我只注重两点，作为参考：一是战败之后的"江宁条约"割香港与英国，赔款二千一百万元，开五口通商，成为日后各国在中国城市里设立租界的凭借。决定今后进口税规律化，成为了以后值百抽五的根据，使中国失去了关税自主的权力。以这样的丧权辱国，满清的君臣，很少有反省。从没有一个人主张考研失败之总原因，没有一个人提议派员出洋考察；从无一个人主张今后各官员的职责应当重新厘定；也没有人讲到军队应当改组。琦善与耆英两位对外交涉之人员仍称夷人"不知礼义廉耻"、"犬羊之性"。筹办夷务之要旨，仍在"羁縻"，羁是马勒，縻是牛纼，也还是希望对英国人、法国人和美国人可以全用马勒牛纼扯来扯去，这已经远超过自高自大心理上不正常的情形，而是因为整个体制以意识形态作基础，无从片面的改造，翻不过身来。

次之，我也要提及实际作战的情形，表示其技术上的无组织，有如英军攻占宁波之后，道光皇帝曾令他的侄子威武将军奕经反攻，他的幕僚临时聘雇而来，大概也都是文士，一般缺乏军事训练。反攻前十天，他们不去作敌情判断和作战计画，倒在作论文比赛，三十个幕僚预先作打胜仗的露布。奕经的兵器，在战场上临时制造，所用的蓝本则有二百年之久，即制造的人自己也说只能在形式上和图解类似，不能担保有实效；反攻的兵员分作三路，据说总人数五万一千，及至反攻时真正与敌人接触的只有三千，他们在夜袭时陷入英军所铺设的地雷区中，只有死伤狼藉。

最近《历史》月刊一篇文字说及鸦片战争时，满清军队的战刀大都生锈，锈到刀也抽不出鞘来了，以致看到的人都笑，连带刀的人也笑。这情景与我自己研究明史的时候，发现很多军事单位的兵力只有编制百分之二和百分之三的情形极为相似。这样的发展既有定型，我就不主张称之为"腐化"，而是有意让它任之用进废退。当日的"文治"已经如是的成功，所以除了在北部的边疆上防制少数民族之外，内部可以经常的不设防。预算里面的开支可以抽到旁的地方去用，所应召集的兵员也不征派。这一切和国家重文轻武的预定政策，没有实质上的区别。有了这样的历史经验，我们看到……阅兵的照片非常兴奋。因为军队不考究其实效，有时其废退的程度可以超过想像。

回头再提到鸦片战争，1842年的"江宁条约"签字之后，广东民间准备造轮船制火器，道光皇帝的朱批则是"无庸制造，亦无庸购买"。着英呈美国洋枪请求依照仿制，皇帝则批"望洋兴叹"。提到鸦片战争除了魏源著了一本《海国图志》之外，我就想不出任何具体的反应，只好在此打一个疑问号。

中国对外国新世界有了相当的反应，事在1860年间，1860年洪秀全尚在南京（太平天国在1864才灭亡）。英法联军（也有人称之为第二次鸦片战争）入北京将圆明园烧得精光，咸丰皇帝逃至热河，次年死在行宫。1861年恭亲王奕訢为议政，清史中称为"同治中兴"。太平天国之被剿灭以得洋将华尔与戈登的助力为多，他们以上海商民组织的志愿兵，配之以洋枪火炮，用轮船运送。他们在中兴名臣的面前产生了深刻的印象，同时北京的圆明园万寿山、玉泉山大火三日使满清君臣了解，即是今后"筹办夷务"已经无所"羁縻"了，所以在恭亲王领导之下，成立了一个"总理各国通商事务衙门"。各通商口岸则开设同文馆，训练通外语的人才。曾国藩开设机器局，李鸿章自制军火，以后修淞沪铁路，创建轮船招商局，办理邮政电信，这整个一套的接受西洋文化之活动称为"自强运动"。

这样的接受西洋文化不是不积极。哈佛大学的中国历史和日本历史专家费正清（Fairbank）和赖世和（Reischauer）就在他们合著的教科书里说及：

中国初期的现代化，着手强健有力，在当日也令人感到印象深刻。和日本成为对比仅在以后产生，如果1860年间外人赌"成败胜负"的话，他甚至可以在相反的方向下注。中国与西方接触频繁，她在1860年间好像已放弃了硬性的仇外态度，而当时不少的日本人却仍然将之抓着不放。

为什么这运动会失败？为什么中国不如日本？自强运动是一种有限度的运动，它的组织尚且缺乏传统社会的支持。我们可以从当日曾国藩与李鸿章的通信和日记里看出，他们所要的无非"开花大炮"和"轮船"，所以希望不经过社会的改革，直接接受西方科技。自强运动的领袖之为中兴名臣，不仅因为他们是带兵的将领，而是他们由进士翰林大学士出身，也是优秀之儒臣。他们心里恐"卫道"之不足，不可能对尊卑、男女、长幼的社会提出异议。同治中兴或是自强运动被张之洞说得好，不外"中学为体，西学为用"，亦即在意识形态之下，不放弃左边的金字塔，而仍然希望构成右边式的砖墙。

可是西方商业组织具有动态，各种经济因素既能公平而自由的交换，则无时无日不在川流不息之中。既有总公司则有分公司；既有批发商则有零售事业；既有生产则有分配；既借贷也投资；如不盈利则会亏本，总之这牵涉到多元关系，更不能像农业社会里一样各种因素维持彼此间的对称与均衡，长久不变。同治年间所设兵工厂则无利润，初期所造铁路电讯与轮船乃是一种服务性质的事业，需要大规模的工商业作主顾，也要有法庭律师作技术上的支持，确定个人的权利义务，当日这些条件都没有考虑在内。

再举一个例：今日如果我们创设一个大规模的汽车公司，所需原料如钢材、油漆、玻璃和橡皮都没有固定的供应者，即造成汽车也缺乏银行垫款推销，又无保险公司承当意外，尚无适当的公路和管制交通的红绿灯，那么希望这孤立的企业能生效，也难令人置信了。

所以自强运动之设施大抵虎头蛇尾，我们不能决定哪一天完全结束。可是当时中国派一批留学生到美国，他们在美国学着打棒球，把辫子藏在帽里，政府认为与派遣留学生的宗旨相违，在1881年指令全部回国，在象征的形式上可以视为自强运动开始退却。

以后证明自强运动之破产，乃是1894年至1895年的中日战争。中日两国因朝鲜之宗主权而开战。中国的陆军在平壤战败，随着第二天就有黄海战役海军的惨败。战后北洋舰队的残余逃入威海卫的海军根据地，不料敌人登陆之后，占领炮台，又用中国自己的海防炮轰击这些船只，以致舰队投降，海军提督丁汝昌自杀，所有船只尽为日本俘虏。中国在渤海湾的藩篱尽失，只有向日本求和，除了割让台湾、澎湖和辽东半岛以外，还要赔款二亿两，赎还辽东又花了三千万两。从此中国只有借债度日，所有的国库收入都用作外债的担保，全国的多处领土也被划入外人的势力范围。

1898 年的百日维新乃是此空前压力之下的反应。从当年 6 月 10 日至 9 月 21 日，一共一百零三天，光绪皇帝用诏书批答的方式发出了两百多道的公文，提出他维新的宗旨，当中也不尽是方案，也有些只表示皇帝意向之所在。可是事势显然，如果光绪能够贯彻其主张，中国可能成为一个君主立宪的国家。如果自强运动可以用兵工厂和造船厂概括，则百日维新的目标在宪法和预算；在明晰问题的程度上讲，满清君臣已有了很大的进步，他们已经觉悟到军备不仅在枪炮，还要健全的行政机构和财政制度在后支援。可是他们仍然不了解政府之功能由社会之所赋予，如果全国社会尚且逗留在十七世纪，而皇帝的一纸诏书即可以使之跃进至二十世纪也是梦想。

何况当日维新人物如康有为、梁启超也在怂恿光绪废八股，以实用之题材取士，设武备大学堂，成立农工商局，这一切设施等于宣告满朝文武包括翰林大学士和由八旗绿营出身的将领全部无用，尚且因为各地的廪生、贡生、捐监（捐输纳监）影响到全国的农村组织。（当日只有百分之五的人口能识字，这些人在乡村里的地位有如律师法官，因此这些人也会失去特权。）

1898 年 9 月 21 日的黑幕至今尚未揭穿。是否光绪帝有意聘伊藤博文为宰相？会被劝往日本考察？或者真有如袁世凯所说，谭嗣同在劝他炮轰颐和园，要他清算慈禧太后？总之传说纷纭，事实上只有太后重新主政，皇帝被幽禁，从此终身未得自由。所有新政一律取消，康梁亡命海外，所谓六君子包括谭嗣同被害。关于这戊戌政变所作的结论，只有谭嗣同说的最为剀切，他觉得中国的改造决不会容易，只有新旧两党互相斗争，等到流血遍地才有希望。他自己也可以逃而不逃，志愿成烈士，去贯彻他的信仰。

这也就是因为他已经看到问题之大，程度之深，牵涉之广。推翻满清非仅更换朝代，而且牵扯上"礼义人伦，诗书典则"，带着宗教性质。

百日维新之后十二年（1898—1911）而有辛亥革命的成功，其快速超过革命党人之预想，其原因则是满清政府之山穷水尽。慈禧太后既然闯下了八国联军的大祸，她从西安回北京，也觉得非改革不可。1908 年她和光绪帝两天之内先后去世，又留下一个六岁的"真命天子"（宣统）和一个没有政治头脑，却仍"母仪天下"的太后（隆裕），则使全国军民看清，她们不可能为领导全国修宪法创立议会的领导人物了。孙中山先生奋斗十次，而最后之成功却出人意料，然则今日八十年之后看来推翻旧体制仍然容易，创造新体制还要艰难。

我们在检讨这七十年的经过时，可以在叙述方面完全用前人的资料，可是结论不同，有了更多的历史之纵深。我们可以看出各项改革与运动，并不是单独发生的事故，而是一种持续运动当中的阶段与环节。也不是每次都是有始无终的失败，而是反应随着外界的压力增高。以前历史学家很少提及的，则是科学技术之影响，譬如铁甲战舰以移动旋转的炮位出现于美国的南北战争，和自强运动开始同时，至甲午中日战争，却成为了标准武器，而第一次新式海军交战，却在中国之黄海。其他铁路电讯亦无不如是，迄至辛亥革命，无线电之使用业已登场，从今之后中国群众运动之趋向，更为明显。

既然琦善、耆英与曾国藩、李鸿章的立场不同，而中兴名臣的志向也和康、梁百日维新的人物有很大的差别，那我们如何可以把他们混为一谈，认为他们在参加一场接力运动？在此间我主张参照外国政治学家之所说，因为这样的历史观已超过传统中国史家之见解。大概二百多年之前卢梭（Rousseau）与黑格尔（Hegel）曾先后提出"公众之志愿"（General Will）这一概念。他们两人背景不同：卢梭活跃于法国大革命之前，他的父亲是钟表匠，所以他也注重农工的生活。他口头的国家和公社（Community）同品位。黑格尔是大学教授，他讲学于拿破仑战败之后，他心目之中已经憧憬于一个统一的德意志民族国家。可是他们两人所说公众之志愿有很多相同的地方。

公众之志愿可以说是一个国家的灵魂，它有至高的道德价值和公众精神。它与自由不可区分，可是这不是个人主义的各行其是——那样的自由，卢梭和黑格尔同样的鄙视，而相似于孔子所说的"从心所欲不踰矩"那样的解放与超脱。然则这公众之志愿究竟是什么？从他们的文字看来则是一种"集体生活之真意义"，几乎是一种透明的品质。既然如此则我们只好断定，个人无法预知，只能在实践的经验中体会得到。这种想法尤其经过黑格尔的写作证实，他曾写出："一个国家的宪法或是'基本组织'（constitution）不能凭空制造，那是超过世纪的工作之成果。"

这样看来，中国现代的长期革命也出于一种公众之志愿。我们所说先写一个立字，也是超过世纪的工作。我们甚至可以讲，进入这长隧道，不是我们公众之志愿，而瞻望隧道前面的光乃是我们公众之志愿。起先真相不明，即领导人也不能订立全部计画，最先总希望即使改革，也是范围愈狭，波动愈小为前提。即使孙中山先生也曾上书于李鸿章，也仍希望在自强运动之中完成他的志愿，直到中日战争之后，他才确切的觉悟到要建立一个富强康乐的中国，在带竞争性的世界里独立自主，非彻底的革命不可。这也就是说他已看清了公众之志愿的大方向，可是除非实践的做法，他仍不能体会到执行的步骤。

有了这样的了解，我们也可以回头倒看过去。魏晋南北朝一段之中，从北魏拓跋氏于公元四世纪开始建国，后来迁都于洛阳，分裂为东魏和西魏，蜕变为北齐与北周，至隋文帝而统一也仍可以看作一种持续的运动，虽有各种纵横曲折，其寻求统一的志向，却是始终一致，符合孟子所说"天下乌乎定？定于一"的说法。即使三国间的曹操、刘备、袁绍、孙权各人虽然秉性和野心不同，其企求中国统一的意念，却只能说是大同小异。这样也表现着一种公众之志愿。

最近六年之内，我已经在不同的地方写出、讲出中国最近几十年的变乱，也蕴含着一种公众之志愿，期望的无非在重新创造一个新国家与新社会之体制，亦即是写这个"立"字。这立字上头的一点一横，代表国民党在蒋介石先生领导之下，组织一个新的高层机构，包括新型的政府、海陆空军，使中国能在新世纪里立足。这立字下端之一横，则代表新的低层机构，在大陆的一方面由毛泽东先生及中共以土地改革的方式完成，在台湾这方面在陈诚先生主持之下，以1953年的"耕者有其田法案"得到同样或更高的功效。现在未完成的工作，不在坚持某种主义或者排斥某种主义，而在创立法制性的联系，以填补立字之中的两点。这种说法我已经在专书、杂志期刊、报纸或电视提出；讲解的工具既用中文，也用英文；发表的地方为美国纽约、中国台北，在北京发表的一部分，则只能揭橥其大意。

上面提及的哈佛大学汉学家费正清教授今年9月去世，他写的书里有一点给我的印象特别深刻。他曾受业于清华大学的蒋廷黻先生，蒋先生曾亲口告诉他，我们中国人对欧美的情形非常熟悉，对自己内部的事反搞不清楚。这句话督促着我反省，使我觉悟到中国很多的事情不仅不由外界决定，而且尚不由内部上层的条件决定，而由下层的情形决定。因此我再省我自己年轻时当下级军官的情形，更深切的体会到军队的素质与战力，由社会决定的成分多，由将领决定的成分少，因为至今还缺乏适当的成文资料，我不妨在这里举出个人的几点经验作证。

1941年我们在云南边境，可以从一个县之东端行军到县之西端，当中不但看不见一部汽车，甚至连一部自行车也看不到，用不着说行军时无休歇的场所，倒看到各处石砌的牌坊和大人物的神道碑。（因为传统社会靠着尊卑、男女、长幼的力量存在，不依靠军备、经济与法制而存在。）我们士兵每月薪饷只有法币十四元，还要扣除副食，而在街上吃一碗面，即是三元。而附近土匪标价收买我们的轻机关枪每挺七千元，照算是一个上等兵四十年的薪饷。在这里不要忘记自从 1911 年宣告废除旧体制的社会价值之外，没有找得一项新的代替品，在这过渡期间只有私人的军事力量依靠各个人的人身关系，才可以算数，这也即是军阀体制。传统的金字塔社会本来即倾其力只能维持本地治安，至此虽有保甲，却在征兵派粮的条件之下感到不支，而新社会尚未产生。

很多人没有想像得到，中国想动员三百万到五百万兵力，以全国为战场，在统一之军令下和强敌作生死战八年，实为洪荒之所未有。当日之军令、军政、军法与军需要不是草创开始则是毫无着落。要不然何以日本军事领袖向他们的天皇报告，中国事件只要三个月就可以解决？我们参加这种运动的人今日有出来作证的义务。我想起"三国"因为内中所说苦肉计和空城计，则我们的处境也与之大同小异。至此我也体会到当日蒋委员长所述"忍辱负重"和"埋头苦干"的意义，这也是中国的高层机构由环境逼成的实情。

为什么将日本拖垮之后又被共产党打败？我不能否定贪污无能的情形全未发生，但是那不是主要的因素，主要的原因还是没有下层机构，即有崇高的理想也无法贯彻下去。为什么不改革？诸位女士诸位先生，这问题已由历史答覆，其重点则是要改革只有全部改革，无从接受我们期望的妥协方案。各位不要忘记中国的土地占有不始自蒋介石，也不创造于袁世凯，而甚至不创立于清朝，至少已创立于明太祖朱元璋以"大诰"治天下时，至二十世纪的中期已近六百年。1946年白修德（Theodore White）等著《雷霆后之中国》（*Thunder Out of China*）即已强调"中国若不改革，只有灭亡"。

中共的土地改革亦即是历史所赋予的答案，内中有无限血泪辛酸不堪回首的情节。美国人韩廷顿（William Hinton）身临其境，就提及年轻人看到农民暴动时把所谓土豪劣绅打死，不禁想及自己父母在家乡或者会遭到同样的命运，有的终夜不眠，有的为之得神经病。只是讲写历史的舍弃这些事实不谈，也不能一味只说历史应当如是发生，而避免提及历史如何会如此发生之因果。不久之前匹兹堡大学的许倬云教授即在《历史》月刊大书《革命不仁以万民为刍狗》。本世纪初期法国的"老虎总理"克里孟梭（Clemenceau）也说"革命总是一个大整体，一个大方块"，也是这个道理。中国土地与农工问题，既有几百年的背景，最后弄得派不出兵筹不出饷，改革又要在短时间内完成，尚且牵涉到整个社会组织，也怪不得流血纵横了。

况且今日来此之目的在庆祝革命之成功，并非鼓励再来一次革命。今日距土地改革又四十年，我们既提到所付代价之高，更当珍视其成果，有了历史之纵深，我们可以断言它的真意义，不在所谓实现共产主义而有似于隋唐之均田，先在下端造成一个庞大的扁平体，先促进初期的存积资本以后，方顾及其长远的功能与效用。

如果仍把每个人视作砖墙上之一块砖，仍是一个呆板的局面，也仍不能使人与人之关系多元化，其活动范围仍极有限度，整个国家仍不能自由。这情形也仍像建造一家汽车工厂，无银行、无保险公司、无法庭。

我所讲到以商业条例为组织新国家与新社会的基础，必从技术的角度着手。中国今日的需要乃是资金广泛的流通，经理人才不分畛域的聘雇，和技术上的支持因素（交通、通信、保险及法律上之保障），共通活用，亦即旨在各种经济因素概能公平而自由的交换，其先决条件即在保障工资，固定私人财产与公众财产，使一切权利义务明朗化，然后全国才能在数目字上管理，我也深知这非容易事。从英国的例子看来，她以法官判案的方式促进公平法与普通法的融合，亦即是以司法机关立法，至少也透过二十年才有头绪。荷兰用联邦制去缓和滨海与内地省份的冲突，也经过一段时间才上轨道，只不过参与其事的人确切明了其问题之所在已经是一种突破了。

在这一切尚未定妥之际，我不赞成年轻人动辄戴上东洋式的头巾酝酿冲突，走向极端，那是日本人在第二次大战战败之前夕，不想活而宁为玉碎时的榜样。我也不赞成在这时候再搬出一座"民主女神"。根据过去的经验，大规模的革命从宗教始以经济问题终。中国断无在此时再又以宗教发难，不惜过去革命的成果之可能与必要。将城市间之不如意（urban unrest）扩大而为全国性的动乱不能促进民主，反而可能迟滞中国的民主运动……

我们也知道中共领导人物的困难，他们还没有找到适当的言辞对中外上下左右作适当的解释。我想这也是布希总统和贝克国务卿不顾外间过度加压力，而希望北京内部找到妥善之方案的原因。

可是纵然如此，我们从长远的历史眼光看来，没有对前进悲观的理由。以一个华裔历史从业员的身分，我已经将中国长期革命这一题目给予综合的检讨。从中国、从外国、从远古、从近代的史实，从书本上的知识包括思想家的言论，再从我自己的人身经验种种方面看来，我觉得以往的坏消息一概是过去事。以问题的庞大复杂和棘手，抚今追昔，我觉得凡是炎黄子孙，应为这八十年的历史感到骄傲。这也就是我的好消息。

（1992 年 11 月 20 日于华视视听中心演讲）

三　关于修订近代中国史的刍议

写历史与写个人传记不同，蒋介石、毛泽东与邓小平人身方面成为对头，但是他们的工作在历史上的意义，却可以前后连贯。尤其从历史的长远的眼光看去，必定前后连贯。要不然中国在 1990 年间，岂不和 1920 年间完全一模一样，或者甚至倒退回去？

我们在一件事态的转变过程中，身入其境，往往难能体会进展之速。在台湾的推行民主，开放言论，也有这样的情景。1984 年我在大陆出版的《万历十五年》已有数本流入台湾。当时"中央研究院"几位年轻的朋友——张彬村、黄宽重和沈松侨诸先生——就希望我们也出一本台湾本。只因大陆版用简体字，流入台湾已属违法。以当日的战时心理：一本书既有大陆版，即对台湾不利。这倒不一定是中枢的政策，只是在当时紧张的情况之下，很可能有不三不四的人从中议论。所以我们不能不有所戒惧。幸亏有陶希圣先生出面支持，既替《万历十五年》写了一段介绍，又亲自主持台湾本的出版，才算顺利通过。今日各位看到报纸杂志的言论，和我们在七八年前的禁忌和顾虑相比，也就可以体会今昔之不同，当中的变化已是非同小可了。

我所谓"大历史"的一种观念，能在台湾立足，得力于"中央研究院"各位先进和各位同事的协助不少。1986年年底我奉中研院之邀，参加第二届国际汉学会议，即以"中国近五百年史为一元论"为题，在当时也算放肆。而且那一次来台北，得和近代史研究所吕实强、吕士朋、张玉法和张朋园诸先生接近，得益不少。以后《放宽历史的视界》之出版，更得到黄进兴先生的支持。《万历十五年》和《放宽历史的视界》出版之后，两书都经吴院长过目，并承他在百忙之中引见。这已经是四年前的事了。可是当时我们就已谈及让我再来台北时和各位报告我这十多年来读历史、写历史和讲历史的过程。我当然珍视这千载难逢的机会。首先让我向吴院长、陈所长和中研院各位致谢，也还感谢《中国时报》和《联合报》两大报系和吕学海先生主持的社会大学。今天我所讲的恐怕是卑之无甚高论，但是如果有一得之愚的话，各位先生的支持与鼓励实不可少。

我所标榜以宏观的眼光看中国近代史，不过是最近十年事。可是亲身体会历史之展开，已经好几十年。大凡我们这一辈艰苦流离，已经和历史所发生大规模的震荡接近。而我个人又算机缘特别好。抗战时我从军，一当下级军官就是十年。在穿草鞋、吃狗肉之余，学着和士兵一起讲粗话，领会到很多不见于书本上的知识。比如说，我们下部队之前，总以为我们军校毕业生以新时代的思想与技术，可以在行伍之中发生领导的力量。及至当了连长、排长，才觉悟到完全不是那么一回事。我们以前的希望可以算作一种理想。其现实则是我们要和士兵看齐，受他们的群众心理支配。维持部队的向心力不是纪律与责任感，倒是有面子和无面子的传统观念与社会价值。我在十四师的时候有一位连长，他在训话时一味用尖刻的话挖苦他的士兵，有如："洞庭湖又没有盖子，你们这些家伙为什么不跳进去淹死的好？"而偏偏他的士兵对他必恭必敬，不敢造次。可是当连长的也要表现他自己的粗线条，确是英雄好汉。例如向敌接近时不匍匐爬行，而是挺身前进。甚至我在驻印军时，还看到战车部队在敌炮射程中不放下掩盖。我当然不是提倡应当如此，而是报告事实演进确是如此。其症结则是社会的力量大，个人的影响小。中国很多的事好像全是少数人在上作主，而实际上往往是他们迁就于下级，即是基层的力量大。

后来我在美国教书，又逢上了人所未有的经验。我曾在长春藤大学做过研究工作，可是自己执鞭任教的地方，总是第二流、第三流的大学。这些地方又有一种好处：他们也不管你是专家，不是专家，凡在历史系任职首先就要分担"西洋文化入门"的课程一组。这一来就逼着我对于宗教革命、文艺复兴、荷兰独立、英国内战和法国大革命等题目产生一种综合的了解。大凡教书总是这样：学生得益少，先生受益多。起先我还埋怨自己不争气，没有赶上上游，才开这样的杂货摊。日后才体会这是增进我宏观眼光最好的办法。凡事有正则有反，举一则反三。看到西洋历史以直线型的进展，才体会中国历史表面看来以朝代循环作主题之由来。

看到旁人所犯的错误，也给自己一种警惕。目下美国讲学历史的重分析，而不重综合，有演绎而无归纳。这样的治史，往往对一人一时一事恣意批评，而忽视后面的组织与结构。不仅以小权大，而且以静议动。千篇一律的埋怨指摘，而忽视了历史上长期的合理性。这也就是说只有消极性的历史，没有看透历史的积极性格。

我还记着 1944 年年终中印公路快要打通，国军由云南打出和由缅甸打入的部队，即将在缅北一个叫做南坎的小村庄会师之前夕，我们都在新三十师司令部，这时候也来了一批中外的新闻记者，因为一切都在战时状态，吃饭时也无桌椅板凳，只是大家都蹲在地上，晚餐也只有白米饭和酸白菜。恰巧我的贴邻则是艾萨克司（Harold Issacs），当日他代表《新闻周刊》。一经打开话匣子之后，他就老实不客气的用中国话和我说："中国老百姓好，政府里的人不好！"我当时就怀疑，这是否可能。同时所谓好坏，好在什么地方，坏在什么地方，都无从交代。可见得这种观察，只有直觉没有逻辑。而日后艾萨克斯也成为了大历史学家，他写的书《中国革命之悲剧》至今仍是威权之作。各位也知道史迪威将军曾和蒋委员长抬杠，被辞回美之后身故，他的日记书牍等由白修德编成《史迪威文件》出版。里面也讲到他敬慕中国人的地方。有一天史将军看到铁道上一节货车，也无机车拖拉，只好由苦力用臂力挽。远看起来有如一只百节虫，铁道两旁只看出数十个肢体蠕蠕而行。史即在当日日记里记下，中国人的精神伟大可佩，中国人只要保持这种精神，不怕没有出头的日子。史将军的赞扬可感，但是他没有提及谁在组织动员这只大百节虫，谁又将中国之人力与资源结合起来，对日抗战，前后有八年之久。这也就是有直觉而无逻辑。

各位有闲时，也可以再翻看《史迪威文件》。这书里讲到国民党战时腐败的情形很多，有的也证据确凿。可是要追究起来，谁供给他这些内幕，很有意思。白修德把这些人的名字都隐没去了。我一计算，一共有十五处。虽然是否恰是十五个人不得而知，但是有多数的中国人向美国客卿献策，暴露中国的黑幕，已无可置疑。

按其实当日中国政府无法申辩，今日时过境迁，一切都可以坦白交代。中国要动员三百万到五百万的兵力以全国为战场，在统一的军令之下和强敌作八年生死之战，可算是洪荒之所未有。亦即从秦始皇到宣统皇帝，过去没有过这种事情。这时候政府的权力只能扩大，不能收缩。而这时又没有适当的组织，后面缺乏支持它的社会架构。（如果有的话，则不会招致日本之侵略，而且杀进堂奥了。）这当头如何是好？只有马虎将就，苦肉计有之，空城计有之，也谈不上合理与不合理、合法与不合法，于是长沙大火，黄河决堤，一切都来，只要能维持当前的局面继续抗战，不惜牺牲。史迪威没有查勘得明白，表扬中国精神中伟大的百节虫，并非志愿服务，大抵都由强迫拉夫拖来。如果社会组织还没有进化到某种程度，使当中的动员设计都依数目字安排，则你继续赞扬老百姓好，斥责政府里的人不好，并没有帮助我们解决问题。

私下给史迪威供给情报的中国人，可称之为道德高尚。他们虽在战时仍不放弃人身道德之标准，理想主义可佩，但是也可以斥之为无骨气。明知大敌当前，被敌人俘虏则只有被砍头，或抓去被作为人肉靶子，也不顾及领导人和近身同事，以剜肉医疮的办法去解决问题，他们还去媚外求荣，只望将自己置身事外，很难令人同情。所以好与坏甚难分解，看你如何着眼而定。

说到这里各位免不得要问：难道是非全无标准以致公道不伸？

我要即此申明：这问题不由大历史而产生。实际上这是目前现况，写回忆录的，甚至写历史的各行所是，缺乏共通的观点。是非不明，公道不伸，是一种极为危险的局面。我们提倡要放宽历史的视界，增进历史的纵深，正是要解决这当前的问题。

因为这问题牵涉到我的一生：我的前半生有了从前面与下层观察事实演化的机会；我的后半生志在事后阐释此中情节。并且和西洋史、日本史比较，正是我谋生的工具，衣食之所寄托。所以我确实花了一段时间，将这整个问题作过深切的考虑。其结论则是：

过去中国一百五十年的历史，是人类历史里一种极大规模的重新组织与重新构造，这当中很多事迹不能用平常的尺度衡量。至少我们要将它看作魏晋南北朝长期分裂扰攘的局面，进展到隋唐大一统的过程同样看待。

其所以如此，乃是传统中国依赖"尊卑、男女、长幼"等社会价值作寄托，这种组织不能在现代世界里存在。

从鸦片战争以来，重要的里程碑如自强运动、甲午中日战争、康梁百日维新、辛亥的民国肇造，不是个别不相关连的行动，而是一种长久远大的群众运动中的环节。外面的压力增强，中国的反应也增高，最后逼不得已将两千年来的君主体制也一概放弃。

民国肇造后的军阀混战已不可少。因为旧体制业已解散，新体制尚未登场，只有私人的军事力量可以暂时维系局面。可是这种私人军事的力量，也难能在一两个省区之外收效。在这过渡期间最为表现群众运动的革命性格者，无逾于五四运动。五四运动的领导人已经看清革面洗心应从自己着手，士大夫阶级有了这样的觉悟，中国历史不能再倒退回去。

将一个旧社会推翻，重新创造一个新社会，采取一个"立"字的方式。

中国国民党在蒋介石领导之下，自黄埔建军以来主持抗战、废除不平等条约，使中国能独立自主，实在是创建了新国家与社会的高层机构，有如立字上端的一点一横。

中共在毛泽东领导之下，因着土地革命翻转了社会的低层机构，有如立字下的一长横。台湾方面因1953年耕者有其田的法案，也完成了低层机构的改革。

现今海峡两岸共同的注意通商，其目的不仅是增高人民的生活程度，而且是创造一个多元的社会，树立各色各样法治性的联系，使高层机构能反映到低层的需要，亦即充实立字上下之间的两点。

这样以商业体制作基础的社会架构，符合凡事都能用数目字管理的条件，构成永久体制，才全面的促成中国的现代化。

以上这种解释，我已经自 1986 年开始在报纸杂志、专书里发表，最近也由电视播出。大部分发表用中文，一部分也用英文，发表的地方有纽约、台北、香港。即在北京那一方面也因《万历十五年》之跋，已将要旨传达着过去。从各方的反应看来，我没有气馁的理由，并且只有感到兴奋。

这当然不是说，以后凡作史的人都要接受我的规范。充其量我也不过说出，我们运气坏，在这二十世纪的末年，局势明朗，以前的纠纷，至此告一段落。过去一百五十年的历史，可以因此作大范围的综合。台北大为开放言论的尺度，就已表示革命已经成功，过去战时状态的条件已不存在。我的综合不足为凭的话，至少有实验性质。我在 7 月 8 日《联合报》副刊发表的一篇文字，就欢迎读者修订我的历史观。但是希望向前修订，不要向后修订。我们既已获得言论之自由，更要珍惜这自由，不要动辄以"翻案"的方式，将白解释为黑，将黑解释为白，那样子仍是向后修订，也辜负了今日自由之可贵。有人指出我所讲述的资本主义，韦伯没有如此说过，或者马克思并未如此说过，那都是将我的历史观向后修订，那只能与时代相去愈远，不见得有出路。

我下面的提议是针对今后而言。如果我们大家都有一段共识，认为今日历史上的前因后果已告一段落，中国近代史可以重新修订，这是一个极好的机缘，我们今后写历史，可以从下面这些步骤着手：

第一，我们应当继续搜集原始资料。

我自己在研讨中国近代史的过程中就得力于亲身切眼看到的事迹。这些事迹至今尚未见于笔墨。这样看来，书本上遗漏的原始资料一定很多，过去我们不能讲也不愿讲的情节，通常对以后的发展有决定性的影响。举一个例：

我生长于湖南长沙，在 1920 年代，我父亲的一个朋友名李道阶，曾任湘西长溪县县长。到后来他放弃乌纱帽，也没有奉准辞职，就率家逃回长沙。事后从我父亲的口里，才知道当地驻军的一个旅长，要他的女儿为姨太大。如果他不潜逃，就救不了女儿，看来县长的权威也无从支持他。

我父亲还有一个朋友，叫左国雍，是左宗棠的后人，1930年代任浏阳县长。当日本匪徒出没的期间，县政府抓到了三个嫌疑犯，经他草率审问，即都判死刑，准备立即斩决。那时候我母亲正作客于此地，就和他争论。她认为当中一个老头子痴呆懦弱，决无为匪之可能。固然我母亲的辩护完全凭她的印象，但是县政府的审讯也同样的缺乏实证。当我母亲和他再三争辩的时候，我们的"左叔"就很轻蔑的说："看他这样子，活着算什么！"我母亲即顶着他说："你自己活着算什么！"信不信由你，经她这场争辩，这老头子竟无罪开释。

如果我不亲耳听到父母亲口述，我不敢相信这些事情可能在二十世纪发生。又因为以后我研究历史，读过明朝海瑞所著《海瑞集》，内中提及他任淳安县令审案的详情，再看到瞿同祖所著《清代地方政府》（英文）知道县级政府，明清及至民国以来一脉相传的沿革，更因为我自己研究明代的财政税收，确切的了解除了通商口岸之外，中国的民法、刑法行政机构只能随着社会转移。除非社会有革命性的改造，财政税收经过一段突破，中国无从现代化。上述两个例子，也仍是传统中国社会以"尊卑、男女、长幼"的简陋信条，维系原始式的农村组织无法适应于现代环境的一种暴露。我敢于武断的说这两个例子绝非单独发生。各位即看到鲁迅所写小说，以及沈从文的笔记亦必有同感。

在这过渡期间军队里的情形，也至今缺乏翔实的报道。国民政府在抗战前夕整个的预算只有法币十二亿元，按当日汇率只值美金四亿，这是一个极小的数目。既要维持陆海空军，又要支持建设与教育，恐怕老早就捉襟见肘。抗战开始我们被驱入内地之后，国军所掌管区域工厂数，只有全国百分之六，发电量只有百分之四，如何生存？我在 1941 年当少尉排长的时候，每个月的薪饷只四十二元，在街上吃一碗面，即是法币三元。山上的土匪标价收买我们的轻机关枪每挺七千元，是我一个上等兵四十年的薪饷。

最近我已经将当日我在十四师所经历的一段写成短文发表，以师长阙汉骞将军为题，内中也提到军中经理，半取包办制，我还怕当中叙述得不彻底，有引起误解的地方，不料后来接到阙公子阙定正先生的一封来信，不仅不以为我在揭发当日黑幕，还欣赏我笔下翔实的报导他先人的性格，亦即是有福同享，有难同当，胆敢承当责任，不以名利为最终目的。我当然也敬佩阙公子之父风。可是我作文的目的，尚不止是纪人物，而是勾画当日国军，不仅冒险犯难，而且挣扎在衣食上求生存的实情。

类似的情形又何止盈百上千。但是今日我们翻阅叙述当时情节的文字，只有一片"贪污无能"的责骂。其实一个官僚贪污无能，百十个干部竭尽忠贞。各位只要看到这幅图解，也可以不待争辩，了解贪污无能的责骂，不能符合情景；而且至今埋没的历史资料尚且汗牛充栋。

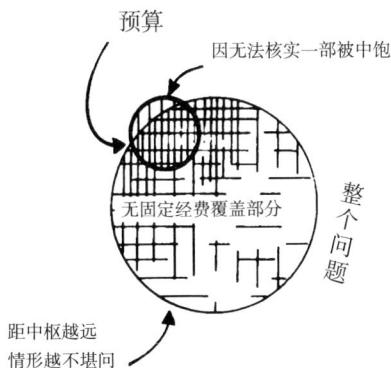

所以我建议赶紧广泛的收集原始资料，集结各种回忆录，过去很多禁忌，以及掩过饰非的地方，现在都可以不顾。中国以过去一百年的时间，将旧社会向前一推，至少也革新了三百年。这不可能所有的工具齐全，各种步骤合理合法；有了这种胆识，各位搜集的新资料必会打破陈腔滥调，而具有创造性格，读来有司马迁笔下慷慨激昂的色调。

第二，在整理各种资料时，不急切的以道德的名义论断。

中国人写历史重褒贬，历史学家一定要把他笔下之人物，解释为至善与极恶，才算尽到了作史的宗旨。如康熙是圣明天子，万历是无道昏君。张学良是好人，蒋介石是坏人。这在旧时代伦理道德和社会秩序大致上一成不变，才勉强可以解释得通。同样办法要摆在今日地覆天翻，乾坤颠倒，伦理道德的标准要重新创造重新修订的时候，不仅不恰当，而且有时迹近滑稽。班固作《汉书》又在书中加列"古今人表"列有古人一千九百三十一人，内中有传奇式的人物如女娲氏、有巢氏，也包括孔门七十二弟子，下迄赵高、李斯，统由历史学家班固将他们的德行人品按三等九则的方式，列入上上至下下。今日这"古今人表"唯一的用场，则是表现《汉书》作者的胸襟。今日若仅以道德不离口，亦只见胸襟窄狭。

钱穆先生作《国史大纲》，他一提到东汉末年三国鼎立的时代，各人都尚气节，但是钱先生也说出这是一种狭义的气节。亦即社会秩序已在转变，当事人知其然，不知其所以然，所以虽敌对人物，仍用过了时的道德标准自行标榜，互相攻击。比较起来也与民国初年军阀混战，发通电的情节，指斥对方为逆贼大同小异。

其实这种紧抓着道德名义不放的态度，也不尽止于中国历史学家。巴黎大学初设法国大革命专门讲座时，首任专门讲座教授奥拉德（A. Aulard）即强调大革命时丹敦是好人，罗伯斯卑尔是坏人。他的高足弟子马蒂耶（A. Mathiez）即将他所说的好坏翻了一个面，罗伯斯卑尔真心诚意的替小民造福，丹敦贪污好货，态度游离，随时可以出卖革命。及至本世纪中历史学家的眼光更为开放，很少的人仍旧拘泥于这种"好"、"坏"的规范。以后接任这专座的勒弗微（G. Lefebvre）更明白道出："道德主义者必赞扬英勇，谴责残酷，可是不能解释事故。"

不急切的以道德的名义论断，并非主张摈弃道德不要，或者蔑视伦理。不过伦理道德是人世间最高的权威，真理最后之环节，一经提出即无争辩之余地，故事即只好就此结束。以狭义的道德写下来的历史势必将一段伟大的事迹，分裂为无数片段，读来时只有袁世凯错、孙中山错、蒋介石错、毛泽东错，于今邓小平又错。对以上各人公平与否不论，首先就否定了中国的历史。我已经提及我们以穿草鞋、吃狗肉、衣不蔽体的部队和强敌抗战八年，即算没有凭自己的力量打倒日本，最低限度也将它拖垮，这不仅在中国历史里突出，在世界历史里也难能找到类似的事迹，而这样的情形不算。中共的土地改革，其范围之大、程度之彻底，超过隋唐之均田，也抹杀不计。而今台湾海峡彼此都尽力通商，十年、二十年之内，就使整个国家改观，从过去殖民地和次殖民地的地位，今日成为一个举足轻重的一等国家。这种种一切艰难困苦，先烈死难的情形统统忽视，而只记得起某些人发了国难财，某些人受罪受得冤枉，那也真是能见秋毫之末，而不见舆薪了。

历史学家熊彼德（Joseph Schumpeter）说及，写历史的目的无非将今人现局讲得合理化。如果有些人以他们窄狭的眼光写成的历史，说及各位的立足点都不应该存在，一味呻吟嗟怨之余，也不指示我们今后的出路，那也用不着和他们计较。《庄子》说："夏虫不可以语冰。"于今电气冰箱早已问世，也是他们猛醒的时候了。

中正纪念堂门口的路标题为"大智"、"大仁"与"大勇"，可见得设计人并没有忘记仁义道德，可是既称大仁、大勇，已是针对非常的局面，放弃寻常的尺度，去打开难关。既然如此，我们在评论时务，必要体会到前人的艰难。他们在内外煎逼的环境里，通常很少有不同的手段可供选择。那是我不同意于我的"左叔叔"左国雍的态度，可是当日社会情形如是，如果他不将犯人立即处决，则地方秩序无可维持，我不愿处在他的地位里一时一日。至今不得已将这段往事提出，仍是暴露社会现象，而不是在他身后批评议论他的品德。

第三，以宏观眼光看历史时，注重非人身因素（impersonal factors）所产生的作用。

简略说来，中国的长期革命，旨在一百年之内将中国社会向前推进三百年。这种规模与长度，不是事前任何人所能筹谋与逆料，然则又不是完全是一种自然的现象。大概首先有志之士受着环境的逼迫，采取革命行动，将社会上本来就不稳定的因素放纵。于是因着大规模的震荡，其他个人也随着加入。这广大的群众运动，因时就势，经过一段正反离合的阶段，最后才找到合理的解决。我所说的创造高层机构，翻转低层机构，和重新厘定上下间法制性的联系，也和其他国家所经过类似之程序大致相同，详情已在我所著的《资本主义与二十一世纪》里叙及。这全部经过，有如卢梭与黑格尔所提倡之"公众之志愿"（General Will）所促成。既为公众之志愿，即不可能由领导人物独断，而且领导人物自己往往做了执行历史发展之工具。比如说蒋先生定都南京，创造了一部分新型的军队和表面现代化的部队，而后面缺乏同样新型与现代化的社会架构去支撑它们。他蒋先生只能挺身而出，以一己代替应有的架构。所以旁人以为他是大独裁者，而现已公布他所记日记的一部分，即表示他自己有无限之痛苦。这种痛苦，不在乎对付敌人，而在乎对付内部。如果历史学家不愿意被趋炎附势之名，去为领导人物说话，至少也可以把事实后面的非人身因素，拉出来检讨分析。

再举一例：1930年中原之战，因北伐成功之后，提议裁军而起。引起李、白、冯、阎组织一个反蒋的大集团，又有了国民党内以汪精卫为首的左派，与西山派代表的右派的参加，双方动员一百四十万人，激战时冯军每日发射炮弹二万发，抗战时无此火力，战后蒋先生自己承认中央军死三万、伤六万，冯、阎军死伤十五万（上海《大陆报》十月十三日），民间之损失，尚不可胜计。而且这距抗战只有七年，这样的穷兵黩武，最可能为口诛笔伐的对象。

可是破口谩骂，任何人都能，也无待于历史学家。历史学家之眼光不同于常人，乃是他们不沉湎于历史应当如何展开。首先事出非常，他们就应注意何以竟如是之展开，为什么几十百万的兵大爷愿意在这场合中作炮灰，内中也不可能尽是利令智昏、毫无国家观念的将领，以及各级干部。今日我们当然无意于褒扬军阀，赞成内战，甚至不能武断的说当日这中原大战的情形完全无可避免。可是这事竟已发生，我们首先就要屏弃理想环境上的十全十美之解说，先将现实解剖得清楚。

这种战争，当然也表现人类的坏性格。但是并不只以中国人为然。英国内战时反对党把国王打败，马上就引起在议会里占主要地位的长老会徒和圆头党军中的独立派火并。日本明治维新之后，不得意的武士就怂恿着西乡隆盛出头，有所谓"西南战役"，西洋人称之为 Satsuma Rebellion。中原大战由北伐成功提议裁兵而起，首先就符合这种模式。

各位不要忘记，中国在专制时代，好像皇权无限，其实大部的威权，不过矫揉造作的仪式上之装饰，实际是对内不设防，以无数的小自耕农作抽税的对象，财政的收入极为微薄，各种严刑峻法也只能有选择性的，以杀鸡儆猴子的方式执行。简而言之，这是一种消极性带防御性的政治体制，维持各地区的平衡，一般的迁就经济落后地区。国民政府定都南京，马上就要实施现代化的中央体制，必和地区间无数的利益集团发生冲突。同时中央所在的地区为江浙，金融经济比较发达，更被内地落后的地区嫉视。

严格说来，这时候新国家还未组织就遂，忠于国家还是一种抽象的理想，另一方面中央集权抑或是各地区保持他们现有的体制，倒关系各人切身利害，不仅是各人衣食之所寄托，也与他们尽忠于上官下属，与同僚袍泽共事的情谊一气拖连。各位不要忘记美国即在南北战争时——距今不过一百多年——很多美国人还以为忠于各人所在之州超过于联邦。各位也不要忘记，我刚一上台就说及中国军队里的向心力，并不是现代权利义务的责任感，而是传统的社会价值，也包括忠义等观念。

此外当日全国的识字率可能低于百分之十，农村里剩余的人手，不应募为兵，即落草为匪，在社会里很少有其他出路。这种种压力，都使内战的可能性无从避免。

而且中原之战在中国近代史里也并不是全然的一个负因素。这次战事之前国民革命军四个集团军各自为政，再加上东北军——他们可以和日本自办外交，冯玉祥的西北军（第二集团军）则联俄，经此一战之后，这些现象不再发现。原来国民政府的裁军计画是缩编全国的军队为六十五个师，全国军费不超过国家收入百分之四十。这计画如果实现，必采取精兵主义，可是后面缺乏适当的工业支持，社会条件也不够担任现代化的后勤，仍然不合实际。经过这一战之后，中央集权的方针部分实现。国民政府在江浙地区的局势巩固，借此也废除厘金，实行关税自主。东北军入关，张学良就任陆海空军副总司令。可是中枢的统一政策并不能全部贯彻。南京能够实际控制的区域仍不过黄河以南，近于北纬三十五度的地区。据宁恩承的回忆录（《传记文学》总331号），华北四省的工商业税捐，包括线纱、卷烟、面粉、工矿、印花等，虽名义上由中央统辖，实际特派员由张学良派，收入也由他迳送华北收编各军。冯玉祥经此一战之后，不再成为问鼎中原的力量，但是旧部如宋哲元、韩复榘仍有控制省区的能力，阎锡山与李宗仁也始终没有离开原有地盘。自是蒋先生控制的约三十个师，被称为中央军嫡系，外围用津贴的方式又维持若干省区部队，更外围的则只要他们名义上服从中央，更不计较。总兵力从北伐之前的一百四十万人，扩充至二百三十万人。以后因"剿共"战事又将中央的力量，推广到西南若干省区。这种新平衡的局面，亦即是抗战开始时的阵容。这样历史性的发展，一方面与过去创立朝代的情形相似，有如唐朝与宋朝的统一，都经过相当的反覆，另一方面也与抗战的局势衔接。长期抗战的决策，就是利用中国的人力和敌方拖，只有这样的阵容才能构成一个泥沼。如果坚持精兵主义，一定要和对方势均力敌，反而只有门面，缺乏纵深。

所以蒋委员长替新中国创造了一个上层机构，不能使下端整齐划一，有历史上和地理上的因革在，这也就是我主张重视非人身因素（impersonal factors）的由来。

第四，大历史的逻辑必与当事人的逻辑不同。

以上这种情形不出于蒋委员长的本意，所以他本人的期望将军队缩编为六十五个师、骑兵八旅、炮兵十六个团、工兵八团，总人数不出八十万的计画始终没有实现。西安事变之前，他还希望将对日战事延迟三五年，以期待空军的发展能接近于对方。这种计画也被打破，所以纵是英雄，必受时代的限制。

我始终提倡蒋介石替中国创造一个高层机构，毛泽东翻转社会上的低层机构。起先只有我一个人如是说，还不能十分自信。去年我从故宫博物院秦孝仪先生那边借来一部分资料，内中节录着蒋先生一部分日记，内中有一段，说及："至余之处事决策，多用瞑眩瘳疾之方，孤注一掷之举，以为最后之一着。"（1944年2月5日）瞑眩瘳疾出自《书经》："药不瞑眩，厥疾弗瘳。"亦即是说，这种病已深沉到这程度了，除了冒至大之险，采取这不符寻常、不合逻辑的办法之外，别无他法，可见得他的决策，由时势逼成，并不是预先构成计画，以后按着一步一步的做到。

对蒋先生极端崇拜的人讲，我这样的解释，不可能对蒋先生的声望减少一分一寸。去年我在"中华电视台"就曾讲出，1941年我在蒋先生的军队里当少尉排长，手下只有三十六个兵，我常常因为统御经理的事情晚上睡不着觉。而他蒋委员长胆敢带着三百万到五百万这样的兵，和日本作战，一打就是八年。他的精神与气魄，我想像都想像不到。

可是蒋先生与毛先生活动于本世纪的前半期，他们彼此的事业都已在世纪的中期达到最高峰。他们和历史过于接近，没有我们看的真切。而尤其他们没有看及身后又一二十年多余的纵深，所以他们在历史上所发生的作用，只有我们后人才可以综合判断。

中国在本世纪的问题实有双重性格：一方面除非建立一支新型的海陆空军，否则不能救亡图存，并且设计一套新型的财政税收系统，以合法的姿态取得外强的承认，否则不能得到国外的支援。这一套工作只能从现有的资料着手，有如中原之战，其目的不外是消除对方的抵抗，把他们收编过来，而不是彻底歼灭。即是利用保甲制度，也仍是迁就于过去社会之环境与习惯。可是另一方面若是下层机构仍是因循不改，也仍只能依人行事，永远不能产生新生的力量。

这两套工作，任何一套就使参加的人一生劳碌未尽，偏要同时展开，既互相支援又互相冲突，既前后连贯又互相重复。而需要两种不同的革命理论，牵涉了相反的外交政策，发动了两种不同的组织，终于造成了两种大规模的群众运动。所以国、共两党，团结之后又分裂，分裂之后又团结，有内在之原因。

蒋先生制造新中国高层机构的情形，已由毛泽东述及。毛在1936年著《中国革命的战略问题》就提及国民党"已改造了它的军队——改造得和中国任何一个历史时代的军队都不相同"，"而且其军队数量之多，超过中国历史时代之军队，超过任何一个国家的常备军"。毛泽东没有想到，这几句话是他给对手蒋介石莫大的恭维。既然有了这样一个庞大无比的军队，后面当然也要有一个政府去操纵它。即使这高层机构不尽符合世界标准，也是以前之所无，所以蒋介石在历史上的地位，有创造性质。

1987年中国共产党也刊印了《中共党史大事年表》，初版即印了五万册，内中说及八年抗战，"中国军民伤亡二千一百万人以上"，内中"共产党领导的军队伤亡指战员六十余万人，敌后解放区人民群众伤亡六百余万人"。那么其他约一千四百余万的伤亡数，势必出自国军和国军后方的民众了。

今日敌对的意识既不存在，历史学家即不妨将双方活动的实况拿出来讲解。中共成功之处，即是他们利用国民政府的上层机构，他们不另制造如是之机构。因之在抗战时及内战时，整个的放弃城市文化，大部队只用无线电联络。因之他们可以全力去翻转制造一个新的低层机构。据专家估计土地改革期间牺牲了三百万到五百万人命。但是新的低层机构，完全由下向上构成，为中国历史之所无，所以也具有创造性格。

据参加这运动的人说及土地改革期间的低层机构，最核心的组织为贫农团，由贫农团组织农民协会，农民协会扩大而成村民大会。每一个共产党员都要经过这三层的审核，任何一层不通过即不能入党，或者要送到特殊的训练处改造。虽说今日这样的情形已逾四十年，而且即当日酝酿时即有一段矫揉造作，但是中国的传统乡镇保甲的组织，一向由下级承应上级的旨意办理，新中国的下层机构，至少已脱离传统的畴范。即算今日的人民公社不复运行，而大陆的乡镇工业勃兴，仍表示新的力量由下层突出，具体扎实。中共党员五千万人，可能有百分之二十不识字，唯其如此，他们代表大陆群众的一个剖面，不容忽视。最近有些从大陆来的人，随便就说……我不敢轻于置信。

至于这整个运动的长期动向，倒可以从侧面客观的条件看出，不可能是实施马克思和恩格斯所提倡的共产主义。刘少奇说过，共产主义是人类最高的一种理想，现在看来中国农业刚有一番整顿，工商业刚组织就遂，就想停滞社会上分工的发展，必无前途。但是大陆自 1949 至 1979 年的三十年间之所作所为，倒符合于"战时共产主义"（Wartime Communism）的称号，所以几十年对外隔绝，在国境东西南北作战，大家都吃同锅饭，穿蓝布棉袄。这期间的成就乃是存积了一段国家资本。据他们国务院一个下属机关的统计，这期间政府向农民低价收购食粮，又低价配给城市里的居民，因之两头克扣，存积的资本达人民币六千亿以上。（这一段我所说的消息来源，分别载在《放宽历史的视界》和《资本主义与廿一世纪》书内，恕我一时不能忆及。）所以大陆方面不待外援，已可着手今日的经济改革。即称之为社会主义或资本主义，现代经济的三个基本条件无从避免。此即信用展开，资金广泛的流通；人尽其才，经理与所有权分权；技术合作，交通、通信、律师业务等全盘活用。这也是现下中共的设施。所以四个坚持与否，我们从历史上所看到的逻辑，必与当事人所保持的逻辑不同。

写历史与写个人传记不同，蒋介石、毛泽东，与邓小平人身方面成为对头，但是他们的工作在历史上的意义，却可以前后连贯。尤其从历史长远的眼光看去，必定前后连贯。要不然中国在 1990 年间，岂不和 1920 年间完全一模一样，或者甚至倒退回去？

还有人以为大人物自己说的不算数，只有历史学家的解释才有现在的用意，也可以算作狂妄。在消除这段疑惑时，让我再举一个例。以下一节也出乎一个大人物之手笔："凡事有败必有成，亦有成必有败。今日认为恶因者，或适为他日之善果。而今日所获恶果，在昔日反视为善因者。以此证之，无事不在矛盾之中，并无绝对之善果也。"

写这段文字的人，已经看清了历史在时间上的意义。这段文字也表扬了左派人士标榜而为"唯物论辩证法"的真髓。各位能否猜出写这文字的作者是谁？其答案则是蒋介石，这也就是《史迪威文件》里说缺乏四年大学教育的蒋介石。这段文字出现于蒋先生 1944 年 5 月 31 日的日记。

说到这里我的讲题将近结束。我还记得 1985 年初来台北时，就有人问及："你这么讲来，前因后果都由你一个人解释得明白。那岂不是只有你的书刊？我所研究的专题为甲午中日战争，难道因你这样的讲说弄到没有事做？"

这绝对不可能。我所提出的始终不过时间的一个问题，即是今昔之不同，于今逢到历史上的一个大转捩点，以前的资料，有了一个大综合的机会。我所谓大历史，与经济学家所谓"宏观经济学"（macro-economics）相近；本身即是一种粗枝大叶的综合，又仍待微观的研究分析订正。即使最广泛的使用，也不过在高中和大一的程度内，使读历史者有一个基本的轮廓。以后更详细、更精确、更有实用价值的资料，不可能因我的书刊而被歧视。宏观经济不能解答就业、失业问题，不能分析物价指数，也不能预测消费者的心理。总之就不可能垄断微观、更专门更深刻的研究。

并且即是一位年轻学者，完全相信我所作的宏观论断，也用不着在他的著作里标明黄某人曾如是如是说。最重要的，不要忘记后面有一个天翻地覆的局面。即是1949年至1950年间，大陆来的人口，迁移到台湾的超过二百万，这也是洪荒之所未有，所以我们已经刚度过一段像魏晋南北朝那样分离颠沛的局面，面临隋唐之交重新创造新局面的良机。这是研究历史的人千载难逢的机会。我们不要错过这机缘，把个人的局部的、偶然的不如意事过度发挥，见小失大，这也是我不揣冒昧以"大历史"为标的用意。谢谢各位。

(1991年11月5日讲于中研院近代史研究所)

四　一国两制在历史上的例证

一国两制由于内部经济不平衡的发展而产生，通常免不了地理因素，也有历史性格。战争甚难解决此类问题。因战争通常将局势改变，而构成新问题，也通常出于交战者意料不及和操纵力之外。

我这次讨论一国两制限于一个国家企图在现代化的时候，其行政事项不能全由一套数学公式处理所产生的情形。在我看来一个现代化的国家，有别于尚未现代化的国家，在其政务可以用数目字管理。因是她之体制，具有流线型。以后的行动，也比较可能预测；即使在过程中有一国两制的办法，其需要两种立法，或是两种司法体制，也是缘于历史地理上的要求。这与一个国家故意将其权力在两个地区不平等的分配者不同，有如母国与殖民地的关系，或者王畿与诸侯采邑之区别，那不是我所说的一国两制，也不属于刻下讨论的范围。

下面提及四个例子，彼此在时间上及空间上的距离都很大。自此看来一国两制早已在各处前后发生，并不算是在今日伊始。

我提出这几个例子，也无特殊创意，它们早已经历史学家提出，也经过专家之推敲。只是把这些例子，归纳于现在的一国两制标题之下，倒确是草创。我希望有了今天的初步检讨，再加之继续研究，大家可以在实质上体会到一国两制，确是历史上曾经发生的事物，而不仅只是一种带宣传性的标语，或者只是一团政治尘沙所产生之雾影。

当然这些例子可以在大范围之内给我们若干启示。可是我不提倡从中抽出细节和现下中国比拟。原因很简单，今昔不同，环境上与背景上有很大的差异。刻下我们的检讨无从避免粗枝大叶，除非我们有更精刻的研究提供极确切的资料。将两种偶然相似之处混为一谈，迹近武断，甚可能产生误解。

我的第一个例子为蒙古人在中国所创立的元朝。《元史·食货志》提到，元朝立国之后税收南北不同。华北用租庸调制，华南用两税制。我们在检讨此间区别之前，先在背景上应有若干认识。

上面提及一国两制因企图现代化而产生。元朝立国于十三世纪至十四世纪，此时中国是否已曾现代化可能引起争执。哈佛教东亚史的专家赖世和与费正清在他们的标准教科书内提及中国"前期的现代"已在晚唐来临，亦即在八世纪至九世纪间。他们所持的理由乃是此时中国社会稳定，所有的组织制度也已整体化，又能彼此平衡。这和"古典时代"的中国前后不同[①]。这样说来元朝确已进入现代了。他们的立论不是没有独到的眼光，只是用辞缺乏坚定性。所谓"稳定"、"整体化"和"平衡"都是抽象字眼，不可捉摸，用之在历史里树立里程碑，不能令人完全置信。

我个人认为中国传统时代极长。中国早已进展到现代化之门前，甚至比很多国家早好几个世纪。可是虽叩关仍不得其门而入。究其原因乃是中国早已发现用数学公式处理国事之大前提，她却始终不能引用真实的数目字，元朝的情形亦复如此。

租庸调制承袭于北魏暨李唐王朝。其先决条件为土地国有，全民通过"均田"的一段层次。每家每户都按人口及耕作力据有配有耕地。于是税收采取"包束式"。租为谷物，庸是不付工资的劳力，照例每人每年二十天，调为纺织品，普通用麻布缴纳。其税率全国一致，各家户按丁数乘基本数付税，或以一夫一妇为一"床"而按床缴纳。事实上均田很难按实做到，各家各户的田地也有高低，只是因其税率极微，一般农民不难照办。换言之，租庸调取其明白简单，不仔细计较内部之公平。在一种原始型的农村经济之间，佃农不成为重要因素的话，可以通行无阻[②]。

两税为夏税与秋粮，各在收成期间征收，以田地的亩数为根据，也因肥瘠而高下，亦即税收与各家户之收入而成比例。一般情形较依租庸调之包束式的收取为多。

元朝之南北两制有其历史上及地理上之原因。当蒙古人进占华北时，这整个地区已经契丹女真等半游牧民族割据一百多年。这些民族已将当地胡汉混同的人口编为各种公社。虽说我们无从确定当日土地占有之详情，只是契丹女真之民政兼具半军事性格，可见得其政权能直接控制绝大多数之小自耕农[③]。于是征兵筹饷都以极短线条的途径直接输纳于军中。蒙古人以马上得天下，没有不欢迎这动员容易之制度的理由。

可是华南地形复杂、耕作物品类繁多，上述包束的税制碍难通行。况且南宋已在此间定有完整之税制，如果将其税收底帐放弃一切重来未免花费。所以元世祖忽必烈于公元 1282 年诏令全部地区一切如旧，自此一国两制成为事实，终元季之世，只有局部修订而从未全部放弃。

再则在忽必烈之前，蒙古人已采用他们在草原地带的办法，将征服的部落发配贵族王子为奴。他们在中国也有如是之封禄，称为"投下"④。直到忽必烈采用中国体式之政府实行中央集权，才诏令废止此等小单位。但是《元史·食货志》仍载有一百五十个皇子公主及功臣等的采邑。他们封到的户口，少只有三户五户，多至十万户。根据法令食邑者只能派经理人员至地方政府，接受纳税所得，不能据地产为庄园，或执人口为农奴。可是如此重复的编派，在体制上至为紊乱。

忽必烈本人执政也多矛盾。他在并吞南宋时希望结纳南方人心，于是诏令凡宋廷额外征派一律罢免。在纸面上元朝税率极低。可是事实上非正规之差派仍是纷至沓来，有如征日本时造船之征发；在忽必烈统御期间他经常需要扩充财政与税收，因此曾牺牲手下三个功臣。

阿合马乃是回纥人，他前后居官名目不同，如所谓平章政事兼制国用使，即等于副总理兼财政部长，如是者前后十九年。当他有生之日总以能干有效率著称，也获得皇帝信任。1282 年他被一位汉人军官谋杀，御前也为他复仇将凶手拘获，明正典刑。可是不久阿合马殃民的传说接二连三的供达圣听，忽必烈因此大怒，下旨将之剖棺戮尸。卢世荣初从阿台马入政，在1284至1285年间也有了统领财政税收的权责。虽说他得到忽必烈的口允，在他执行国务期间被控告得豁免，可是到头告讦者多，卢世荣被检举获死罪，在年终之前执行。桑哥初至译员，专理宗教事宜，也继卢世荣整理财政，于1287年至1291年掌税收四年，其结局有如其前任⑤。

这些事迹与一国两制何干？

以上三人之作为均列入《元史·奸臣传》。在传统作史者的笔下，这是归纳不孚众望各权臣的办法。他们执政失败之后，总以道德丧坏之罪名见诸史籍。我们仔细反覆阅读三人传记尚且发觉他们的获罪，全由部下人事安排而起，纠葛大都出自南方。

凡是熟悉中国传统官僚政治的学者即可指出，此邦无从以精确之数字管理。官员数目有限，下端的小自耕农以百万千万计，又缺乏司法独立之传统，于是"宽大"与"仁厚"的宗旨，总不可少。颁行法令是一件事，按字面执行又是一事。将各地区之利害与中央的政策平衡，是艺术而非科学，人事上之妥协总不可少，如是儒家之人本主义才如日中天。所有文官由科举出身，先在意识形态里有了一段薰陶。他们的作风一致，于是各处官职均可平行交换。他们之协调即为朝代安全之根本。蒙古人面临此种局面，既不将之全部废除又不迁就，模拟两可之后在组织上及心理上均缺乏准备，总之即无从决策。

阿合马、卢世荣与桑哥都有能臣之气派。他们处理近身直截了当之事都无差错，一到执行权力于远区，责任需要交替转达的时候，才有各种参差与过失。他们和他们部下之亲信是否贪赃枉法，有如攻击者之所指摘，我们已无从考证。可是只从技术的角度看来，我们至少可以指出蒙古人既以一国两制作财政税收之根本，即不宜引用中央集权的文官组织主持，至于其组织结构中尚有其他矛盾，更不在话下。

忽必烈之财政无出路影响到全朝廷。他的继承人缺乏适当之收入，难能维持一个天子万能的局面，只有滥发纸钞。通货膨胀之余全国瓦解。

原来中国在十一世纪已显示了她的优点。她在经济上及文化上的成就在北宋时即已取得世界上先进的地位。只是王安石之行新法不成，而朝廷江河日下。经过一段研究之后，我们今日可以论断：新法失败由于北宋君臣不能将公私掌握之服务性质事业及物资畅快交流，有如现代商业体系。王安石之设计一言以蔽之，无非使财政片面的商业化。从西方的经验看来，若要此种举措成功，必先具备司法独立之条件。各个人拥有财产与否，他们的权利义务都需明白规划，于是在法律之前举凡遗传、破产、典当、监守自盗、蒙哄欺骗各种事端，全有应付的办法，全无罅隙，不得虚赖。要做到这地步，先又要国际贸易大量的扩充，使交易的数额在国民经济中占特殊之比重，迫使农村组织改组以适应新环境。倘非如此则只有官僚作主，凭己意将各数字翻来覆去的修订，只有与事实相距愈远，亦即仍是不能在数目字上管理[⑥]。

有了宋、元两朝惨痛的经验，明太祖朱元璋才决定全面退却。新朝代设计不以经济方面最前进的部门为基础，而以落后的部门为基础，前朝兴办之铸铜币、开工矿、倡水运都不能引起这位贫农天子的兴趣。朱明王朝代表一个农村拼凑而成的大集团，内向而不具竞争性。在洪武皇帝立制之下航海受限制，奢侈品被禁止。他声称"藏富于民"，于是税收数量低，可是他的政府除了管制之外，对民间的服务也有限。这样一来在西欧各国突飞猛进、整备现代化之际，中国只在体积上膨胀，其组织与性格未变。

我所列举的第二个例子乃是南北战争前之美国。当日北部禁止蓄养奴隶，南方则认为合法，这在国家法令及社会组织同属一国两制。

美国在1787年修订联邦宪法时所刊条文有两项涉及奴隶。第一款第二节规定各州派往联邦众议员之议员，照各州人口成比例，算时将奴隶数折作五分之三自由公民数抵帐，可是奴隶无选举权，前项条文引起日后攻击"奴主势力"之借口。因为影响所及，全体奴主确在立法机构各有声势驾凌一般公民之上。宪法第四款第二节则称凡人在此州具有服务之义务者，不能因转往他州即开释放弃此义务。这也是说奴隶，纵脱逃，虽远走高飞，亦当送回原主，依旧为奴。可是此段文字含糊，宪法既未责成各州有押返逃奴之义务，也未指定联邦政府执行奴归原主，可能订立章程，区分职责[⑦]。

除了以上两项之外，宪法亦规定由海外输入奴隶应自1808

年终结。宪法虽未言明，各条款实已承认各州有权决定境内有关奴隶之各种法则。

此一国两制不出自有心的企划。历史学家曾臆度修宪人士已考虑对付奴隶问题，原望彻底解决，只因此问题过于棘手而罢[8]。在十三州尚未组成之前，美洲大陆一部分为西班牙及法国属地，黑人奴隶早已输入，在种植稻米及棉花之地区，奴工使用少则数十年，多则逾百年。一般人以为奴工与棉花关系密切，其实此尚为以后事。北部奴隶与农作物生产之关系不深，经济价值低，所以废奴较易。麻色邱塞州于1780年禁奴，纽汉普沙于1784年禁奴。宾雪凡尼亚、康内迪卡、罗德艾兰、纽约及纽泽西采取逐渐废奴办法，亦于1804年完成[9]。所以修宪人士如果认为奴隶问题不必操切，假以时日，不禁自废，不能算是全无理由。不意棉花退籽之技术于1793年发明，去修宪只六年。以前此物无法应世，至此成为奇货。南方酷热宜于耕种，黑人体格也足胜任，至此使用奴工只有方兴未艾。

新世纪的来临展开了立即全面废奴运动。原来在遥远的过去基督徒彼此有约，不迫使同教人士为奴。对于异教徒则另当别论。有人更以为即使令未受福音之野蛮人在劳动服役之余受教获救，未尝不是对他们有益。有了各种自圆其说的办法，则轻纵了奴主之良心。即使大哲学家如洛克亦主张有限制的奴隶制度。

十九世纪一片人道主义的高潮传遍美洲大陆。至此很多人直接的认为畜奴非道德，与自然法规背离，虽有成文法维护无效。北方之废奴运动如火如荼，带着宗教性的虔诚，不可阻遏。当然也遇到强烈的反抗,又不能避免的与南方经济利益不可划分。

1820 年北方之自由州有人口五百万强,相对于南方四百五十万弱。北方出席众议院议员一〇五人,南方八十一人,算是维持着难于继续的平衡。这时提出的法案组织新地域米苏里为畜奴之州。北方人士立即认为他们的利益被威胁。以后产生妥协办法,米苏里虽为畜奴之州,但是今后凡从路易西安那购地之区(1803年美国向拿破仑购得北美领土)北纬三十六度三十分以北永不畜奴。这妥协一时平静了两方之争执。

及至十九世纪中期兴建横跨大陆之铁道引起各方对西部之注目。此时提出之甘萨斯—内布斯加法案,常被称为南北战争之"真原因"。这 1854 年的法案称:内布斯加可以组织为数个不同之州,以后"加入联邦时畜奴与否,由其〔州〕宪法决定"。这无异于废除米苏里法案,因为所述地区均在三十六度三十分之北。更有进者提倡此法案人士尚在高举"全民最高主权"的旗帜。他们的论说,畜奴与否,属于各州全民最高主权。联邦政府无非多数〔即多数之州〕最高主权所授命之经理人,本身无权对此重大之事自作主张,则米苏里法案不仅被废,而且本身尚是违法[10]。

于是最高主权在州或在联邦展开激烈的争执,也成为党派间的纠葛。共和党在此际诞生。党的政纲提及:"议会之权利与义务都在要求它在全国领域内廓清野蛮习惯的两大遗毒,即重婚与畜奴。"有了这样的宣言,立即废奴成为道德事件,再无妥协之可能。

可是南北战争在 1861 年开火时,其复杂远超过废奴人士与奴主的决斗。很多家庭分裂为二，父子兄弟成为对头。有良心之人士很难置身事外，不在此即在彼。罗伯特·李曾为西点军校校长，生平未曾赞成奴隶制度，至此成为南军总司令。杰克森将军号为"石城"，在内战为南方捐躯，在战事爆发之前夕，犹在公众谈话时希望军事冲突可以避免。斯迪芬司日后为南方邦联之副总统，当初在提出退出联邦时投反对票。至今南北战争犹为美国读者手不释卷之题材，因为固然有各人自私自利之阴暗一面，却始终不缺乏为国或"州"牺牲、浪漫主义及理想主义之高潮。

至今日将一个半世纪，我们在局外检讨美国的一国两制时，当然对奴隶问题之本身已无考虑之必要。当中值得注意的是基本法律之中含糊之处可能引起日后无限纠纷，不仅所谓"全民最高主权"及"多数最高主权"之名目，值得历史学家仔细窥探，并且因一国两制产生之宪法问题，现有历史记载仍有参考价值。内战之前数十年内，有南方奴主之所雇侦探在北方缉捕亡奴，表面看来符合宪法之含义，而北方人士则指其违反北方州法，可判之以绑票罪。又有黑人之海员，在北方为各州公民，随船往南方港口时竟为当地警察拘捕，因当地习惯自由行动之黑人均可视作亡奴也[①]。如许之争执重见叠出引起感情激昂，显然的与 1861 年内战爆发攸关，终致一国两制全面破裂。

下面我要提及荷兰，在历史时代里且要倒退一步。十六世纪及十七世纪荷兰民国崛起与欧洲旧体制抗衡的时候，她将联邦制的一个观念发挥得彻底，以后对内外之影响至为深巨。她的作为也可以视作将一国两制之原则，伸展到极端的一种表现。

荷兰民国于 1581 年宣布独立，当时参与者七个省（其实荷兰为七个省中之一省，非正式国名，今则十一省）。这些省区曾未受统一而强有力之中枢统治。十五至十六世纪曾有两次由王室作主，希望将各省管制加紧。第一次的企图半途而废，主持者布根底大公爵号称查理冒失者战死他乡。第二次企图由西班牙国王菲力浦第二主持，因之而激成独立运动⑫。

在背景上"低地国家"包括今日之荷兰、比利时、卢森堡，向来是各不相属的公国郡国主教区的统称，在十六世纪共十七个单位。传统上地方分权的痕迹显著，各市镇自治的程度超过远近的政体。

布根底王室希望在德法之间构成第三个王国，曾将此十七个单位因联姻、遗传、合约等方式全部纳入彀中，一时将统辖的领域从瑞士西北角连串而至北海，于是召开全体议会商讨全面抽税事宜，又成立统辖各地区最高法院，用罗马法作根本，以拉丁文为官方文字。当地居民对种种措施表示不合作。他们未曾承认查理大公爵为国王，他不过是一个贵族，一身而兼各地的爵禄，各地的习惯法依然有效，全体议会也无权全面抽税。如果大公爵要增税，倒先要与各省的议会个别商量。

假使僵局如是维持，以下发展无从臆度。只是查理于 1477 年战死，布根底解体。查理的女儿玛琍，芳龄二十，无力应付内外难局，十七个公国郡国的绅商领袖乃向女大公爵提出一项文书，世称"大特权条款"，与英国《大宪章》比美。内中维持各处地方自治之特权，尊重习惯法，都有详细的记载，甚至女大公爵本人之婚姻也要属下诸市镇同意，玛琍全部受纳。

菲力浦第二也出自查理及玛琍之苗裔，只是因着欧洲王室联姻结盟等办法至此统领低洼国家，而又实为西班牙国王。当他施用宗教法庭的办法在低地国家执行大审讯，以便加强管制的时候，当地居民相安于地方自治至此又将近一百年。菲力浦之高压政策引起全民武装抵抗，战事前后绵延八十年，在此过程中荷兰独立。

在这长期斗争之中，新教的喀尔文派为荷兰抗战人士发生了团结的力量（因为菲力浦的大审讯以天主教堂出名）。作战期间，奥兰奇王室的威廉寡言者毁家纾难，自己被西班牙国王刺死，儿子又继续着领导作战。荷兰人是否应以喀尔文派的革新教堂为全国教堂以代替天主教？又是否应当崇奉奥兰奇王室？

可是要采取以上之途径，却又辜负了抗战的宗旨。上面已经说及荷兰人铤而走险，其目的在保卫地方分权。七个省区联合作战，在于维护各别的不同之处及地方之个性。要是有全国统一的教堂，或者掌握全境之王座，那岂不是和自己作对？一场辛苦所为何来？

革新教堂曾召开全国会议，也一度主张统一教义，可是只做得虎头蛇尾，到头仍是缺乏全国体制。各处的喀尔文派各自为政⑬。各省大致上依成例选奥兰奇王室之王子一人为总督，但未曾承认此官衔或地位可以不由选举而世袭，有时甚至任总督位置空而不补。且有七省中之五省任奥兰奇王子为总督，而其他二省则以其从兄弟为总督之事迹。荷兰民国政体之连续性，由所谓

"摄政阶级"者所保持。他们约二千个殷实的家庭，长期掌握着各省议会⑭。

称荷兰民国在十七世纪的情形为一国两制，还没有把她当中的情形描写得清楚。一位英国外交官在世纪之后期写出的报告，称这国家不仅是七个独立主权的国家所组成的邦联，而且七个单位中尚有不少市镇保持着独立自主之风格，荷兰之海军由五个海事枢密院分掌。荷兰东印度公司由六个厅构成，每个代表一个不同之城市。迄至十八世纪中期荷兰之邮政尚在各市镇管理之中。

这个新国家无外务省，亦不设外交部长。外国人士若要洽商与全国有关之事，须向全国议会接洽，在一个时期内荷兰省坚持有和外国订约之权，不受联邦约束⑮。

今日无人建议任何国家将一国两制的原则，贯彻得如是之彻底。而且荷兰人保持地方分权之自由，不是没有付出代价。荷兰省内尤以亚默士特丹市内之民国派和奥兰奇派长期对立，即使政治经常不稳。后者代表传统权威，也代表内陆利益，有人称之为保皇党⑯。

荷兰人之长处则是力求实用，不顾外界之观感。中国官僚经常设计着冠冕堂皇的政府机构充满着对称与均衡，而其实则是闭门造车，与现实距离远。荷兰人则不急于消毁已经行使见效之事物。

然则荷兰绝非只保守不创造。他们在建立联邦制的理论与实际、最初之国际公法、证券交易、银行业务，而尤其治水各方面，以及造船业都对新世界有长远之贡献。

我最后的一个例子将提及十七世纪之英国。在司法制度里区分着"合法的法制体系"与"衡平的法制体系",当然也属于一国两制。这不由于当日创造,而是长时间亘世纪所积累之结果。只是内战期间两者冲突显著,一方面议会派高呼普通法至上,维持衡平法的则又提倡国王之特权,于是泾渭分明,直到光荣革命前后两种体系才融合调和。

这两种体系之冲突并不仅见于英国。商法与民法不能融合早已有之。我们都知道英国首先以领事裁判权加诸中国,很少人知道在宗教改革之前,义大利人在伦敦也享有治外法权。如果义人彼此间有法律上的纠纷,例由他们的领事根据本国法律审判。只有一方牵涉到英国才开混合法庭。其原因乃是当日英国法律尚未赶上时代,不能适用于地中海沿岸诸自由城市国家的商业习惯[⑦]。

普通法与衡平法在英国构成一国两制,因后面有两套法庭支持它。普通法在诺门人征服英国不久之后即已开始。诺门人作事有条理,在他们君臣经理之下,有系统的保存了一套法庭审案之纪录。这些成例,对以后的诉讼有束缚的力量,积时愈久,愈带硬性,有等于以前未做之事,以后统统不能做,甚至程序上亦不能圆通,这在现代社会展开,人与人之间交接频繁,社会上之争执也愈多,而国家本身之行政能力尚待扩大之际,过去农村社会之习惯法,承袭于封建体制之一成不变,当然有不合时宜的地方。可是普通法法庭,包括普通民事法庭、王座法庭,以及财政大臣法庭碍于旧规,不容自作主张[⑧]。

衡平最初并非法律,只是一种公平合理的观念,也无尺度可凭，起先必被人视作漫无条理，宜由宫廷牧师法庭额外开恩之施行一二。因为宫廷牧师主宗教之事，又与国王近，理应能照国王之良心判案⑱，在普通法不近情理，或无例可援不置可否之际，有匡正的功效。此例一开，以后有若干衡平法庭出现，亦有依借国王之特权，称特权法庭者。至都铎王朝时为盛。宫廷牧师法庭有如前述，迄到十七世纪已不可缺，因为此时普通法之缺点更为暴露⑲。所谓请愿法庭者则随国王辇驾出巡。国王特权法庭首有星房。星房为枢密院内栋上绘星之房室，用以审判刑事。亦因新世纪武装暴动侵害良民之事愈多，为旧世纪之未有，普通法所予之惩罚，过于宽纵，过于迟缓，星房接受此类案件，初谓之"刑事上之衡平"⑳。以后被视为国王不用普通法而用特权视事之机构，在斯图亚特王朝内，星房法庭滥用特权，加酷刑于政治犯，激起反抗。高级委员会法庭亦属特权法庭，专审讯宗教之事。然都铎王朝执行英国之宗教改革以来，国王成为英格兰教堂之首长，于是授权高级委员会管理宗教之事。在斯图亚特王朝此法庭激怒清教徒，同样不孚人望㉒。而在此时期财政大臣法庭亦渐迁就环境，局部施用衡平原则㉓。

此两种法庭判案时可能相差甚远。而尤以触及现代商业时为显然，有如普通法习惯之下，遇有典当，借方立即将作担保之产业割与贷方，所借逾期未还业归贷主，借方无从称有赎当之部分权益。凡合同有违约时，其赔偿只及于被害者实际之损失，当中失去作生意之机缘或其他不便，不得计较，而且赔偿须待一段等候期间，一般为七年。又有动产之遗传甚成问题，在普通法之法官看来，凡人对可能腐朽之物品称有终身享有权，已属离奇。而尚称可以传之子孙，更为荒唐。此外普通法对于现代商业习惯如破产、股份经营、合资租船均无适当处理办法，又对于风险、过去虚冒等情节亦须待衡平补救[23]。

以上两种法制之冲突，尚只产生各种不方便之处。而十七世纪议会派及普通法法理家，反对国王滥用特权，恣意惩罚异己，不按成例妄自征税，更是掀动全国。此中是非历来意见分歧，法制史家普勒克雷特曾作如是说：

> 当王室拟将中古之机构施用于现代国家之际，财政危机引起一连串之法制问题。于是产生了冗长的争执，涉及募捐、强迫借款、关税、封建常例、造船费等等。国王与议会彼此都说引用中古成例。反对派自然的集中于下议院，此间财政危机构成了宪法危机。议会派以普通法之法理家作顾问。他们所称在数个案件内引用特殊权利，显然的有虚饰假借的地方。[25]

其症结在时代业已改变，而两方之争执，仍以为过去之事可供凭借。当他们互相将过去之事解释得对自己有利的时候，英国法律上的一国两制之裂痕只有加深。当反叛临头的时候，清教徒被鞭挞，异议派罚带枷，至少有一个散发违禁传单的人物被惩将耳朵割去，面上黥字[26]。于是激成的高度情绪，造成了英国一个世纪在动乱之中的气氛。因之有了内战、弑君、革新为民国、实验以克伦威尔为护国公、因无成效又复辟等情节。直到十七世纪末叶，才成定局。

其所以如此，乃是1660年复辟之后，而尤以1689年光荣革命之后，英国之上层机构业已更新，议会至上，成为了今后原则。国家之公债也成了一种制度，免除了国王人身上对国家财政负责的需要；一种人权法案，在此时公布。迄至世纪之末，关于王室之继承，也制成法案。

内战期中和之后，英国社会之下层结构也有了确切的变化。战前的"副本产业人"原为封建时代跟随着领主的种田人，在新时代里既不配为自耕农，又非佃农，在内战期间前后他们的身分逐渐被澄清。又因为长期的干戈扰攘与政变，强者占先，弱者引退，土地领有整个的规律化与整体化。于是土地问题剔出了中世纪的含糊，逐渐可以引用现代的管制。此时圈地的办法仍在进行。只待新世纪土地领有更有头绪，于是付费公路的修筑广泛的展开。从此内陆与沿海的距离缩短，全国经济构成一元。法制上的一国两制可以放弃㉗。

事实上特权法庭之星房及高级委员会法庭在内战前一年，即1641年裁撤。宫廷牧师法庭则仍继续。而且普通法法庭也随着变更成例，在引用衡平的原则，将典当、破产、欺骗、股份合同、女子继承多方面采用新式商业社会的办法，衡平的法制体系原无成例可循，积时既久，它也产生成例。马秋·赫尔爵士在民国时代为高等民事法庭法官，复辟后依旧任职，他至此声称，衡平法不过普通法之一旁支。1689年约翰·贺尔特爵士任国王高等法庭首席法官，他决定以后判断与商人有关案件凭商业习惯办理⑱。这样一来内战之前同情议会派人士所谓"普通法独一而至上"，才可算名副其实的做到。

我们可以注意的乃是英国人尊重习惯法，以上的改革，不出于行政机关之通令，也不由立法机关起草，而是迳由法庭审查的办法。研究十七世纪的专家乔治·克拉克爵士说：

> 司法衙门与法庭不断的工作，除了几个月之外，用法庭的裁判去树立法规的情形总是在进展之中。相反的，法律改革的呼声虽高，但是危机一发生，纵在最革命的关头，有关土地〔的买卖典当占用等〕及商业合同各事却连一桩立法也未完成⑲。

这样我们可以看到，英国到此已进入现代的阶段，她已经能够全部以数目字管理，过渡期间之一国两制因之被淘汰。

从上面四个例子看来，一国两制并非设计者创制的花样，而是自然的发生。它不是一种和谐爽快的局面。一国而两制，必有尴尬的地方。但是分裂的情形既已发生，即无可避免，只有两方谅解，从一国两制做到一国一制。如果我们仔细观察，其他国家进入现代化的过程中，也都可能有一国两制情事，不过其表现不明显罢了。历史专家曾指出日本明治维新之后对农民生活甚少顾虑，虽无一国两制之名，但是农民没有分摊上新增之财富，先后受到经济萧条通货紧缩之逼迫。可见得其国家制度，牵涉到财政税收预算，甚至公民表决之权利，必有袒护某方，扣克他方之情事。最后只有使问题外界化，发动侵略战争，终受玉石俱焚之浩劫。所以战后日本领袖竭尽全力对此事特别关注，以消除城市与乡村间之隔阂。

前面已提到将历史上一人一时一事任意抽出与现局比较之不当，可是我们如将地跨东西、纵横几个世纪的例子综合起来，却仍可不待研钻得到若干启示：一国两制由于内部经济不平衡的发展而产生，通常免不了地理因素，也有历史性格。战争甚难解决此类问题。因战争通常将局势改变，而构成新问题，也通常出于交战者意料不及和操纵力之外。

对中国讲以武力统一更无庸议，一则中国内战再开牵涉广泛，很难不扩大而为国际战争，其情势不堪设想；二则现今中国大陆与台湾香港之经济均在互相提携，并无互相侵害嫉视之情事。

在这情势之下，我们更要猛省到现代人之经济性格和现代管理注重数目字之先决条件，有了这样觉悟，必能接受历史之仲裁。意识形态只在历史前端有用，大凡革命初起时，局势未见明朗，标语与口号为动员之利器，及至革命成功，局势澄清，则当注重历史之教学。抽象之争执已无意义。我们需要定出数学公式，并且提供真实之数字。对中国讲造成独立之司法制度为不容再缓之举，外界之经验可供参考，外间之人才亦不妨借用，局部问题应在下端解决，只是保存档案尊重成例至为重要。以今日计算机之方便，今人之作为不当不及前人。

【注释】

① Edwin O. Reischauer & John K. Fairbank, *East Asia*, *the Great Tradition* (Boston, 1958), pp.183—185.

②关于租庸调的解释，历来考证的结果意见分歧，这里只概示与其他税制最大不同特点。参见 Denis C. Twitchett, *Financial Administration under T'ang Dynasty* (Cambridge, 1963), pp.24—27.

③契丹与女真对华北户门的管制之概况，见《辽史·兵卫志》所叙"蕃汉转丁"及"五京乡丁"及《金史·食货志》内所叙之"猛安谋克户"。

④ Herbert Franz Schurmann, *Economic Structure of the Yuan Dynasty* (Cambridge, Maxs., 1956), pp.3, 60.

⑤三人整理财政情形除《元史·奸臣传》提及外，尚参见《世祖本纪》，又注意《食货志》述及"世祖立法，一本于宽"及"至元十九年用姚元之请命江南税粮照宋旧例"各节。赵翼在《廿二史剳记》里则称过失在忽必烈本人。

⑥王安石新法失败原因曾在我所著《赫逊河畔谈中国历史》（台北，1989）页 240 至 247 里提及。引用《宋史》页次载《放宽历史的视界》（台北，1988）页 70 之注释内。

⑦ Alfred H. Kelly & Winfield A. Harbison, *The American Constitution*: *Its Origin and Development* (New York, 1948), p.359.

⑧ Dwight Lowell Dumond, *Anti-Slavery*: *The Crusade for Freedom in America* (Ann Arbor, Mich., 1961), p.36.

⑨ Ibid., p.46.

⑩以上标准美国通史大部均已提及，另详 Kenneth M. Stampp, *The*

Causes of the Civil War（Englewood Cliff, N. J., 1959），p.44. 关于内布斯加法案可参见 Edmund Conrad Smith，*The Borderland in the Civil War*（1927），p.44.

⑪ Kelly & Harbison，*The American Constitution*，pp.354—376.

⑫荷兰独立之背景可参见 Henri Piernne，*Early Democracies in Low Countries*（New York），1963；Bernard H. M. Vlekke，*Evolution of the Dutch Nation*（New York，1945）；A. J. Barnouw，*The Making of Modern Holland*（New York，1944）。独立战争之前后，经过可见 Geoffrey Parker，*The Dutch Revolt*（Ithaca，N.Y.，1977）。我所著《资本主义与二十一世纪》（台北，1991）内有关荷兰之第三章亦有摘要。

⑬ Emile G. Leonard，*A History of Protestanism*，trans. by Joyce M. H. Reid（London，1967），pp.254—259；Herbert H. Rowen，*The Low Countries in the Early Modern Times*（New York，1972），pp.114—115.

⑭ Parker，*The Dutch Revolt*，p.244.

⑮ Rowen，*The Low Countries*，p.214；George N. Clark，*The Seventeenth Century*（New York，1961），pp.55，88，92，119.

⑯荷兰民国与奥兰奇王室关系，可参见 E. H. Kossman，*The Low Countries*，*1780—1940*（London，1978）pp.21，34.

⑰ M. M. Postan，E. E. Rich & Edward Miller，ed.，*The Cambridge Economic History of Europe*（Cambridge，1963），Vol.III，pp.102，117. 可是领事裁判权似相互交换，英国商人之在义大利者亦受本国领事裁判，见 E. Lipson，*Economic History of England*，11th ed.(London，1956），Vol.I，p.590.

⑱在此段的解释我甚为倚靠于 Theodore Plucknett，*A Concise History of*

the Common Law（London，1956）。此外 Edward Jenks，*A Book of English Law*（Athens，O.，1967）则甚为简短。除开此二书之外，目下只有百科全书提及，再作深度研究恐只能涉猎法学专著。

⑲这是一般的见解，普勒克雷特不以为然。见 Plucknett，*A Concise History*，p.180。他认为最初普通法庭亦间常施用衡平原则，至十六世纪才有两方之对立。

⑳Plucknett，p.195，此段特指欺骗舞弊情事。

㉑Plucknett，pp.181—182，676.

㉒Plucknett，pp.185，197.

㉓Plucknett，pp.185—186.

㉔Plucknett，pp.607—609，677，690—691；Jenks，pp.258，269—270，285.

㉕Plucknett，p.191.

㉖此人为 William Prynne，注意普通法无此刑罚。

㉗英国土地问题历来争执极多，此处只指土地领有之整理，不计领有人社会背景，见 Joan Thirsk，ed.，*The Agrarian History of England and Wales*，Vol. V. Pt. II（Cambridge，1985），pp.144—145，147，149，153，163，171，198—199.

㉘Plucknett，pp.246，692.

㉙George N. Clark，*The Wealth of England from 1496 to 1760*（London，1946），p.114.

五 资本主义与廿一世纪

我主张以历史替代意识形态，无意为前人洗刷，而是减轻下一代的负担，使他们确切看清当前的道路。

（一）资本主义

缺乏适当之定义

此名词最先引用者似为 Louis Blanc，以后经过 Pierre Proudhon 和 Werner Sombart 引用，Adam Smith 未曾提及。马克思在《共产主义者宣言》称"资本家时代"（Capitalist Era），在《资本论》称"资本体制之凭借的根本"（Kapitalischer Grundlage，近有人将此名辞译为资本主义）。但马氏未曾引用英文之 Capitalism 或德文之 Kapitalismus。

Blanc、Proudhon 及 Sombart 对资本主义无好感，引用此名辞即有批评指责之意。

以十九世纪之名辞述及几个世纪之前的事迹，也与今日之情形隔阂。

本世纪初期犹为一个"坏"名辞，一般人认为全世界经济不景气，多数人失业，应由资本主义负责。仅在东西冷战之后，成为一个"好"字眼。

陶蒲的三种学派

剑桥大学讲师陶蒲（Maurice Dobb）著有《资本主义的展开之研究》（*Studies in the Development of Capitalism*），书中将研究资本主义之著述分为三派。第一派认为资本主义一行，工人出卖劳动力，对制成品无权过问，此即马克思学派，陶蒲即自称其本人亦属此派。第二派注重资本主义之精神，Max Weber 正面褒扬此精神，Sombart 反面讥讽此精神，同属此派。第三派注重资本主义之技术性格，资本主义与远距离大规模之商业不可区分，资本主义一行，批发商开始管制干预到零售事业。

怎样处理中国之情形

我们觉得以上三派的解释，不论其本身的价值，总之就不适用于中国的情形。中国固然无西欧近代灵活之商业，其商业又较欧洲中世纪之封闭情形为优势，其工人不能过问制成品，早已有之，但未产生资本主义。Weber 认为儒家伦理即阻碍资本主义之发展，亦为太过。孔子自己即对冉有说，卫国既已"庶"矣，则当"富之"然后才"教之"，仅在"不义而富且贵"之条件才视之"如浮云"。至于第三派说以 Fernand Braudel 为表率，但

Braudel 无系统，古今中外，一切同时都来，以致把中国之湖南解释为一个"沿海之省份"，中国在 1640 至 1680 年间，却给"蒙古人征服"（时在清朝顺治康熙年间）。

我们的假说

我们用归纳法不用演绎法，重综合，不重分析。譬如马克思提及初期资本主义存积资本时注重贩卖奴隶，用占领征服的力量，事诚有之，但是日本即未用奴隶，台湾最近存积资本也不用征服的力量。所以这些条件已不复为我们提及资本主义时之共通因素（common denominators）。

我们的假说（hypothesis）：我们先认为资本主义一行，资金广泛的流通，经理人才不分畛域的使用，技术上的支持因素如交通通讯、法庭之律师的服务以及保险业等全盘活用。此即 wide extension of credit，impersonal management，and pooling of service facilities。所以资本主义是一种组织和一种运动。以上三个条件全靠信用（trust），而信用不可能无法律之支持，所以资本主义之展开，各有国界，其所以行得通，亦即当中内部的各种经济因素都能公平而自由的交换。如果一个国家做到这种境界，即可能"在数目字上管理"，所以资本主义也与金融经济不可分离。

我们用此假说，推用到今日公认为资本主义的国家上去，取其能全部适用。

（二）历史上之衍进

威尼斯

中世纪教皇与神圣罗马帝国争权，义大利在两方无力全盘掌握之下，产生了很多自由城市，都有进入资本主义的体制之可能，只有威尼斯做得最为彻底。其他的城市，农业上的财富就与商人之流动资本有牵制冲突模样，也引起亲教皇派（Guelphs）及保皇党（Ghibellines）之分歧。这些政治上的对峙，即妨碍经济因素公平而自由的交换。又有些城市，公会的力量过大，也容易阻滞资本主义之发展。

威尼斯处在一个海沼之中，本身无农产，才兼鱼盐之利，尽力经商，又因海中咸水不便制造，容易组成一种公平而自由交换的情形。对天主教与教皇的冲突，尤能置身事外，其商船即与海军不可区分，用陆军时则以雇佣军（Condottieri）。因之其城市内组织简单均一，有如一个大公司。在 1400 年之前，其特殊体制，已引起广泛之注意，不少新时代商业法律与商业技术也由威尼斯首先提倡使用。

荷兰

今日之荷兰、比利时和卢森堡，在十六世纪分割为十七个公国及侯国，过去无组织民族国家的经验；实际上，整个地区有等于西班牙国王之家产。

1567 年当地低级贵族不满意于天主教堂崇拜之仪式发生动

乱，其时西王正透过主教强调王权神授说，翌年国王派兵镇压引起全民反对，更引起荷兰民族主义之抬头。自 1568 年的事延续八十年，至 1648 年之 Westphalia 和会，荷兰民国才正式脱离西班牙而独立。又因为西班牙曾希望以战养战，曾在该地抽税筹饷，更提高了反抗时之经济性格，领导权也渐落入各地绅商手中，不少之制造者及技术员工，即向北迁移集结于 Amsterdam 一带。

战后新国家有大河流域的保障，无向大陆拓土之野心，过去地方自治之传统强，于是锐意经商，向航海、捕鱼、银行业、保险业各方面发展，用联邦制协调沿海区域及内地体制上之差异。因之我们以上所述资本主义之三个条件均能在新国家施行无阻。荷兰农业又重畜牧而不重谷物之耕种也容易与商业配合。历史上荷兰之农业未为工商业之赘疣，只有工商业发展之后，农业受其反馈，有增进治水、人造牧场等之便利。

英国

英国在十七世纪，以羊毛输出为对外贸易之大宗（占 75% 至 90%），其经济受国际情势之影响，更因为商业交往频繁，外交关系活跃，政府亟待扩充权力，如由国王作主，则为君主专制，如由民间作主，则必产生代议政治。以当日的情形看来，其局势也必由资本家掌握，只是时人无我们的历史眼光，斯图亚特王朝（Stuarts）君主，希望以宗教约束人民，只筹办海军，征税维持，引起普遍的反对，双方都依成例争执，其实局势已展开至事例之外。

于是英国在十七世纪经过内战、弑君、改为民国、复辟之后再经过光荣革命，至世纪之末期（光荣革命 Glorious Revolution，发生于 1688—1689 年）一切方有头绪。

这些动乱使土地所有较前明朗化、整体化，适合于金融经济之展开。一方面以衡平（equity）补助普通法（Common Law），亦即引用商业习惯，以补助农业社会内习惯法之不足，至此也造成事例，因之农业上之财富才能与商业上之财富交流。

因为，整个国家下端造成一种能够充分公平而自由交换之局面，上端组织代议政治的情况才算成熟。1689 年，议会通过《权利法案》（*Bill of Rights*）限制了国王之权力，使英国之君主立宪成为事实。

资本主义之性格更因 1694 年英伦银行（Bank of England）之成立而更明显。该行股东为国家贷款一百二十万镑，既有公债，国王无须对财政以人身负责，也开借贷经营之门。该行既收政府付给 8% 之利息，又奉准发行如数之钞票，此钞票也可以受外贷出，于是两头生利，一镑作两镑用，开启信用膨胀（credit inflation）之门。

英国的例子，证明一个农业基础相当稳固的国家，可以用数目字管理，亦即能以金融操纵，造成一种优势之组织，以借贷经营，很多以前不能做之事业至此均属可能。一到十八世纪，乡村银行（country banks）、付费公路（turnpikes）普遍的展开，保险事业有了空前的发展，英国也不再迟疑，即以此优势组织之压力，凌驾于尚未如是改组的国家之上。

资本主义的理论家包括 James Harrington、John Locke 和 David Ricardo 等都出自英国（内 Ricardo 祖先为荷兰之犹太人）。

比较改造容易的国家

及至十八世纪局势已相当明显，历史上之资本主义（我们注重技术性格，和意识形态上的资本主义有别），由小国家发展到大国家，由海中的国家发展到滨海的国家，从无农业基础的国家发展到农业组织相当稳固的国家。威尼斯迄十四世纪人口无逾十万人，荷兰在十六世纪，人口只一百五十万。英国在十七世纪，人口由当初之四百万增加至六百万。马克思在《资本论》里说及，初期存积之资本，亦由威尼斯至荷兰而入英国。

可是经过各段改革之后，各国的实力，打破了国际间的平衡。

以后的改造，也便利于海洋性格的国家，而不便于具有大陆性格的国家；便利于地方分权的国家，而不便于中央集权的国家。

美国以英国已经实验成功之体系，加于一个空旷地区之上。很多的州自始即无使用衡平法与普通法对峙的局面，两种法律，最初即已融合。由东部向西开发时也采用资本主义之方式，即整体的借贷投资，由大西洋海岸进展到内地。

德国在十九世纪统一之前，分为三百多个小单位，神圣罗马帝国有名无实。普鲁士在弗特烈大帝时（十八世纪之末）即已注重对外贸易，由国家主持。统一之过程中，也利用经济之力量，如使用关税同盟（Zollverein）。所以有人称俾士麦之成功，乃是"资本主义拥他上马"（历史学家 Bohme 及 Maehl）。

日本在德川幕府之末期（十八世纪至十九世纪）分为二百六十五个"藩"，各藩主称"大名"者有在所辖地区内财政权及经济权，其剩余之谷米又由"藏元"（Kuramoto）主持，在大阪及江户（东京）发卖，是以组织全国市场之因素在明治维新之前均已存在，亦即已构成一个近于在数目字上管理之局面。

改革困难的国家

法国在十八世纪上端中央集权，下端又未经过整理，只是重楼叠架，以国王派出之省长（Intendants）与各地贵族及神父各掌握地区之一部，不仅犬牙相错，而且职权交搭，整个无法在数目字上管理。

是以大革命流血不已，非经过整个的全面破坏，无从创立新体系。

新体制系无中生有，重新创造。由国民会议（National Convention）之公众安全委员会（Committee of Public Safety）造成上级威权，由 Danton 开始，落入 Robespierre 手中，在热天反动（The Thermidorian Reaction）之后，曾一度由 Sieyes 及 Barras 出掌，由他们交与拿破仑。

法国之低层机构也整个重创，贵族与教堂之土地一律出卖，造成新的中层阶级，重新划出省区。

上下间之联系则由国民会议派出督导员至各地执行，监视物价与工资之管制，及动员支持对外战争而产生新体系。迄至十九世纪拿破仑颁布新法典才有着落。

最近法国历史学家已承认大革命推行了历史上之资本主义（如 Lefebvre，Furet，Soboul），可是在革命期间已有共产主义者出现，如 Babeuf。

从历史上客观的分析，中俄两国所提倡之共产主义与马克思所谓的共产主义有了绝大的区别。

马克思之共产主义系资本主义发展到绝顶后之改进，姑不论其是否实际，已与经济组织落后之国家，不相关联。马克思在《资本论》里提及中国十次，倒有七次与印度并列，其他各次，亦只提到中国落后退步之情景，曾未有超越过资本主义之体制，直接进入共产主义社会之主张，所以我建议提及中俄两国最近几十年情形，通以战时共产主义（Wartime Communism）看待。

（三）因资本主义而产生之战时共产主义

从以上情形看来，只要一个国家对外能独立自主，对内打破防碍公平而自由交换之故障，此国家应立即可以在数目字上管理，而实际却又不然。如俄国及中国，大陆性格浓厚，工商业无从迅速的伸入腹地，如立即将亿万农民解放，可能酿成治安之问题。

在这些国家初期存积资本亦至为不易，马克思提及先进国家，贩卖人口，使用奴工，以战事掠夺，强迫赔款，至此已不能实用，而向外移民以减少人口之压力（如德国瑞典工业化时）或由外方借得巨款资助亦有困难，于是只有执行战时共产主义。

名义上被解放之农民，可以编入公社之中，帝俄解放稽夫（Serfs）时于1861年开始组织公社。以后苏联与中国亦抄袭其体制，一方面解决了治安及管制的问题，一方面亦遂行初期的存积资本。如果资本主义注重公平而自由的交换，则战时共产主义执行强迫性的集体交换，因其不顾成本及利润，亦无人身上之自由，只能在战时或防战之环境气氛中执行。中俄两国遂行此种体制时均向外隔绝数十年，或保持极有限度之接触。

从技术之角度看出，战时共产主义，亦仍在因袭资本主义之技巧，有如资金之流通，则全部由国家计画的分配，所以能不待时间之成熟立即进入重工业及高等科技（与军备不可区分）。经理人才不分畛域的利用，则代之以官僚组织，职务亦由上级指派。技术全盘活用更不成问题。许多法律上之纠纷，及破产保险等项尚可以略去不用，因其无私人之权利义务混杂其间，全部归公，可以马虎将就。

此种体制以单位之大称著，如苏联之集体农场，大至五十万英亩，水力发电、拖拉机站亦以庞大称著，在短期内迅速存积资本，其成效非不显著。斯大林即以此组织打败希特勒，中国亦在人民共和国初成立之三十年接收到"农民总贡赋"达六千亿元以上（应值 US$200—300 billion）。今日中国之国家资本及公众资本由此强迫节省而产生。

可是此非永久体制，而且一切企业不顾成本，不计损耗，无从持久，尤不能与外界竞争。一旦备战之气氛消散，其组织与士气都难维持。

（四）廿一世纪之展望

在共产国家之内，中国为首先放弃战时共产主义的国家，1969 年中苏边境冲突之后，苏联即准备对中国使用原子武器，后因美国反对作罢。事后引起吉辛格及尼克逊之访华，中国与西方之隔绝自此消除。1978 年白兹涅夫又与越南订有攻守同盟条约，次年中共即出兵越南，以打破其包围之威胁。有了这次军事行动，战时体制更不必要，于是裁军百万，全面放弃战时共产主义体制。可是名义上"早打，大打，打核战争"的宗旨，迟至 1985 年才由中央军委扩大会议正式放弃。

有了以上的发展，我们可以放胆写出讲出，中国一百多年来的长期革命旨在从旧式农业之体制进入新型的商业体制，使整个国家可以在数目字上管理。至于称之为资本主义或社会主义已无关宏旨。

被马克思指责之资本家时代及资本体制，今日已不存在。例如马、恩在《共产主义者宣言》内提出之改革，包括强迫义务教育、累进所得税制在西方各国内早已司空见惯，再因着战时共产主义之逐渐解体，我们已无庸顾虑极左及极右之立场。

中国以人口之众、内陆疆域之广和旧有体制之坚韧顽固，能在一百年左右，组织这样的改革，不失为划时代之壮举。我近年所著书即强调国民党与蒋介石因着北伐与抗战替新中国创造出来一个高层机构，中共及毛泽东则因着土地革命翻转了低层机构，今后中国之当前急务为敷设上下间法制性的联系。在此工作中，香港人士应当有机会提供实质上的贡献。因为英治下之司法独立的体系应当于 1997 年之后高度的发生功效。

我主张以历史替代意识形态，无意为前人洗刷，而是减轻下一代的负担，使他们确切看清当前的道路。

我们不要忘记，即使中俄两个大国明日全部都能用数目字管理，全世界尚有一半左右的人口，不能在数目字上管理。他们尚以宗教与社会习惯之名义，阻塞各种经济因素之公平而自由的交换。

讨论部分

（记录整理：郭希宁）

问：到底什么是"可以在数目字上管理"？

答：数字管理也可称为经营上的管理。在一些社会中，许多事情不能通过金钱、金融的方式来管理，彼此的关系不能以金钱、资金等数字化概念来描述，这就是不能用数字管理的社会，如中国明末的农业社会。印度农村社会也是如此，不依金钱交易关系，而按照族姓制度，以族姓分工来管理。现今世界上不少地区，将社会习俗与宗教融为一体，实行宗教式的管理，如印度教流行的印度社会、回教的中东和北非社会等，也都属于不能实行数字管理的社会。欲实行数字上的管理，必须废除特权、社会隔绝等情况。中国目前已具备数字管理的条件。

问：中国可以走上数字管理之路吗？

答：中国的私人资本正朝着较大比率发展，只要这种趋势继续下去，就可以走上数字管理之路。

问：让不同的社会达到同样的发展结果，可以说是一种理想的境界。您在分析资本主义特征时，已指出多国多地区不同的社会背景。它们是否都能够走上同一的发展道路呢？

答：我相信可以。因为当今世界上的大问题需要所有国家一起去解决，不可能只是一部分国家参与。当所有国家连过去共同参与实现出公平交换时，便都可以由数字管理。那时大家遇事才有条件互相折衷，不以意识形态作为取向，不由当政者的意志左右，而是由数字管理解决。社会主义和资本主义都趋于温和，最终走上统一的途径。

问：在你看来，资本主义与社会主义有何区别？

答：从技术的角度看来，并无区别，两者都要广泛的展开信用，使经理与所有权分离，而且将技术上的支持因素全盘活用。如果此中以私人资本为主体，则私人资本在公众生活中占有特殊之比重，此体制可视为资本主义。如以公众资本为主体，则为社会主义。这只是比较性质。

更且资本主义之体制中也可能带有社会主义之性格。比如说，我家里已无小儿上学，但是每年仍担负一千多元的学捐（school tax），所以低贫下户人家的孩子，也不问一家一个孩子或十个孩子都可以同等上学。我们说私人财产权利不是一个绝对的因素，私毫不能接受社会义务的。

问：你看实行一国两制有无困难，有何方法可以解决？

答：因为一切是试行，一定有困难的。

现在目下的困难：一方面是名辞上的混淆，所以我们尽量的设法澄清，一方面则是双方缺乏互信。我和此间朋友谈及，你们怕他们，可是要知道……也怕你们。如果你们这方面动辄戴上东洋式的头巾（听众笑）游行示威，一来就是十万百万，他们也不安心的。

所以增强共识与互信，极为重要。

问：公平自由交换的道路和"四个坚持"的关系如何？

答：中国有百分之二十的人不识字，走上公平、自由交换的道路尚需要时日。以我私下看来……这将有利于在今天的历史条件下团结国人。我对失去时效的标语口号没有信心。不过这是我私下的看法。我不愿使国内的当政者为难。

问：社会主义国家要发展、改革，是否都需要资本之条件？

答：我认为所有国家欲求发展都需要达到资本之条件。苏联如此，中国大陆也如此。中国农民几十年来已为国家贡献了六千亿元人民币的资本。不论社会主义还是资本主义国家，都必须达到资本之条件，才能完成技术上的转变。对这个问题谈意识形态是没有用的。

问：现在中国社会的运作包括很多因素，有的并不需要，有的应予保留。你认为须保留的是那些？

答：外间可借鉴的经验教训不少。如美国人办事只重视短期牟利，不注重研究工作，长期下去是会遭到损失的。我的目标是造成健全的结构、系统体制。在这个过程中许多近期内不赚钱的事仍要去做。我是从长远观点来看资本主义发展的。

六　资本主义与负债经营 ①

　　在今日中国，私人资本在公众生活之中，发挥极大的作用，负债经营是一个紧要的关键。今日之经济愈全球化，中国已融和于世界潮流，与西方文化汇合。这一切与我所说历史上之长期的合理性相呼应。

　　今年葡萄牙将澳门交返中国，是一件值得庆贺的事。我是美国公民，今年年底美国也会将巴拿马运河退还给巴拿马。同样的，这些地方的特殊状态已经达成了它们的历史任务，由占领的国家主动的退回原有国家不失为明智之举。

　　我学中国史，自明朝开始；要是只追随个人兴趣的话，我很想和各位思量为何当日郑和不能绕过好望角，在同一世纪，大西洋国则能。在我学历史的过程中，我也经过一段时期，和英国汉学家李约瑟博士 (Joseph Needham) 很接近。他有一种想法：郑和可能已经绕过，只是当时的季候风把他吹到大西洋的深海中，他

---

① 　编者按：本篇为节录。

见不到陆地，只好东返，因此也不知有好望角。然则这完全是他的推测之词。我虽对李博士十分景仰，却不愿和他一样，让葡萄牙除了澳门之外，连 Dias 与 da Gama 航海探险的功绩与荣誉也一并交给中国。

让我提到一个比较严肃的问题：李博士纵对中国有某种偏爱，他不能否认在一四五〇年之后中国较欧洲为落后。为什么如此？我们都认为资本主义之兴起与中国之不能效法是一个很重要的关键。

负债经营：资本主义的不二法门

但是什么是资本主义？这就成为一个麻烦的问题了。不仅言人人殊，而且以一个国家的经验写来的报道不一定和其他国家的情景符合；过去的情景也可能与今日的状况有距离。一般通病，在于写报道的人受意识形态的支配。

有了李约瑟博士的导引，我曾花了一段长时间考量这问题：什么是资本主义？因为如此，过去我来过欧洲六次，我和我的家庭也受过相当的磨折。最近三十年来，我的工作与著述，也无不与这问题有关。今天我来报告一点心得，与这次开会的大标题相符合。同时最近这两个国家——葡萄牙和中国，大西洋国和 Middle Kingdom——都在经济改革和产业私有化的过程之中，我希望我的报告为应景。

首先我必须指出在二十世纪末期，用阶级斗争或新教伦理概括资本主义已过时。从今日的眼光看来，同时也能包括历史上的事迹，资本主义最显著的特色为负债经营，亦即 deficit financing。

　　难道有这么容易吗？各位可能要问。

　　可是各位想到负债经营造成体系，要使政府发公债，大公司卖股票，工人上工，立即用还没有到手的工资作担保去买汽车用作上班的交通工具，学生利用借款上学，旅行时用信用卡，而且人人如此，造成风气，社会视作当然，法律上行得通。换言之，私人资本在公众生活中发挥最大的作用，那就不是十分容易了。

　　因为如此，英国历史学家 George N.Clark 认为资本主义即是现代经济。

　　但是现代经济有全面性，金融的展开务必透过任何部门，一有都有。从政府到民间，从生产到消费，从批发到零售，从物资到服务性质的事业，都能公平而自由的交换。于是全国的经济因素构成一个大罗网，也如液体封闭于油管之内，保持一定的压力，以致资金广泛的流通，经理人才不分畛域的利用，逐渐与所有权分离，技术上的支持因素——如交通、通讯、保险和律师的服务——都能全盘活用，彼此支持。

　　说到这里，我要承认马克思所谓初期存积资本，用掠夺、贩卖人口等方式行之，确曾在历史上发生，但是今日看来，这不能认作资本主义的共通性格。韦伯的新教伦理，也在某些场合上有它的用场：有些国家，发现了有关经济上的事，不用外在的纪律为主，而用内在的良心为主，可能达到某种突破。但是这也是特殊情形。威尼斯可算世界上资本主义发展最早的地区之一，它就没有经过这样一种阶段。

我们从技术的角度看历史，而不被意识形态把持，则负债经营是资本主义的不二法门。从一六九四年英伦银行的成立到今日中国之申请加入 WTO，都出于这原则。它的特点，不在剥削，而在以紧凑的组织，高度的引用科技。前剑桥经济教授 Joan Robinson 说资本主义在世界第二次大战之后出现了一段新生命，即是针对这种积极性格着眼。她引用了马克思在《资本论》第三卷里面说的，私人资本经过高度竞争，利润下跌，于是全民受惠。

中国的特殊背景

中国因为防洪、救灾和对付北方游牧民族大规模内犯，在公元之前即采取了一种特殊体制：政府培植了数以百万计的小自耕农，而由中央政府向他们直接抽税，以作动员的准备。这种体制，规模大；外面看来冠冕堂皇，实际组织结构简单，可变性小，因此质量脆弱。我最近将中国自明朝始的财政税收数字和英国的一段作比较，即发现中国在全明朝，经过英国 Tudors 和 Stuarts 之一部，还能在纯数目字上占先。及至英国经过光荣革命，公私都采用负债经营的办法，中国方始落后。十八世纪之始，英国人口才六百万，其国费已与人口一亿五千万之中国相近。以后更使中国望尘莫及。

难道中国的政治家没一个人看出当中的缺点吗？

因为这篇报告以高度紧压的方式写成，我除了下面举有实例之外，先只能简概的说。因为在现代交通通信工具出现之前，庞大的文官组织只能按部就班，一切依赖成规，以一个简单的数目公式囊括全部体系，最怕变数。如果一个官僚想要提出新方式，往往只在文官体系之中造出分裂现象；尤其是财政数字，一般无法核实，所以一个技术问题，经常经过争辩，演变而为道德问题。改革者也难避免搅乱体系的坏结果。在我中文的著作中，我曾提出很多实例，如汉代的桑弘羊，唐代的韦坚、刘晏，宋代的王安石，元朝的阿合马、桑哥、卢世荣，和明代的张居正。他们都想提出新方案，扩大国家财政税收数字，没有一个遇到好结果。

当中以王安石的例子最容易使我们了解传统中国不能在西方力量进入之前力图改革的一大主因。

王安石的试验

王安石是公元十一世纪的大政治家，他得到了皇帝的信用，于一〇七〇年任为同平章事，即有如今日之首相。他的改革计划出于一个包束：首先全国土地，以东西和南北各一千尺为一方，方内土地按肥瘠分为五等抽税，以作新税收的基础。所谓青苗钱即是一种农村贷款，春散秋收，取利百分之二十，在当日并不为过。市易法将政府多余的物资放商人，买卖生利。免役法令民间向政府亲身服役的义务一律改付代金，由政府另雇替身。初看起来，他的计划可谓将财政税收片面的商业化，也和我们所说的负债经营相符合。他自谓他的计划实现时，可以"不加税而国用自足"。亦即民间经济经过一段刺激，交易的数次频繁，幅度升高；向他们收税，不用提高税率，只要以原有税率加诸增进的幅度之上，即可达到加税的目的。

因为王安石远在中世纪即能提出近代的经济原则，他成为了不少学者思考的对象。

可是学者们最容易犯的毛病乃是忘记了我开始提及的现代经济之全面性。很多关于王安石的著作，在检讨他失败的原因时，根据当日改革使文官体系分裂的情形，以意识形态为主，将赞成的和反对的两派分析为前进的和保守的分子，正有如传统作家称两派为君子和小人，以评者本身态度主观的写出。

问题是，现代经济之有全面性，有如液体封闭于油管，能够保持固定的压力，乃是基于许多技术条件的支持，有如：交通通讯的设备能使统计确实，货币制度之健全能使广泛的交易可能，一个独立的司法系统足以保障各种交易确为公平而自由，而且社会的基层组织已经成熟，内中各种成分须要交换，是为常态。法律之能通行，全靠社会力量的强迫性（social compulsion）。如果以上的条件具备，执行不难。否则新立法与社会条件发生距离或甚至相背驰，则难见效，甚可成为具文。

我们引用以上的眼光检阅王安石改革的成果，即可相信当日反对派提出的指责虽然可能夸大，但不是没有根据。他们指出国都开封府附近的"方田"，因为不能克服技术上的困难，同时又要交纳当年的赋税，只能"随方随止"，以至二十年还未完成。青苗钱贷款于民，不能以个别农户为对象，而是编排于一村一镇，也不问个别的农户是否愿借，而是一律摊派，还款时集体负责，并以"大户"为每一单位的担保。所贷款原出自预备赈荒的储备金，有些县份的预备金早已亏欠，这时候被派缴纳青苗钱的利息，以致并未贷款于民，仍然将所谓利息编为一种正赋之外的附加追缴。免役法则是强迫无钱的农户出钱，显示着金融经济尚未在城市里打开，先要在乡村里强迫实施。市易法则找不到适当的商人愿和政府打交道，只能由官员亲自出马，在市场买卖各物。凡他们贩卖某种物品，那物品就昂贵。

这种种指责暴露着后面的社会状态：中国的农民占地过小，也无力担负繁复的诉讼费用；官僚对付他们的办法，只能把他们看作集体的族群，以刑法作张本，民法始终未能展开。如此政府本身以开明专制为标榜，多时只能在修辞学上用功夫，而不及逻辑之完整。因其如此，真理总是按着威权，由上至下。这种体制，本身缺乏应变的能力，就无力支持王安石的方案。王之目的，将要使国家的制度长久的置于发育成长的过程中，并且让政府官员与一般商人平等互惠的做生意，必先使他们在法律上立于平等的地位。以上种种也可谓之为传统中国之悲剧：政治上的初期早熟，在纸张尚未发明之前即先造成了一种高度中央集权的体系，以后因着恐怕分裂，一意维持这体系，始终不能使地方性和专业性的因素发育成长，以致一旦被西方赶上，各种弱点同时暴露。

王安石总算得其天年而终，可是他的"新政"被推行又被放弃，如是好几次，至北宋灭亡为止。千百年后，还有历史学家认为他应当对宋代的覆亡负责。

北宋之后又有南宋，中国被 Khitan 之辽、Jurchen 之金和蒙古相继侵入，这当中当然有很多复杂的因素。可是从财政税收的角度来看，北方的少数民族动员简单，补给线短，不受官僚作风的羁绊，他们所主持的法制全部可行，是以往往能以之击败中原的多数民族。可是也难能令人相信，他们入主中原之后，也都通通模仿着中原体制，也都爱慕社会生活的繁复状态，开始憧憬于扩张性的财政税收。这时期也值纸币通行，这些少数民族建立的朝代无不因通货膨胀而亡国。彭信威是中国货币史专家，他说中国人民受恶性通货膨胀之害，世无其匹，重点在指这一阶段。

朱元璋的紧缩政策

一三六八年朱元璋——即洪武帝——建立了明朝，他对扩张性的财政特别存戒心。（虽然他也滥发纸币，这对全朝代的影响不深。）他对当日财政税收之设计，可谓一意复古，有如会计单位：宋朝已用铜钱支俸，他又恢复为谷米之石。王安石以来的出钱代役，他又恢复为现身服役。明朝各种税收的幅度，都有一定的限制，由户部刻石刊载。朱元璋又设计一种奇怪的补给制度：即是不设中央银柜，而指定某税收单位将一定的谷物按时交纳于某需要开销的单位。户部只监视这种侧面的收授，本身不参与执行，从此全国盖满了重叠的而相互来往的补给线：一个开销机构可能收到十余个供应机构的支持，同时一个供应机构也可能受命供应十多个开销机构。政府不复注重增进本身各种带服务性质之事业的能力，及于交通、通信、银行和民法之仲裁。当然也无意鼓励民间向这诸方面发展，去开拓各种后勤能力。影响所及，资本的来源与出路同受限制。

如果王安石的新法是超过时代，则朱元璋的复古不仅将钟表后推，而且将中国的中古时代延长了好几百年。我用了长时间的研究，即可以简单的指出他儿子朱棣（永乐帝，在位于一四〇二至一四二四年）的大量使用财物并没有改变他的财政设计，即是十六世纪中国全面用银，也仍然没有在制度上改变了洪武帝的立法精神。梁方仲是研究十六世纪中国赋税用银的权威，他即指出：后面的立法，仍然是"洪武型"。

而且一六四四年后，清朝代替了明朝，朱元璋的财政设计依然存在。户部仍然不是执行机构，国家仍然没有中央银柜，此来彼往的补给线依然存在。只是以前的谷物交替，现在已改用银两；最分散的收授，已较为集中罢了。一八四〇年鸦片战争发生以后，道光帝命他的侄子奕经去反攻宁波，军费不能整批支付，而是要在不同的地方，设立四个不同的银库，去接收各地零星押运来的款项。一八九四年的黄海战役，李鸿章的北洋舰队接受好几个省份的津贴，李却没有权力干预各省的财政。

我们在检讨毛泽东以前的中国时，务必大刀阔斧的承认现实：问题不是一个正常的组织当中发生了脱节的情事；而是健全而正常的组织并不存在，出来应付局面的机构至少要比它想解决的问题落后两三百年。

二十世纪中国之遭遇

二十世纪初年的中国，仍然是一个农村编成的大组合，也仍然缺乏民法的支持。它之无力筹集款项作大规模的突破不说，即是现有收入也只用于维持这大组合的日常生活，不及其他。

各位不难想及：过去几百年政府专注于维持小自耕农的体系，施政的要点又重在管教而不在发展带服务性的事业，甚至视提高生活程度为畏途（因为它带来一种繁复的社会现象，不容易为一元化的官僚集团操纵）。那么，其结果只有制造一个庞大的人口，追逐于有限度的资源，仍然缺乏可变性。毛泽东概括中国为"一穷二白"，也无非对几百年来缺乏突破的一种指责：唯其以庞大的人口追求于有限度的资源则"穷"，缺乏可变性，不能容受多面目和多色彩的社会现象则为"白"。

在这情形下，治外法权应时而生。当我年轻时在中国的时候，我们对治外法权非常痛恨。当日没有想到的是，我们社会条件不具备对外贸易的法治体系，而在炮舰政策之下，闭关自守已不复可能，将外方的法律在隔断的地区施行，成为了唯一出路。以后我有机会读及英国史，才知道当英国尚在保持农业体制的时候，意大利人前往伦敦经商，他们也保持着治外法权。

不论如何，中国在二十世纪受了内外绝大的压力，开始作全面的改变。事后看来：其改革范围之大与程度之深都在人类历史里无出其右。

一九一一年的革命使中国推翻了两千年来的皇权。这种皇权以昊天明命作标榜，具有宗教性格，并且与宗法社会互相呼应。它之被放弃，足见革命高潮，已不可遏止。次之传统的文官考试制度，不仅供给了朝廷的干部，而且由于他们事业的成功，成为各地乡绅，亦即上下之间的联系。这种制度也先于一九〇五年停止；中国的小自耕农，则于一九五〇年间的土地改革而消失，这也是传统当兵纳税的基础、社会的基层组织。

这样看来，我们所谓传统中国，从上至下已荡然无存，当中经过也可能接受各种不同的解释。

战时共产主义已成为过去

可是衔接着上述中国与西方各国之差距，我不能相信这种改变完全出于感情上的激动。在马克思看来，共产社会超过资本主义体制，是人类组织的最尖端。《共产党宣言》里，他和恩格斯并未提出一个待开发的国家可能直接进入共产社会。在《资本论》里面，他提及中国十次（也可认为九次，看你如何分段），七次之中，中国与印度并列，只同属于殖民地。其他各次，也只着重中国之落后，有如一般工资之低，将使其他国家的工资拖低等等。

但是中国纵不属于马克思的共产社会，过去的一段，却可称为"战时共产主义"（Wartime Communism）。

情形是这样的：上面说道，资本主义之成为一种高效率的组织，乃因它将全国的经济因素囊括在内，都能公平而自由的交换。在这大前提之下，资金广泛的流通，经理人才不分畛域的利用，技术上的支持因素如交通通信律师业务等等全盘活用。战时共产主义行时，这三个条件统可由政府强制接收包办。首先资金国有，其分配纯依计划经济的打算，经营之中可以完全不顾物价。经理人员则不许自行就业，一律由上级调派。技术因素内律师业务可以全部省去，所有政府提派统为合法。也能不用保险事业，经营如有亏损，即由全民吸收承受。其他交通、通讯等，统只顾及国营企业的需要。

换言之，战时共产主义也重交换，却放弃了公平而自由的宗旨；必使经济体系之中，私人部分，无形地消灭。其国家企业，一盘粗线条，大规模。有如前苏联的经营，以五十万英亩的集体农场和大水电站为骨干。如此的规划，务必使民间与外界的交往隔绝，构成战时气氛，才能达到政府独占的目的。另一方面它承受着本身所发动之后果，必须将所掌握的技术能力，尽瘁于军需工业和有关的部门，才能强调本身存在的价值。这样虽平时亦具战时风格；惟其对内愈独断，对外也愈带侵略性。

中国之幸运，在于她原有工业的基础并不十分雄厚；用以去发展战时体制，已有限度。而且发展的时间较短。纵然，她今日仍在治理亏本的国营企业中遇到相当的困难。只是她在一九七二年后放弃了对外隔绝的姿态，又在一九八五年由中共中央军事委员会的扩大会议正式宣布迄至当日仍然继续着作大规模国际战争的准备业已放弃。至此战时共产主义，无论理论与事实，都已不能存在了。

事实上的真实性不一定是历史的真实性

这故事如何结束？以上提及的王安石、朱元璋、昊天明命、科举考试、小自耕农的体制，是否与我们今日历史上的立场毫不相干？

经济史学家熊彼德 (Joseph Schumpeter) 说，历史学家的任务，无非引用过去事迹，将今日的立场讲解得合理化。中国以世界上五分之一的人口，不可能在历史上来无影，去无踪。即是以上说及过去组织不合时代，这国家已付出至大的代价，重新改造。简概的说，自一九一一年至一九二六年蒋介石兴师北伐，中国经过一段军阀混战的局面。一方面旧体制已经崩溃，新体制尚未登场的过渡期间，符合霍布斯 (Thomas Hobbes) 所说"所有的人与所有的人作战"之无秩序，另一方面也表示着新兴的地方武力，将在民族复兴期间扮演一个重要的角色。

现在看来，蒋介石与国民党在这过程中的贡献，是替新中国创造一个高层机构，包括统一的军令、征兵法、法币、税制和新教育制度。他趁着对日作战期间，得到机会，废除了不平等条约，使今后的中国能独立自主。

我想在座各位，一定有很多的人，一提及蒋介石，就忘不了人家给他贪污无能的批评。我自己在他军队里十年，起先为军校学生，以后为下级军官。我可以说，这种批评，很少例外，都有实据。在这些方面，我不能也无意替他辩护。

可是各位不要忘记：事实上的真实性不一定就是历史上的真实性。提及蒋介石我们不能忘却前面讲的中国社会只是无数农村的一大组合，一穷二白，缺乏民法的支持，比外界赋予的问题要落后两三百年。不仅各位在外很难体会这种历史的真实性，即是我们在内也可能视而不见。我还记着我们在军官学校的时候，钢盔涂油，阅兵时戴白色手套，脑袋里满腔新式战术，及至下部队发现我们的士兵半像乞丐，半像土匪。我们不仅不用新式教育去感化他们，还随着他们去吃狗肉，讲粗话，对老百姓心狠，如此才有传统的英雄好汉性格。

这样看来，蒋介石的高层机构仓促的敷设于残余的旧社会之上，基层脆弱，怪不得有无数不能对头的地方了。

传统的土地税，收入过于短少，只能供地方政府的开销，还谈不上服务性质的事业。北伐之前，蒋之军费，一部得自鸦片公卖，由商人承包。占领南京之后，因为收回关税自主权，得以稍微的舒畅。可是至一九三六年，亦即对日抗战之前夕，整个国家的预算，还只有十二亿元。以当日三比一的汇率计，实值美金四亿元，不及今日一个小公司的出入数。虽有当时购买力之不同，以这数目去维持海陆空军，兴办教育，支持建设，必至捉襟见肘。各位不要忘记，蒋之区划，我们称之为新中国的高层机构，概为传统体制所无。而且抗战军兴，海岸立即为敌方封锁，所有关税收入又全部失去。

一九九一年，我得到台湾《中国时报》的支助，获得一部分国民党的文件，包括片段蒋之日记。将这批资料参对美国公私的报道、日本和中共的文件、蒋之对头及部下的纪录一并阅读，并且证之以我个人作下级军官的人身经验，我得到的结论则是：蒋以合法与不合法的手段，道德及非道德的方式，将他自己与各方的关系牵扯拖拉到极大的限度，以补助组织制度之不足。在他自己看来，这是一种人身上的牺牲。

只举出几个简单的例子：抗战后期，中国军队还称全员三百万，实际只有步枪一百万枝；每月兵工厂用来造轻兵器子弹的原料三百吨，还靠美国飞机空运输入，制成子弹，平均每兵分得四发，机关枪所用在内。我当少尉排长时，月薪四十二元，通货膨胀已达十倍以上，已去无给制不远。这时候高山上的土匪出资收买我们的逃兵带去的轻机关枪，每挺七千元，是我们一个上等兵四十年的薪饷。我们按征兵法抽来的壮丁，通常千里行军到达各部队，路上无休息医药卫生的设备，经常只有十分之一的人数到达驻地。

中国的抗战，是在这种情形之下完成。虽然没有凭己力将日本打败，最低限度已将强敌拖垮。好坏不说，一个国民党的官员贪污无能，必有十个尽力牺牲。在实证主义 (positivism) 的立场上讲，我不能抹杀他们对新中国的贡献。自他们造成一个高层机构之后，中国即成为一个独立自主的国家。没有这段预备工作，毛泽东是不可能独自完成以后的千秋大业。

新中国全部旅程不悖于历史上长期之合理性

同样的，毛及中共的贡献，则是造成一种新的低层组织。在改造期间，他们有意的不用高层机构，整个的避免都市文化，以干部开会讨论代替官僚组织，军队则以无线电联络，并且以迭次的整肃和斗争获得立法的功效。这种种行动不是我们所能赞扬或提倡的，只是事后看来，经过土地改革，他们确能重新造起新社会，与旧社会相当的绝缘。只有想到如果没有这场改造，今日中国可能承受的后果，才使我们重视它之积极性格。同样的，我们不能因为对少数过激的共产党人之反感而忽视中共内数以万千计的青年男女对中国的贡献。他们在极端困难的情形之下，无代价的工作几十年，才能使中国进入今日的局面。

土地改革的过程中，最初的公平主义已在实用的场合上逐渐被放弃，代之而为土地最有效的使用，今日的承包到户，使千百亩的耕作地在私人经理的情形下，带竞争性的发挥最大功效，也仍是继续接受实证主义的后果。

让我再提出一个例子，说明蒋介石、毛泽东和邓小平人身上或者是对头，他们所领导的群众运动，却能前后连贯。既有新的高层机构，又有新辟的基层组织，则必须注入上下之间的联系，才能构成永久体制。于是"摸石头过河"——也仍是实证主义——应之而起。一九八〇至一九九〇年间北京方面各种立法工作相继展开，有如公司法、劳动法、保险法、对外贸易法和国家赔偿法都在这期间出现。难道过去这类法律全不存在？

据我所知，类似的法律，确是有的。国民政府在南京的时代，就通过了很多类似的法律。只是缺乏社会的强迫性在后支持，也就是十八世纪的社会无从施行二十世纪的法律，它们只有成为具文而被遗忘了。今日的法律与以往不同，则是它们已能渐进的通行。

我在此一再提及实证主义，也可以说是因袭于黑格尔所说，在一种广大的群众运动之中，虽领导人物不能完全明了它的实际意义。只有事隔几十年，有了多余的历史之纵深，才能使人了解它在组织上所起的作用。

我所谓实例是这样的：中国对日战争期间，被驱入内地，迄至一九三九年各省的产钢量总共只有一千二百吨（那只能架一座小桥）。以后经过资源委员会的惨淡经营，至抗战后期的一九四四年，也还只有一万吨。现今在一九九〇年代，则早已超过年产一亿吨。这也就是说，现今每年三百六十五天，每天二十四小时，任何一小时的产钢量即已超过一九四四年在内地的全年产量。没有如此的成就，中国决不可能吸收如是许多的外资，作今日改革开放的基础。这种成效不可能只是由于一人一时一党一事的力量所可左右。

至此我们可以断言：中国虽然经过战时共产主义及"文化大革命"的阶段，全部旅程，依然不悖于历史上长期之合理性。

结论

所以综合以上的观察，在今日中国，私人资本在公众生活之中，发挥极大的作用，负债经营是一个紧要的关键。很多重要企业，尚且在国外积股。马克思追溯历史上国际资本之源流时，曾在《资本论》之卷一指出这种资本实由威尼斯输至荷兰，再至英国而流入美国。如此看来，今日之经济愈全球化，中国已融和于世界潮流，与西方文化汇合。这一切也仍与我所说历史上之长期的合理性相呼应。

在二十世纪的末叶，社会主义已是任何的开明之资本主义的体系所必需。今日去《共产党宣言》已一百五十年，资本主义能够依然存在，主要由于它能纠正自己的错误，补救本身缺陷。比如说，《共产党宣言》里面所主张的废止童工，施行累进税制，提倡义务教育，和由政府管制信用等在当日看来都有社会主义性格的措施，今日已为资本主义体制内之家常便饭。美国可算资本主义最发达的国家，她预算内最大的支出项目则为社会福利性质的开销，及于养老金、退休金和资助贫苦人众的医疗等等。

此中精义则是我们以今日眼光，从技术的角度，而不以意识形态为主看资本主义，它不一定要与社会主义冲突。只要私人资本能在公众生活中发挥最大功能，社会主义与战时共产主义不同，它甚有扶助的功效。前面已经隐约提及：中国之存集资本，经过全民几十年的节衣缩食，况且至今还要防止人口的过度膨胀，那么，"实现有中国特色的社会主义"，不足以用之勾销我所提出之中国业已实行负债经营的解释了。

（一九九九年十月二十三日宣读于葡京里斯本
"葡与中、欧关系国际检讨会"）

七　中国不再是个谜 ①

总的来说，我抱着审慎的乐观来看待中国所发生的一切。过去模糊不清的，现在已经变得明晰。问题多多，但是可以理解。我的信念不在于对任何掌权者的赞美，也不在于任何政府的一贯正确，而在于历史长时段的合理性。从这个有利的角度观察，中国的经济改革是一个坚定的进程。

中国最近的发展也许重新激活了许多人的一个想法，那就是：这个国家真是不可预测！的确，中国是一个巨大的国家；巨变即将来临，但尚未达到最终稳定的阶段。如果我们在短暂的视野里评论这些事件，我们可能会感到吃惊。但从另一个方面来说，如果我们让自己略微远离事发现场，那么这幅景象就决不会模糊不清。二战期间以及其后，我曾在蒋介石的军队里服役，担任一名下级军官。我也有一些当时已是共产党员或其后成为

---

① 编者按：本篇由徐卫东据黄培乐先生提供的英文打印件（复印本）译出，据文意似撰于1987年。

共产党员的朋友，有几位后来还成为中华人民共和国的高官显要。然而，我在国外花了数十年的时间研究和反思，才明白了一点：这个国家所发生的一切，只有通过"大历史"的视野才能够理解。

传统中国像一块潜水艇式三明治。其上一片狭长的面包是"文职官僚"，其下一片狭长的面包是农民阶层，二者都数量巨大，而且毫无差别。上下两层的制度性联系并非建立在法律观念或经济纽带之上，而是完全依靠一系列社会价值观念。男尊女卑，长幼有序，读书人统治文盲，这些社会规范统治中国长达数百年。科举考试定期从社会底层挑选出少数成功的举子，使之获得成功。反之，也筛除一些无用的人，使之重回底层，形成向下的社会流动。只要中国保持着封闭性和非竞争性，这个以令人乏味的农业稳定性和平均主义为特征的基本组织就能永存下去。但是，在现代西方文明的面前，人们发现这种组织与潜水艇式三明治里的莴苣和蛋黄酱一样，根本不具备结构上的稳定性和实用的灵活性。

正如亚当·斯密所指出的，现代西方的繁荣是建立在"商业系统"上的。信用的普遍展开，代理经营，包括运输、通讯和保险等服务设施的共享，这些共同促进产生了一个不断增长的雇佣和所有权系统。在这个系统中，私人利益和公共利益都能参与。当中国面临承受这种新的压力的时候，一个多世纪的骚乱和暴力随之发生。甚至可以说，这些骚乱和暴力之所以在这个多民族融合的国家里发生，是因为对将一个如此巨大的国家加以改组的技术难度估计不足而造成；如今看来，这个过程却是历史的必然。

仅仅在 20 世纪 30 年代，蒋介石和国民党才敷设了一个新国家的上层结构。当然，它也是因缘际会、临时凑合而成。当我还是国民党步兵团里的一个排长时，我们常常步行行军，从一个村庄到另一个村庄。一路上，我们没有看到一辆摩托车，一部电话，一个网球场，一处诊疗所，或者一份报纸。在内陆省份的许多地方，完全没有现代商业。乡村经济只在村庄院落里进行。大地主和遥领地主很少，而抵押和高利贷就在农民彼此之间转让和进行。

为产生突破，毛泽东和中共提供了新的下层结构。他们的策略是让国民党保护中国不受外敌的侵犯，而他们自己暂时完全远离城市文化。在土地改革期间，大约有 300 万到 500 万人丧失生命。但是，在每一个村庄，穷苦农民的同盟组织起来了，成为农会赖以有序建立的核心。接下来，农会为村委会提供了组织基础。然后，党的地方支部成员接受村民们的详细审查。除非该成员在意见听取会上获得半数以上的赞成票，否则他就会被拒之党的门外。这种安排体现了共产党所提倡的"人民主权"的主张。

这种主张是否合理正当，无关紧要。土地改革之后，清洗随之展开。清洗彻底废除了新社会成员之间的债务，赋予人民共和国以充满新鲜活力的农民大众，而这种情形在帝制中国或者蒋介石统治下的中国都是不可想象的。农业公社迅速建立起来，而且正如现在所发生的一样，又在没有引起纷扰的情形下予以解散，这些事实反映了掌权者控制的强度。今天，中共自称拥有近 4000 万党员，不过，其中相当多的人仍是文盲。

从结构上来说，中国社会尽管紧凑坚固，但依旧是一个潜水艇式三明治。在毛泽东的各种试验期间，不断暴露出中国社会依旧缺乏灵活性。"文化大革命"以后，如果中国希望完全赶上西方的富裕和多样化，在组织程序上很明显将要实施一套不同的制度性联系。实际上，领导人 X—Y—Z（邓小平，胡耀邦，赵紫阳）的作为就趋于这个方向。内向和非竞争性的姿态被舍弃了。公社所拥有的土地租给了私人去搞生产。国民经济迅速展开多样化经营。鼓励对外贸易，公开吸引外国投资。经济上的放权如此之大，以致两年前海南岛被要求尽其所能筹集工业和商业资本，明显是希望将它变成另一个台湾。地方官员对这一指示生搬硬套。他们建立农业银行，发行垃圾债券，用来收购大陆公司手里的外汇（大陆公司的进口业务是受到限制的）。接着，他们大量进口汽车和奢侈品，冠以"二手货"的名义，卖往大陆来获利。地方政府的舞弊行为如此明目张胆，以致中央政府不得不中止方向错误的自治。这一插曲暴露了中国领导人对继续改革的焦虑心理。如果他们继续执行他们的政策，那么意识形态的控制将最终让位于经济因素的作用。供求定律将决定一切。

这时，我们可以认为中国人已经成熟起来而放弃了有关社会主义和资本主义的争论。无论如何，这些典型的主义标签只是理论家发明的。作为一个发展中国家，中国几乎很难符合任何一个标准。显然，如果这个国家将倾其全力发展工业和商业，那么数量如此之多的国有企业必定被私营企业挤掉而退居二线、三线。不然的话，为什么仅仅数周之前人民代表大会忙于讨论制定新的《破产法》？情况正是如此，努力保护意识形态的纯粹性看来是多余的了。一个多元化的社会将诞生于多元化的经济之上。如果你给应急修理工人的家里安装了电话，他们的妻子马上就会打电话，给孩子们安排聚会活动。随你愿意，称呼他们为资产阶级或者社会主义者都可以。毕竟，物质决定意识，而不是相反；而这条真理的提倡者正是马克思本人。

那么，伴随着……最近发生的这场骚乱的真相又到底如何呢？

我的回答是：这里存在着从本国生活习性里自然发展起来的社会价值观与全盘西化的观念之间的分歧。在分歧中，决定性的因素是风格和时机。

许多西方人对中国学生拿着标语和传单走上街头争取自由和民主表示欢呼，但是他们很少有人停下来想一想，西方的公民权是来源于自治城市的特许权。只有在经济上取得实质性的进步之后，这种当初只是赋予城市居民的特权才扩展到全体人口。然而，中国必须一开始就面对数量巨大的农民，而他们只能接受整体控制。而且，在参加争取自由的运动中，中国人可能考虑从美国得来灵感。没有谁告诉他们，美国在建国期间面对的是非常有利的形势。在美国《独立宣言》发表之前，普通法与衡平法的融合在英国已经进行了将近100年。因此，美国的农业设法与工业和商业保持了一致。这个体系还因拥有实质性的发展空间而得以成功。迟至 1862 年，宅地法仍能许可在公共土地上劳作的每个家庭以低价购买 160 英亩的土地。即使有这样的有利条件，美国仍遭遇了谢斯起义、威士忌酒反抗、州对联邦法令的拒绝执行和长达 4 年的南北内战。此外，在货币、银行业、反托拉斯法案、国内贸易以及社会与劳动立法上都存在着争论。从这些争论中，产生了大量的民法和商法。美国公民所享受的自由视这个国家能得以货币化管理而定。

在写作本文的时候，中国人在放弃食品价格补贴上仍面临巨大的困难。从自由市场上买煤，所费大约是政府供应价格的 6 至 7 倍。单上海一个城市就有 300 万辆自行车。它的公交车每天要运载 1500 万名乘客，这对一个发展中国家来说是一个巨大的负担。超过 100 万的知识青年以前被送往乡村或工厂从事生产劳动，如今返回这座城市。如何安置工作，如何供应农产品，这些都成了问题。这些问题不都是因为中央的计划体制而产生。多数问题都根源于数十年前的不均衡发展。当时，现代法律以西方为参照，绝少关注偏僻的内地，故仍然只在沿海城市有效，对大部分地区都不起作用。

中国学生因面对傲慢的官僚政治而愤懑，因遭受庸俗马克思主义的狂轰滥炸而感到羞辱。我非常理解他们。但是，我也要忠告他们：要赢得他们想要的自由，比起传单和口号来，还有更多的事情需要去做。

总的来说，我抱着审慎的乐观来看待中国所发生的一切。暂时性的后退自在预料之中。然而，过去模糊不清的，现在已经变得明晰。问题多多，但是可以理解。我的信念不在于对任何掌权者的赞美，也不在于任何政府的一贯正确，而在于历史长时段的合理性。从这个有利的角度观察，中国的经济改革是一个坚定的进程。可以预期，这不仅将能提高生活水平，而且将在发展商业的过程中建立起标准和程序，使得这个国家能够进行货币化管理。

八　我相信中国的前途①

　　一个旧社会变成一个新社会，一定要把高层机构、低层机构及其间的联系整个改变起来。现在邓小平他们能够把上面的高层机构、下面的基层机构用法律联系起来。在这种情形之下，我个人很相信中国的前途。

　　主持人：今天我们这场演讲由美国哈佛大学博士②、自由作家黄仁宇先生主讲，讲题是中国和资本主义的发展。我们请到联经出版公司的总编辑，同时也是东海大学历史系教授的林载爵先生来担任引言的工作。现在我们先欢迎林总编辑为我们做一番简短的引言。

　　林载爵：各位先生、各位女士，非常欢迎各位参加今天的演讲。提到黄仁宇先生，我想各位直接的反应，就是马上会联想到

---

① 篇名为编者改定，全文由徐卫东根据 1997 年台北社会大学文教基金会"中国和资本主义的发展"录音带整理。（本篇脚注均为编者所加。）

② 此处有误，黄仁宇先生为密歇根大学历史系博士。

他最畅销的一本著作,《万历十五年》这本书。甚至于在大学历史系任教的同仁大概都会跟他们的学生说,如果你们没念过这本书,你就不算是历史系毕业的。其实,我想不单单是对历史系的同学有这样一种劝告。实际上,对任何大学里文法科系的学生来说,这本书都是了解中国文明和社会的一本非常重要的著作。

这本书之所以受到欢迎,当然最基本的原因是黄仁宇教授有他自己非常独特的写作观点。书名虽然是《1587年》[③],但是他谈的并不只是这一年,实际上是万历朝代;可他谈的也不只是这个朝代,而是从这个年份、这个朝代来看整个中国朝廷和社会,来分析政治、经济、法制、习俗等方面综合性的关系,所以这本书等于是对中国文明与社会的一个剖析。在我看来,这样一种著作,之所以受到大家的重视,除了黄教授本身有他独特的历史观点、解释观点之外,也许可能跟黄教授个人的求学经历有很密切的关系。

黄教授1918年出生在湖南长沙,1936年他进入南开大学,念的是电机工程;后来进入成都中央军校念书,毕业之后,加入了部队,担任下级军官。1946年,他经过考试得到公费保送到美国,进入陆军参谋大学读书,毕业之后就继续再回国服务。1950年从军中退伍,然后就到密歇根大学念书,1954年获得学士学位,1957年获硕士学位,在1964年得到密歇根大学的博士学位。这样一种非常特别的求学经历,当然跟他个人一生的经历也有密切的结合。

---

③ 《万历十五年》英文版书名是"*1587: A Year of No Significance*"。

在成都的中央军校毕业之后，他担任下级军官。以这样一种身份，他能够亲眼观察到中国当时乡村一些普遍的情景，他也能够利用这样一个机会跟中国广大地方无数的民众有一种对话的关系。这些都构成了他对历史的了解，有一种亲身的感受。

我觉得，黄教授的著作，最大的一个特点就是他能够"放宽历史的视界"（这个刚好就是黄教授最近出版的一本文集的名称，由允晨出版社出版的）；用黄教授自己的话来说，就是"大历史"。"大历史"这样一种独特的历史解释观点可以从《万历十五年》里头具体而微地观察出来。

所谓"大历史"是什么呢？用黄教授自己的话来讲，就是在长时间、大环节的规模之下来看历史，所以他看到的历史不再是单独的历史事件，不再是单一的一些个人，他看到的是整个的社会组织以及民众。

最近这一两年来，黄教授个人专心研究了一个主题，就是中国和资本主义的发展。这个研究计划黄教授正在进行之中，也即将完成。这个题目对了解中国历史非常具有关键性，也是目前大家非常关心的问题。我想，整个研究的结果很快会在明年由联经出版公司出版④。在这本书没有出来之前，黄教授刚好利用今天的演讲，利用今天80分钟左右的时间，让我们了解他对这个大问题进行研究的结果。这是一个非常难得的机会。下面的时间我们

---

④　这个研究计划的成果即《资本主义与廿一世纪》，简体字版《资本主义与二十一世纪》由三联书店1997年出版。

就交给黄仁宇教授。

黄仁宇：林先生，各位女士，各位来宾，我的题目是"中国和资本主义的发展"。我想，我们大家都有这么一个问题："什么是资本主义？"我们希望有一个定义。这个问题据说已经被人家问过。有一个人问旁边的人："什么是资本主义？"那个人答复："人吃人。"这个人觉得很奇怪，又问："那什么是共产主义？什么是社会主义呢？"那个人说答案完全相反，整个是倒过来的。所以，答案也还是"人吃人"！这个笑话引起我们对人性问题的反思。本来是这么一个严肃的问题，我不应该用一种很轻松、很放肆的笑话来解释。不过，这个笑话写在一个哈佛大学的经济学家的书里面。

但凡我们每一个人被问到严肃的大问题的时候，不期而然地就有一种哲学上的思考。就像"人性是怎么样"，我们中国人一般都持性善论。我们认为"唯利是图"这四个字就是一个坏的观念。我起先在外国的时候，尤其读英国历史和欧洲历史的时候，也觉得自己很不容易接受"人性是恶的"这样一个观念。其实，讲人性善，是希望人性善；讲人性的坏，并不是希望人性坏，是讲人有坏的可能，有坏的趋向。很多心理学家和社会学家的研究已经表明，人的性格是有侵略性的（aggressive），同时还有竞争性（competitive）。所以从这个观点讲起来，把人性当作恶是一种现实的看法；承认这种现实，并不是希望人永远为恶。也只有站在这种立场，我们才能够了解资本主义。

如果索性就讲人性善，认为"唯利是图"都是坏的事情，那就不能产生一个"资本主义"。并且，唯利是图不一定是坏事情。我们做生意当然是要赚钱，要"唯利"。你看每一个人家店里贴财神，都是"招财进宝"、"财源茂盛"、"一本万利"；没有人说我贴财神是希望要赔本，要垮台，同时"万本一利"，没有人会这么做的，这是人之常情。

我们中国过去在技术方面不能掌握唯利是图的办法，所以用性善说来阻止赚钱或者谋利的种种事业。在外国也是一样的；一直到最近的期间，才把"资本主义"承认是一种积极性的运动或者组织。各位把过去的记录看过去，一直到东西冷战之后，才有人公开这样说，我这是"资本主义"，并且强调"资本主义"的积极性格。在以前，就是在我们这一代之前，所有人提到"资本主义"，都把它当成一个负面的、坏的东西，抱有一个不好的看法。一直到现在，"资本主义"这个词，还没有一个大家公认的定义。

英文中"capitalism"（资本主义）这个字，据说是 18 世纪已经有人用过。有一个人讲过，首先在巴黎编《百科全书》（*Encyclopedia*）的时候已经用过这个字，不过后来很多人仔细翻看 *Encyclopedia*，找不到这个字。马克思的著作里，也没有"资本主义"这个字。诸位可以把《资本论》整个打开看，没有 capitalism 这个字。马克思用的是"capitalist"（资本家）这个字，他讲"资本家的时代"、"资本家的生产方式"、"资本家的推销方式"，就是始终没有用过 capitalism 这个字。英国的经济学家亚当·斯密，现在我们大家公认他是资本主义理论的开山老祖，他也始终没有用过 capitalism 这个字。现在把"资本主义"当作是跟"社会主义"对立的一个观念，据说这种做法起源于一个法国的社会主义者路易斯·布兰克（Louis Blanc）。他首先用"资本主义"这个字表示是同"社会主义"完全对立的方面。

在 20 世纪，首先用 capitalism 这个字的人是一个德国人，他叫做沃纳·松巴特（Werner Sombart）。他对"资本主义"也看作一种负面的、不好的东西。他认为应该老是赚钱的这个想法是犹太人的观念，同时因为犹太人没有产生一种贫穷的典型，没有把 poverty ideal（固穷的理想）弄上去，所以才弄成资本主义。这就是认为穷是一种好的办法，是高尚的、道德上的表现；跟传统中国一样，像颜渊穷得这么个样子，穷得很快乐，那才是好人，旁的人赚钱都是坏人。这种对资本主义的看法，外国跟中国都是一样，直到最近才有相当的改变。

但是有另外一个德国人，一个社会学家，他对"资本主义"有种比较积极的观念。大家都知道这是韦伯（Marx Weber）。他对于资本主义有一个积极的看法，并不是说资本主义就是好，而是说他认为资本主义的经济具有合理性，是 rational。什么是合理性呢？合理性就是每一件事情的发展都有它的趋向，我们可以看见它的发展有相当的步骤，可以从这中间来推论它，可以预先知道下面的那个步骤是什么；每一件事情的发展是 predictable，可以想见的。资本主义这个名词始终没有一个公认的定义，我个人觉得像 Weber 这种概念值得借鉴。

资本主义不管它是好是坏（关于它是好是坏，我以后慢慢还要提到），现在我首先讲它是 rational，是合理化。做到合理化，要有三个条件：

第一个条件是资金很扩大地展开，就是你的钱我可以借着用，只要我付你的利息。

第二个条件是人才的雇用可以不限制在自己的亲戚朋友中间，可以到外面去大规模地招募，是 impersonal management，超越人身关系的经营管理。你的这个才能我可以用，只要我付你的薪水使你满意。

第三个条件是服务性质的工具，大家共着用；就是像交通、通信，各个单位不会自己开一个电话公司，或者是开一家运输公司，而是可以委托电话公司和卡车公司、航空公司等。大家都可以用这种服务性质的公司。

这三个条件共同构成了资本主义的系统。我可以讲，在中国传统社会，资本主义不可能产生。过去有很多学者，尤其是共产主义、马克思主义的学者，创造一种理论，说中国明清社会有资本主义的萌芽。其实，在我们看来，这种事是不可能的，因为这三个条件要行得通，一定是法律要能保障私人的财产权利，而传统中国的法律向来不能够保障私人财产的权利。

我们可以联系宋朝王安石变法的事例来看。王安石变法中，最大的一个纠纷就是青苗钱。各位都知道，青苗钱是政府借款给老百姓，在春天苗很青的时候把钱借给他们，利息是20%。在宋朝的时候，大家认为半年20%是很合理的利息，认为是很低的。到秋天谷子收获的时候，农民再把本钱和利息20%还给政府。假使这个办法要在资本主义社会实行，会是怎么样的？民众申请要借这个钱，首先必定是政府一定要派人去他那个地方调查：这个人是不是需要这个钱？他有没有保障可以还钱给政府？同时一定要把这个人的地产做保障，押给政府。假使中间有纠纷，这个地产买卖中间过了手，一定要有法律能够处理这种问题，最后有法庭可以审问。如果这个人欠了账不还，政府一定要有手续来没收他的田地，同时把那个田地拿出来卖掉。这种组织、这种系统，宋朝统统都没有。

王安石搞的青苗钱是怎么样的？是把常平仓的谷本 1400 万贯石作本散给各县县长，然后由地方政府集体地交给地方的绅士和保长、甲长，你要不要借钱不管，强迫你多借钱，到秋天一定要还。由于很多县没有那个常平仓的本，也派了利息，所以老百姓没有借到钱，也没有得到好处，就等于要交 20% 的附加税。各位仔细看司马光跟王安石的争论，并不是讲青苗法对哪个人有利，是对富人有利，还是对穷人有利。实际上，整个办法完全是照中国传统官僚的办法，而不是照资本主义的办法，不能承认私人财产的借贷，没有法庭，没有银行。资本主义怎么可能在这种环境之下实行呢？

我们再看最近的一个例子。在鸦片战争的时候，道光皇帝派了他的一个表兄弟，叫做扬威将军奕经，想他去收复宁波。奕经的指挥所距前线有 90 英里，也就是差不多 250 华里。不是奕经胆子小，而是情势使然。清朝政府的财政机构没有中央银库，赋税无法统收统支，而是从一个个地方收集起来，数目都很小很小，分别送到前线。发钱给奕经的三个地方，差不多相距几百里远，所以他没有办法维持军事后勤的系统，只好呆在后方协调。在这种原始的财政制度和法律制度之下，资本主义行不通。我前面所讲的三个条件，资金广泛的流通，经理不限制于亲戚朋友，还有交通、通信、财政、法律这些服务能集体使用，在中国社会全不存在。所以，在传统官僚政府的统治之下，资本主义一直不能够在中国存在。

我们再看西洋资本主义组织的情形是怎么样的呢？资本主义起先只是从一个很小很小的海上国家开始，然后慢慢到海岸线比较长、人口比较多、有农业基础的国家扩充起来的。资本主义发生最早的地方可以说是在今天意大利的一个小市镇，叫做威尼斯（Venice）。各位到威尼斯旅行的时候，就知道威尼斯是在几个小岛上面，跟大陆有两英里半的距离。农业与它没有发生关系，因为它整个城市都在海岛上面；而咸水也不便于制造，所以工业的范围也不大。起先威尼斯的人口大概只有10万左右，他们首先就用鱼和盐进行贸易。太史公司马迁提到鱼盐之利是致富的最基本因素，在西洋也是一样。威尼斯把鱼和盐操纵了之后，建立了一支海军，强迫别的城市订个条约，你只能买我的盐，你不能买旁的人的盐。同时，威尼斯又把附近和它竞争的城市统统都打下来。这个时候的威尼斯差不多是一个独立的城市，因为意大利还没有统一，教皇同神圣罗马皇帝争权，这个地方两方面都掌握不住。威尼斯完全变成一个独立的城市国家。在这种情形之下，它就全力地经商，它的民法就是商法，它的海军就同民间舰队没有区别，所以资本主义的这三个条件都能够做得通。

14、15世纪，威尼斯的海军可以说在世界上占第二位。各位知道哪一个国家的海军在15世纪是第一位？哪一个国家？可以大声一点讲给我听，我听不见。对，中国，郑和船队。那个时候西班牙还没有开始出来，葡萄牙也没有，法国、德国、荷兰更提不上。威尼斯只有10万人口，经常维持差不多两万多人的海军。很想不到的事情就是，在15世纪的时候，世界上海军力量排名，第一个是中国，第二个是威尼斯。资本主义在威尼斯发展，所造成的系统慢慢传到旁的国家。荷兰可以说是第二个实行资本主义的国家。荷兰过去没有独立国家的经验，一直被旁的国家统治，被神圣罗马帝国和勃艮第公国管理。1566年荷兰发生请愿活动，抵抗西班牙统治的独立运动自此开始。1581年荷兰宣布独立，1648年其独立地位终获欧洲各国承认。

荷兰陆军力量并不强。阿姆斯特丹是一个很大的城市，也是靠鱼和盐赚钱。有一种鱼叫做腓鱼，这种鱼群起先都在波罗的海。由于某种现在的生物学家都不能知道的原因，腓鱼群在15世纪突然转移到白海去了，到了荷兰的附近。荷兰人靠这个鱼和盐发财，最后也变成一个海军力量很强的国家。荷兰不是在陆上同旁的国家竞争，而是在海上同旁的国家竞争。慢慢地，荷兰也变成一个资本主义国家。资本主义的这三个条件在荷兰都慢慢可以做得到。荷兰这个地方小，只有150万人口的样子，比英国还要小很多。但是，特殊的地形条件，也促成荷兰变成一个资本主义的国家。

在荷兰，种种资本主义的方式开始做得比较进步。举一个例子，我们所说的"买空卖空"，这个词就起先是在荷兰发生，荷兰文中叫 windhandel（直译为"在风中成交"）。这就是说可以凭空做生意。鱼还没有捉到，可以先卖出去；矿还没有开采，也可以先卖出去。我想，现在在台北做生意的人都会明白可以这么做，也就是买卖所谓的"期权"（option）。比如说，一只股票现在值 40 块钱的样子，我想到半年之后一定会涨得很厉害，会涨到 70 块钱，我就可以拿 5 块钱向证券交易所预先买一个 option，买一个可以买也可以不买的特权。跟对方约定：现在是 40 块钱，我在半年之后可以用 45 块钱一股的价格买你的股票。我本来加了 5 块钱买你这个特权，半年后再用 45 块钱（超过现在市场的价格 10 块钱）买这只股票。那个时候你的股票无论涨到 70 块、80 块、90 块，还是涨到 1000 块，我只付给你这个 45 块。这样子的话，可以保障生产者，减少他的冒险。假使想去捕鱼，但没有捕到鱼，就有很大的冒险；那个船的设计是很新的，行得通行不通也是一个很大的冒险。开矿尤其是冒险，要弄很多机器，弄很多人才，弄很多后勤，而开矿没法开，就有可能破产。所以，用这种"买空卖空"的办法，实际上是把准备做正规性生意的人和冒险的性格分开。一部分人得到保障去冒险，做普通人不敢做的事情，但是冒险的范围比较缩小，这样子就可以造成一种技术开发的前身。资本主义可以做很多普通国家和社会不能做的事情，因为有冒险精神在后面。在这方面，荷兰有很大的贡献。

第三个国家就是英国。在 17 世纪，英国人口从 400 万涨到

600万，还是一个不大的国家。出口商品中，来自农村的羊毛大概占到75%～95%，所以英国的农业最易受到国际市场的影响。英国在整个17世纪是一个变动很大的时期。从中国的历史来讲，是在20世纪经过很大很大的变动。这种变动之巨，世界历史上只有英国可以和我们相比。我今天早上在书店里面看到有好几本翻译书对英国的历史有很详细的记载，对17世纪这段时间，也讲到了很多。这中间经过内战，国王被杀死了，成立民国，又经过复辟和第二次革命，国家由此扰攘很多年。我们普通人的一个观念是，英国人向来循规蹈矩，很有礼貌，英国是一个很和平的国家。但是，17世纪的英国却是一个例外。什么原因呢？它也是一个农业的国家，闭关自守，一切都照过去的经验行事；它要改变成一个商业性质的国家，必定要经过这方面的变动。为什么？他们的下层机构，一定要弄得每个因素都能够互相交换。假使下面的因素不能互相交换，也就不能让这三个条件造成起来，私人财产就没有保障。英国经过这么多的动乱之后，造成的结果就是普通法和衡平法合流。普通法是common law，完全是农业社会的一种法律，过去没有做的事情统统都不能够做。这对于现在的商业社会来讲，当然是实行不通。衡平法是equity，它本来不是法律，而是一种法律的观念；就是说，我们不照成例，现在的情形已经改变了，只凭良心来讲有关的权利和义务应该怎么分配。衡平法的观念同普通法对流，相结合，形成一种平衡。

各位可能知道现在香港的基本法方案已经起草了，上面讲到50年之内香港不会改变现行的资本主义。还讲到另外一点，现在的法律制度要全部存在，讲到普通法和衡平法两个能够保持平衡。这样的话，下层机构的每一个因素都能够互相交换。我刚才讲王安石变法行不通的地方，在英国从前也是一样的，后来他们经过很多变动之后，每一个因素都能够互相交换，英国这才变成一个商业的国家。如此之下，英国变成第一等强国，有三四个世纪都是世界上唯一的霸王。这些方面可以讲是欧洲资本主义形成的一个基本程序，从一个小国家变成一个大国家；并不是说封建制度一崩溃，一定就会被资本主义取代。我们现在看起来，这中间有很多偶然性。

但是"资本主义"这个名目是一个很坏的名目，因为从历史上面讲，资本主义的展开确实做了很多坏事情。比如我们讲到威尼斯，它用鱼和盐可以存积资本；它还有另外一个存积资本的办法。哪位可以想到在古代社会，存积资本最好的办法是什么？对，答案就是奴隶买卖。威尼斯存积资本用了很多买卖人口的办法。人口买卖在筹集资本上有很大很大的优势，而按照基督教的教义，凡是信基督教的人不应该让同教的人去做奴隶，所以有很多人组织公司，进行绑票，去旁的地方抢人。威尼斯有一个时候是世界上奴隶买卖的中心；荷兰也做了很多不仁不义的事情。所以，我们今天讲到资本存积，还有一个很大的道德负担的问题在后面。

在17世纪，荷兰还跟一件不好的事情相关，就是对香料的控制。我讲的香料并不是香水的香料，而是制肉的香料，如胡椒、豆蔻、丁香等，用来储藏肉类。因为那时候冷气还没有发明，欧洲很多国家冬天杀了一头牛或者一只猪，时间一长，肉不是都会坏了吗？全靠香料这种东西来保持。香料只产生在一个国家，就是印度尼西亚，而且还只在几个岛上面有。这几个岛叫香料群岛（Spice Islands），荷兰人占领以后，只许这几个岛上的人生产香料，旁的地方生产香料就派海军去破坏。有一个总督叫做Koen，他统治香料群岛，有一些岛上的人不是被他搬到旁的地方去，就是被他杀死。荷兰这样垄断香料的生产和贸易，也有利于存积起很大的资本。为什么马克思，还有很多旁的人，对资本主义有这么大的攻击？主要的原因就在于资本主义在它的早期发展中有这些负面的因素。

英国也贩卖人口。有一个时期南美洲的奴隶统统是英国包办的，因为英国有特权。英国政府还授权英属东印度公司，向外开拓殖民地，从事奴隶贸易。各位知道吗？鸦片战争的时候，不是英国政府向中国宣战，而是英属东印度公司向中国开战。资本主义的前锋就这样利用殖民地的公司向外面开拓。

法国的历史学家布罗代尔讲，什么是资本主义啊？资本主义就是资本家变成了国家，国家被资本家掌握。布罗代尔说："资本主义之成功，端在它与国家互为一体，它（本身）即成了国家。"⑤

---

⑤ 黄仁宇认为，这句话可以从两方面解释：一方面是资本家掌握政府，一切以他们的利害为依归，这种方法，不能持久。另一方面的解释，则是为资本主义的体制长远着想，私人资本虽仍在政治中占有特殊之比重，这种体制已自动改革，将产业革命以来所发生的各种社会问题逐渐缓和，继之次第消除。见黄仁宇《资本主义与二十一世纪》，三联书店，1997年，页268。

在英国，资本主义初期筹集资本的时候，小孩子 6 岁到 7 岁在工厂里面做工，一年 365 天没有休假，做工的时间又是 12 小时、14小时。马克思的《资本论》里面讲到，有一个伦敦的面包厂，它同旁的面包厂竞争，旁的厂要面包工人烤面包 16 小时，这个面包厂要工人烤 20 小时。我把这个写进文章，之后看文章的编辑把它改了，看起来好像是不可能一个人能工作 20 小时。各位，马克思讲的属实，那个时候是每个人工作 16 小时，就是说你一天还有 8 个小时是你自己的，以后你的休息、睡觉全部在里面。这一家公司把它改成 20 小时，一个人工作 20 小时，只有 4 小时可以回家睡觉休息。初期资本主义在欧洲成长的时候，确实有很多不好的东西。这种不好的东西造成了我们对资本主义的负面印象。

但是，现在我问一个大家很关心的问题：……资本主义是不是没前途？我可以讲，没有旁的出路，世界上的历史实际上已经替我们决定……一定会实行资本主义。资本主义有这么多坏的地方，那为什么还要实行资本主义？

我们要看到资本主义的贡献。根据 1953 年的购买力量计算，在 1850 年，世界上只有 5 个国家每一个国民的平均年收入到了 200 元美金以上。这就是英国、美国、加拿大、瑞士和荷兰。其他国家如德国、法国、西班牙（俄国就更用不着讲了），统统不及这个数字。为什么？这就是资本主义的贡献。从现在的国富上面讲，我们没有办法可以说不实行资本主义，同时世界上不平衡的因素总是慢慢会比较平衡。管制人类只有三种方式：第一种是用思想方面，用宗教的力量，用道德的观念。希望应该做好事情，这样就要集权，使人民都照着这方面做。第二种是用武力强迫你做，你不做这个事情就不行，因为警察可以强迫你做。可以说，中国的儒家和法家是用第一种、第二种方式管制。第三种方式是资本主义的方法，就是让个人用本身具有的开明的私利观来推动，做这个事情可以对你有好处，所以你做。第三种方式最容易，又最易扩大。实际上，实行资本主义，资金能广泛流通，人才能广泛被利用，并同交通、通信、法律、保险这种服务性质的事业共同适应，就可以把所有权（proprietorship）同雇佣（employment）做成一个大罗网，越做越大。这种办法在世界上是没有办法可以抵御的。

德国和英国的军队有时候只有一个上士、一个下士官就可以管理一个营。为什么可以？为什么我们中国军队一直没有办法？为什么日本一个小国家能够在 1937 年把我们中国大部分地方占领起来？原来很多人都说是因为我们道德不好。其实，这主要是组织的问题，因为他们国家的军队后面有第二线、第三线的支持，有民间的习惯，这种习惯就是资本主义。因为它的雇佣同它的所有权，构成了一个大罗网；在组成军队的时候，就可以变成一支很强的军队。中国为什么有军阀？就是因为下层机构的因素不能交换。有桂系，有粤系，有云南军队，有湖南军队，它们下面的这个团长和那个团长不能对调。为什么日本能够侵略中国，在南京屠杀约 30 万中国人？之所以如此，主要原因之一就是我们属于农业国家，没有资本运营组织，而他们日本有，组织力量比我们强大。

各位原谅我吹一点牛的话，我可以讲，我和一个同伴曾在一个短时间整个掌握了日本第六十一师团。我是一个上尉参谋，我的同伴是一个少校参谋，他叫做莫吟秋。抗战胜利以后，大上海地区的日本军队变成俘虏，我们每天给他们给养，为什么不能叫他们做点事情？照国际公法讲，俘虏是要服务的。那时候第三方面军的总司令是汤恩伯将军，他下面的副司令是郑洞国中将，司令部设在无锡。郑洞国接受的任务就是监督日本第六十一师团修理上海到杭州间的沪杭公路。一到上海之后，这个事情，当然不一定要一个中将去亲自管理了。那时候他有两个参谋，就是莫吟秋和我。我们接到命令之后，心里很害怕，日本这么大的军队，15000人，怎么能够处理它？结果一点问题都没有，我们叫他们哪一个连队到什么地方去，他们连队到时间就到那个地方去；我们要他们的工兵连队长造一个工作计划，他们就造一个计划来了。我们对他们管理三十几天，使领馆都不知道这个事情。就是两个小参谋可以去做。可以讲，这个情形并不是我们的能力大，而是日本人的组织强。我们中国就是没有这种支撑的组织。我想我指挥一个连、一个排的中国兵，我都很费气力，因为他们一定要同我讲理由。他们会说，林副，你用这个办法不行，我的这个办法比你好。中士、下士、上等兵，统统都可以跟你讲理由。我们中国没有这种组织，没有这种结构，就是像我现在用手掌伸出来，我手指弯几下，你们各位想到这是很容易的事情，但各位没有想到这中间有骨骼，有神经系统，有血，有肉，这几种东西，哪一种东西不存在，我的手指就不能这么弯，不能卷起来。

我可以讲，资本主义的经济就是各种因素可以互相交换，结成一个大团体，渗透在民间的组织，可以支撑政府和军队，所以，他们能够做的事情，我们不能够做。我自己不能管制一排、一个连的中国兵，但是在日本投降之后，15000 个日本兵，我指挥他们一个多月，完全没有问题，很容易办到。在这种情形下，我们不能放弃发展资本主义的结构和组织。但是，要是这么讲，我们怎么能够回答刚才的问题：资本主义曾经这么坏，现在这么硬气，马克思又有这么多的办法，我们为什么要资本主义？我讲要的资本主义是现在实行的资本主义，而奴隶贩卖、童工制度等刚才讲到的种种黑暗，现在都已经统统不存在了。在这方面，我们可以接受孙中山先生的讲法，马克思是资本主义的病理家（pathologist），不是资本主义的生理家（physiologist）。所以，一个组织、一个运动有它的病理，有它的生理。我们在 20 世纪讲的资本主义，绝不可能再有一种殖民地的地位，也不可能有贩卖奴隶。既然没有从前的那些黑暗，可见资本主义有改变它自己的技术和能力。各位可以看看资本主义国家的历史记录，他们把自己的坏处改正的情形是存在的现实，一步步改好了。

我可以讲，马克思有三个地方现在不能够适用：

第一点，马克思讲机器不能够产生价值，只能够转换价值。资本家剥削劳工之后，把他的价值摆在机器里面去了。这在马克思写作的 19 世纪还勉强可以讲得通，但在现在当然完全讲不通了。机器可以产生价值，不能够说它不能够产生价值。

第二点，马克思完全否认资本家的贡献。我们讲，在一个很大的机构中，冒险是分工与合作所必须要的事情。在现在讲，就是你没法保证你可以永远发财。很多新的商品、新的生产方式、新的组织，都靠资本家他们把身家性命摆在后面去冒险做这个事情。假设我们不承认资本主义的话，资本家过去几百年来所有的贡献，就听马克思一句话把它整个抹杀。

第三点，马克思不相信知识分子的贡献。不知道各位看到没有？他的《资本论》里面，讲大学教授就是娼妓（prostitutes），因为他认为生产就是完全靠手、靠精力、靠体力。大陆上的毛主席也有这种趋向。

马克思认为机器不能生产价值，不承认资本家的冒险性质，不承认知识分子的脑力，这三个条件加起来，高等技术整个被他一下子说得完全不能存在了。现在的高等技术，整个是这三个条件所产生的，用头脑产生，用资本家冒险产生，同时用机器的办法产生。我同大陆上很多朋友讲，你要是相信马克思全部正确的话，你就绝不能够用电脑，因为电脑就是在这三个条件，即马克思所反对的因素中产生的。

还有一个问题很多人没有看到，就是实行资本主义，宗教非常非常重要。如果这个国家已经实现资本主义，里面的因素能够互相交换，就是能够用数目字管理的方法（mathematics manageable），那么，宗教一定在后面有很强大的撑持力量。

美国同日本都实行资本主义，美国有基督教支撑的个人主义，而日本则把它的神道精神摆到资本主义里面去。"神道"看起来好像是一个玄妙的名词，其实是非常简单的观念。我个人觉得用"清明在躬"四个字可以表示整个"神道"的精神。日本人仰慕山上或者是水上的灵气、神气，甚至有时候崇拜原始社会里面的恩、义观念。简单地解释起来，就是用一种原始式、美术式的办法，接受自然刺激每一个人最基本的、同时没有被污染的精神。这同基督教的观念，即每一个人都应该把良心展开起来，让神的恩惠进到我们良心里面去，表面上完全是相同的。

　　美国人用基督教的观念完全去支持个人主义，这与日本不同。日本人做事情非常注重合理性（methodical），同时是始终坚持不断地去做，所以他们在培养神道精神的时候就用了工作分析（job analysis）的办法。他们形成了一种仪式，把心理或者生理上的每一个步骤、每一个段落、每一个动作都分析得很详细。在这种仪式之下，产生一种纪律，这种纪律最后变成一种合群性。所以，日本人用神道精神，产生了纪律，产生了合群性。我们可以看出，美国的资本主义和日本的资本主义有很大的区别。

　　新加坡也同样实行资本主义，但是，新加坡实行资本主义有一个很大不同的地方，各位可以想到是什么地方吗？对，它有儒教思想。它用这种"来百工，柔远人"的观念，用孔子的大同思想，摆在后面。所以，最近美国新闻记者和李光耀有很大冲突，不仅是一种文化上的冲突，也可以讲是宗教上的冲突。欧美的资本主义利用清净教徒（puritans），那完全是个人主义。这就是说，每个人都相信我自己在神面前一定是能得救的，所以，一定要用一切的力量来表现。在这种观念之下，就是我自己良心做主，只要良心认为是对的，就没有不能做的事情。也就是讲，我生存唯一的目的就是我和神的关系，旁的都是偶然，都是次要。只有我同神的关系最重要，我的父亲、母亲、兄弟什么的，只是偶然的性质，都不能与它相比。这是个人主义的一个最高、最极端的观念。这是欧美的资本主义。

在新加坡，这个观念不能存在。我的一个朋友研究海洋史，他讲到新加坡，觉得这个国家有 70% 的人是中国血统。我们中国人希望长生不死，就是在一种血缘的关系之下，父死子继、兄终弟及。我有一个儿子，我希望他的世界能够保全得很好，那么我虽然死了，完全没有知觉，但我自己的生命还能够在儿子的身上存在。假使这 70% 的新加坡人一定要有保持中国血统的特殊观念，每个人都这么做，这样他们就处在一个佛教徒、印度人、马来亚人的大海中间。假设他们在狭隘的民族观念之下保持着中国血统的特权，那么不就产生第二个以色列（Israel）了吗？你想，这会给新加坡的未来带来多大的影响。所以，南洋大学本来是要保持中国文化的，结果就封闭了，让所有的人员和设备转到新加坡大学。新加坡的儒教思想是这个事件的背景。

这种种宗教观念的不同，也使每个国家的资本主义有所差别。讲资本主义，完全没有宗教的事情在后面联络，是讲不通的。资本主义的发展，一定有很多的宗教力量在后面支持。

刚才林教授讲，我提议大历史的观念。这就是因为我觉得中国的历史在最近一百年变动最大。我再敢多讲一句，这种变动之大是世界上从来都没有的。我同美国的学生讲，这个变化要是产生在你们身上，从你们头发上的假发（hairpiece），到你脚上的鞋带（shoelace），整个都是可以改变的。各位想没想到，各位今天穿的衣服在100年之前我们的祖先看起来，那肯定是骇人听闻的，看着会很害怕的。你们讲的话，现在我们每天的言论，我们的祖先是听不懂的，他不知道是什么意思。他可以知道这个字，但不知道是什么意义。我们的文字没有改变，但我们的词汇（vocabulary）已经改变了。我们的宗教思想，我们的法律观念，我们的婚姻关系，我们的家庭关系，我们对外面朋友的信任，我们的教育宗旨等等，统统都和从前不同。也就是说，从一个农业的国家改变成一个商业性质的国家，从一种最简单原始的组织变成一种复杂的组织，从一种一切一成不变的方式变成了接受各种发达的方式，这当中当然要经过很多的痛苦。

中国为什么会有这样的情形发生？我去年到哈尔滨去过一次，参加他们的第二届国际明史会议，当中我有一段结论，可以解答这个问题，等一下我会请林教授帮我念下去，因为我觉得自己念自己的文章有点害羞。主要的问题就在于我们抗战的时候，财政上完全是勉强去用这个收支，中间的组织统统都没有存在。落后的财政系统支撑中国动员一支几百万的军队，同一支现代的军队、一个强国势均力敌地作战，这在历史上从来都没有过。所以，我对于中国的抗战时期及其以前的腐败什么的，毫不感到羞耻。我对我们同事讲，我觉得应该是这么发生的。毕竟蒋介石替中国创造了一个高层机构，过去没有这个高层机构。我是历史学家，所以讲到每个人的时候都是impersonal，不带尊称，因为带尊称就是上级一定是对的，你没有讲之前就不能批评这个人了。

各位也知道，在1921年孙中山先生想要把关税的剩余在广州截留下来，国民政府用美国派的军舰到广州示威，使孙先生不能这么实行。所以，孙中山到横滨之后同日本人演讲，说我以后永远同西方脱离，全力向苏联接触。当然，那时候没有想到苏联会是这么个样子。不过各位要知道，那时完全是在绝对困苦的情形之下产生一个高层的机构。一个旧社会变成一个新社会，一定要把高层机构、低层机构及其间的联系整个改变起来。

《远见》杂志提到我的名字，说黄仁宇以军人出身，所以这样。军人出身并不是坏的事情。我并不是要用这个出身去做本钱，造成一个政客，而是用军事经验来指导、研究历史；同时我觉得，我的同事有很多人可以把过去的经验写出来，对中国历史一定有新的贡献。

对于毛泽东……去年北京出版了一本书，叫做《中共党史大事年表》，讲到毛泽东一手发动"文化大革命"，并且很多人把写的提议当面交给他，请他当面批评……这个真实的事情迟早都会有人知道。这本书上面也讲到，抗战的时候中国死伤2100万人以上，中国共产党的军队死伤60多万，在共产党掌握之下的民众死伤600多万，还剩下多少万？各位用简单的数目字算一下，还有1400多万。这1400多万人都属于国民党的军队及其控制下的民众。共产党从前能够用很多的宣传说国民党不打仗，抗战完全是中共打的，现在它在文件上的表现就不同。但是，我对毛泽东的贡献也不能完全抹杀，因为他替中国创造了一个低层机构。我们曾经在乡村下面看到，两个数目字不能够互相交换，这一个乡村和那一个乡村的村长、保长、甲长不能互换，地方势力永远都在那个地方，国民政府下的命令是一个事情，下面实行的人是另外一个事情。然而，毛泽东把这些情况统统都推翻了。所以，现在邓小平他们能够把上面的高层机构、下面的基层机构用法律联系起来。我看现在台湾和香港也是全面实行资本主义，现在已经都做到了数目字上的管理。资本主义以前很多坏的意义在里面不大容易讲了。

在这种情形之下，我个人很相信中国的前途。美国前总统尼克松有很多坏的地方，做了很多坏事，不过他对于中国的观察却非常之精微。他对《时代》杂志（*Time Magazine*）讲，中国会变成一个非常大的"confederation"。也就是讲，大陆方面正采用数目字管理的办法，香港、澳门原来就是资本主义制度，现在还保持资本主义制度，而台湾可以说是一部分资本主义制度，一部分有社会主义的性质。整个讲起来，百分之百的资本主义是不能存在的，不仅在中国不能存在，在新兴的国家不能存在，就是在欧洲、美洲也不能存在。现今世界上资本主义性格最浓厚的国家，也不时带有社会主义色彩。如果说完全能赚钱的事情就做，不能赚钱的事情就不做，赚钱的就是道德，不赚钱的事情就不是道德，那这是不可能做到的。用吞并殖民地、奴隶贩卖来存积资本的方式来做，也不可能。但是，资本主义最基本的三个条件是成立的，这是中国新走的办法，也是世界上一般的趋势。

我们是中国人，并不希望自己本身能够永生，但是希望我们下一代能够继续存在，这就是新加坡精神。我希望我们同胞，在大陆、在香港、在澳门、在台湾，都有同样的精神。我去年在大陆演讲的时候，也讲到这个重点。现在还有几分钟时间，趁着这个机会，我请林教授念一下我的结论。请您把我的《万历十五年》北京本拿过来。北京是用简体字的本子，上面有特别的话，把我对中国现代史的观念做了一个结论。这个结论，我在哈尔滨讲了两次，也是请了两位先生读给读者听。我现在请林教授。

林载爵：在奉命为黄教授念四点结论之前，我先把黄教授的演讲做一个摘要。这也是社会大学基金会执行长李先生交待给我的一个任务。我希望我是一个合格的学生，能够把摘要做得相当好。

第一个，黄教授首先解释了什么是资本主义。黄教授的定义用一个非常清楚的字眼，把一个非常复杂的制度作了一个提示。所谓资本主义，就是合理化、理性化。什么是合理化、理性化？就是可以使用数目字管理的方式。

第二个，黄教授把整个资本主义的发展作了一个很简单的描述。首先起源于威尼斯，然后再到荷兰，再到英国。特别以 17 世纪的英国做了一个很重要的例子，说明英国在第十七世纪的时候，如何完成下级结构的建设，然后把国家从农业社会转变成为工商社会。黄教授在谈资本主义的时候，特别强调下级结构的建设。我想各位都记得黄教授一个很有力量的比喻，就是用一个手指头的弯动来比喻所谓下级结构的运作方式。

第三个，黄教授认为未来整个世界经济的发展必然是朝向资本主义的发展。那么他用这个论点批评马克思在解释经济发展上的几个错误的论点。

第四个，黄教授提到资本主义和宗教的关系。比如说日本的资本主义和神道的关系，西欧的资本主义和基督新教的关系。

最后，黄教授提到中国近百年来历史的发展和资本主义发展的关系。实际上，我需要念黄教授四个重点式的结论：

第一点，中国传统社会无法局部改造。过去政府与民间的联系着重于尊卑男女长幼，纯靠科举制度作主。1905年停止科举之后，上层结构与下层结构更为脱节，满清之覆亡，更无可避免。

第二点，民国肇造后，军阀割据，也是当然趋势。新的力量还没有产生，过渡期间，只能由私人、军事势力撑持。这私人军事势力，限于交通、通信等等条件的束缚，也只能在一两个省区里有效。省区以外的竞争，更酿成混乱局面。

第三点，国民党专政期间，创造了一个高层机构，总算结束了军阀混战，但是全靠城市经济维持。

第四点，也是最后一点，共产党的土地革命，在农村中创造了一个新的低层结构。现在中国当前的任务，则是在高层机构和低层机构间敷设制度性的联系，才能从上至下，能够以经济及法治的方法管理，脱离官僚政治的垄断。

这是黄教授的四个结论。

下面还有半个钟头左右的时间。各位先生和各位女士，如果有问题，可以和黄教授做一个讨论。

提问：很高兴听黄教授演讲，有几个问题请教：第一个，黄教授说资本主义是一个世界的潮流，我们中国为什么说没有这个资本主义的潮流？您刚才提到，资本主义是要以宗教的信仰作为后盾，可是中国的传统是儒家倾向的话，比较倾向于否定宗教的力量，倾向于人文的力量，那么在这种状况下，我们……怎么样去实行资本主义？这是第一个请教的问题。

第二个，您刚才说，在由农业经济转型到商业经济的时候，一定要经过战火或者是特殊的变动。那么在台湾初期的时候，我们迁台初期，也是从农业经济转型到商业经济，似乎没有经过很多的很特殊的变动？这是第二个请教的问题。

第三个，就是我个人的一个小小的疑问，因为学历不够，但是确实很想了解的问题。黄教授以明史来观照中国的历史；可以说黄教授在《中国时报》所发表的每一篇文章我都读过，也衷心地钦佩。但是我想，明代是中国政治最黑暗的时候，在哲学上来讲，它是没有哲学的时代，甚至是反传统的时代，如果用明史来观照这个事情的话，会不会有一点和事实有出入，有脱离？

第四个，我想了解一下黄教授在此间还要呆多久？还有哪些地方有演讲？

黄教授：第一个问题，宗教是资本主义中间的一个因素，中国怎么样用宗教来支持资本主义的思想？我想答复可能很简单，就是说我们把儒教的思想放在上面去，就是要保持世界能够继续存在。中国历史最大的长处就是能够生存。我在《中国时报》写的东西（"赫逊河边谈中国历史"）就说，中国历史没有像欧洲历史这样有很多复杂性质的地方，也没有像日本历史那样有很活泼、很刺激、很泼辣的性格。但是，中国能够持久，能够继续不断地向前发展。怎么样生存？这里有一个很重要的观念，这个观念也是从中国的儒家观念而来，孟子也讲得很多，就是我要生存，认同中国的文王、周公观念；这就是宗教。我所讲的宗教，并不一定是求神拜佛的宗教，而是一个很大的观念。就是说，生活最终的目的，人间最后的一个宗旨，牵涉大部分的群众，在这种有形、无形的情况之下，在这种出世与入世的条件之下，以一种宗教开广大的局面。所以，假如讲中国要实现资本主义的时候，我想赚钱，同时出现资本主义需要竞争，这中间就有一个最终的目的，就是不能把个人主义看作最后的阶段，而是希望世界和平，能够共同存在。

在目前讲，我想，像大陆、像香港、像澳门、像台湾，都向这方面着手。我们的数目字不同，我们的公式不同，我们的生活条件不同，我们的经济力量也不同，但是我们最后的方法，就是中国人在创造这么一个新的国家，创造这么一个新的系统，使这个系统在世界上做榜样，使世界能够获得更长远的存在。将来世界上的整个问题，都变成中国的问题，也就是在这方面讲，实行中国的文王、周公观念和中国传统的大同思想。

第二个问题，你说台湾没有经过痛苦，我想台湾也经过相当的痛苦，像孙立人案件、张学良案件、雷震案件。我有一个同事，他始终讲台湾独立的。我同他一讲，我反对台湾独立，他就不讲话，马上就生气了。台湾经过日治的一段时间，后来又有耕者有其田的方案，有很多人受过痛苦。假如你家是大地主的话，几百年来在台湾徒手开辟起来致富，后来根据耕者有其田的方案，给你两年半的收成就把你的田地都买下来，只留几亩地给你自己耕耘。这也是一种痛苦。不过，弄了这么多年，还算痛苦比较少，没有像大陆那样子，因为中国大陆的贫穷，那是世界上再没有的一个例子。同时，在这种情形之下，台湾又有殖民经过，我们可以把这种痛苦的情形解释为世界上旁的国家也有的情形。

我是研究大历史的，我希望看得远，因为我今年已经 70 岁了，我不能够再想短的问题。我说中国现在将来担心最大的问题，不是美国，不是日本，而是印度、印度尼西亚，是中东的国家和非洲的国家，因为它们还是不能用数目字管理，还是用宗教在外面作一个保障。伊朗（Iran）就像义和团一样的。印度有些方面像中国的同治中兴，用中学为体、西学为用的办法。他们比我们还要迟几十年。所以，这将来都是很大的问题。

同时，我自己讲，我小的时候希望做工程师，替中国建设。你想我改了多少职业？上次在中国汉学会议上，我说人们常常讲 displaced person，是局势把人推动的话，那么我也是 displaced person。现在台湾有两百多万军人，都是大陆撤退出来的。我们的生活整个都没有办法掌握，没有办法决定，就只能看今天怎么情形，怎么应付。所以讲也是受了相当的痛苦。

我有一个同学，跟我同龄、同队，后来介绍到陆军 14 师，是我介绍他去的。后来他在四平街会战的时候，被自己人打死。

他母亲，在他毕业分发的时候，一天就让他赶快回部队去，八九年只见了一面，之后就牺牲，死了以后还不能真实知道是什么原因。我想这种事情一定很多的，所以讲不是没有痛苦。

第三个问题，明史。我是用明史做的 basic。过去在哈尔滨的时候，也有人问到这个问题。每个人学历史，都首先要做一个很细的节目，研究相当地精细，然后用同样的办法，用推论（deduction）看旁的地方是怎么样。是这样来做大，而不能一下子就把整个做大。

研究明朝对认识中国历史有好几个好处。第一点，明朝是中国最后一个本身的朝代，不像清朝，是一个外族的朝代。

第二，明朝的组织制度没有像清朝一样经过很多变动。清朝因为鸦片战争以后，受外面的势力影响很大，所以变动很大。所以，我看中国最基本的原始性格，从历史方面讲，表现在明朝。

还有一个方面，就是在我自己个人方面讲，我有一本明朝的财政史书。我个人可以不害羞地讲，财政研究是我的一个专长。我的这本书叫《明朝的财政和税收》（*Taxation and Governmental Finance in Sixteenth-Century Ming China*）⑥，还没有翻译。徐泓教授讲，希望能够翻译成中文。在大陆上面，人民大学也想翻译成中文。英文版已经在台湾有翻版。在财政方面看，也是一个断时代的研究。唐宋是种扩张性的支撑财政，它的数目是继续扩充

---

⑥　中译本《十六世纪明代中国之财政与税收》由三联书店 2001 年 6 月出版，阿风、许文继、倪玉平、徐卫东译。

的，明朝是收缩性的财政，是洪武型。你看它洪武的时候，天下税粮是 2800 万石；到万历以后，已经过了两三百年，还是天下税粮 2700 万石；而到明朝亡的时候，还是 2700 万石。当然，明朝的一个"石"，就像各位穿的新衣服一样，可以放大，也可以紧缩。这个数目字可以有相当的变更，不过大致讲还是固定性、收缩性的财政。这个在实行资本主义方面讲是更坏的了。就是说，洪武皇帝想收缩中国的财政，在中国历史上讲可能有相当的贡献；但是，在 14 世纪、15 世纪，欧洲的整个改变就是在这个时间发生的。欧洲正在改变，像文艺复兴，像宗教改革，像资本主义的发展，都在发生，而中国正在这个时候把大门关闭起来，紧缩起来，这是不利的。在我看来，明朝的这种种性格，最符合现在我们研究的中国历史的性格。

除此之外，我也还是想从中国自有史以后到现在的情形看起来，这就是现在的 *China:A Marco History*⑦。那前面有书店，这个书店这本书的广告里写道，本书是整个中国简史。也就是说，在明史之后，我的研究范围扩大，证实我自己的观点；从春秋战国一直到毛泽东、邓小平，另外写了一本书，268 面。既然我今天讲的是资本主义，那我也用资本主义的办法，希望各位替我推销，也写信给美国的朋友，买这本书。这个 salesman，也是资本主义的办法之一。所以，答复你的问题之后，我自己又自私自利、惟利是图，用了一个资本主义的办法。

---

⑦　中文本《中国大历史》由三联书店 1997 年 5 月出版。

还有什么问题？我明天、后天都有个人的约会。明天在"中央研究院"有一个座谈会，是很少数的几个人。这个礼拜四就回美国去。我当然希望有机会和各位见面。暂时还没有。

九　四个共识：对两岸三地文化交流的建议

　　根据朋友们提供的资料，知道两岸文化交流，可谓已达到成熟的阶段。这样的情形，符合西方人解释中文"危机"两字的说法：既有无穷尽的机会，也可能潜伏着预想不到的危险。针对这样一个局面，我建议两岸三地迅速地在以下四点立场达成共识。

　　根据朋友们提供的资料，知道两岸文化交流，可谓已达到成熟的阶段。在数字上说，至去年之底为止，从大陆地区来台湾的文教工作者，已经超过二万五千人次。来访的有个人，也有团体，分别代表着学术、出版界、宗教、演艺和体育各种行业。大陆方面的书籍装运来台的，超过六百六十万册；出版品在台湾发行的又近一千五百种；台北的期刊，像《历史》和《传记文学》都不时见及大陆作者的署名；输入电视电影的胶片也以万计。我所知道的北京《读书》月刊、三联书店及上海《文汇报》都有领导人来访。

　　虽然我还没有见到大陆方面所提供的类似数字，但可以想见应当有过之而无不及。从出版界的广告即可看到。我个人所知与台湾有缘的作家之作品，包括余英时、龙应台、李欧梵、郑培凯等，都可以在内地偏僻省份里买到。金庸的小说为两岸三地读者欢迎，也用洋洋三十六册的篇幅在北京应市。很多台湾流行歌手，更是大陆年轻人崇慕的对象。不久之前"行政院大陆委员会"已经决定每年资助二十位台湾学者去大陆讲学。还有一个可能发生重要影响的因素，则是由台湾去大陆上大专的学生，即在京、沪、闽、广四处，已逾一千人。他们的经验不乏有趣的层面：比如说学校方面对本地学生的政治训练，要求严格，对台湾的留学生则不勉强；只是这批留学生对简体字仍感到相当的麻烦。在经济方面台湾学生一般生活甚为优裕。还有些在就学期间所用甚至及于牙刷面巾都由台湾过海带去补充，不少留学生每月生活费，超过当地教授与校长的月薪。两岸生活程度的差异，仍是当前不可忽视的特殊现象。

讲到两岸三地，我还没有提及透过香港的接触。不过作此文时据纽约华文报纸的纪载，今年"双十"若果有港人庆祝……而谓纪念辛亥革命，当局也不打算取缔。即此一端也可看出文化交流不会因收复香港而受阻碍，但望这种善意能继续维持，也不被滥用。

提到文化交流我们不能忽略电脑网路的影响。电讯传递图文，已日渐普遍，既广泛又神速。况且不受两岸三地的限制，已及于全球，目下摆在我面前的一纸名单，即列入网路上中文期刊一百三十二种，并且说明，"你是第八十五万八千九百二十六位的询查者"。所列既有《人民日报》和《中国时报》的电子报，也有中国留学生在美国、加拿大、北欧和日本发行的月刊、周刊、季刊。内容包括一般读物、学校通讯、时事论坛、纯文艺作品、科技、杂要、宗教信仰、经济投资。有些刊物涉及当前政治，也免不了引起用者的争辩，比如说，前些日子有人提出清廷在甲午中日战争战败，割台湾与日本，此举是否表示大陆辜负了台湾？也有人质问当前如中国大陆鼓吹民族主义，是否应当反对？或否或藏，这些意见也可以反映两岸三地某些独特的意见，既在网路上公开讨论，也仍属文化交流性质。

因为电讯网路无人可以全部操纵，甚至极难局部地操纵，可以说是最民主的传媒。据北京邮电部的披露，去年大陆方面就有用户逾十万。以今日电脑的高速增加，每几个月即新添百万台的态势计，网路用户的扩充也可能同样以几何级数计了。看来文化交流的窗户业已洞开。

这样的情形，符合西方人解释中文"危机"两字的说法：既有无穷尽的机会，也可能潜伏着预想不到的危险。针对这样一个局面，我建议两岸三地迅速地在以下四点立场达成共识：

第一，在历史上达成共识

尤其对中国近百年史树立积极性的认同。

我自信我的历史观已经尽其客观，因为重要的结论，都曾几次三番从不同的角度引证，也曾先后在纽约、台北、上海、北京、香港出版。不过现在本文既称建议，让我先退归本位，回复到主观的立场，简述我自己孕育着这段历史观的由来。

一九三七年抗战爆发后不久沿海各处相继失陷，我即立意去从军。当时我未满二十岁，符合传统所谓"弱冠"，只凭着一股稚气，满以为前方战事失利大抵都由于旧式将领以下军官畏死塞责，他们不断地后撤，嘴里只说转进，若有如我辈者一下决心，口至身随，有进无退，必能挽回颓势。这时决不止我如是想，与我一同应考的军校同学，很少例外，都有此愚志。

也料不到以后编入军校十六期一总队派往成都受训，入学时间即是两年，内地交通不便来往又各半年。及至毕业分发到部队里当排长，已入抗战后期。这时候我们一个师通常只有六千人左右，并且行军时埋锅造饭煮水挑柴全系农村习惯。日军的一个师团经常有一万二千人至一万四千人，配属特种兵后可能多至两万人。双方火力尤其无可比拟。最近我才看到湖口、马当要塞失陷的纪录，当时过早失陷，据说咎由支援的步兵。可是事前检阅该部队的德籍顾问即有报告，"机枪迫炮全系废铁，步枪堪用者不及半数"。

李宗仁所写《回忆录》述及他在徐州时，由他指挥的四川部队所用兵器"半系土造"，由他自己请发新兵器，也只有每师步枪二百五十支。同时史迪威任美国驻华武官，他发现一个步兵团应有机枪百余，实际只有四挺，每挺配子弹两百发，可在十分钟内射罄。这团激战两昼夜后，死六百人伤五百人，剩余四百余人奉命撤退。战后，我看及的日方文件，一般在列举他们自己的死伤数外，动称国军"遗弃死体"在他们阵亡数二十倍以上，使阅及的人至今目击心伤。

原来中国是一个中世纪的国家，全靠上下蒙哄对外掩饰才胆敢以苦肉计和空城计的姿态对日全面作战。战前蒋委员长所掌握的三十个德式装备步兵师不及一年即损害殆尽。据日本大本营一个大佐的估计，国军总数曾一度低至九十万人。以后全赖吸收各地保安队及征调农民，素质也每下愈况。即后期仍维持兵员三百万也只有步枪一百万支，即最基本的轻兵器弹药每月用原料三百吨也全赖美援空运。制成的步枪子弹平均每兵每月分得四发，机枪所用在内。

当日国军所掌握的省区全年产钢，最高量不过一万三千吨，最近大陆方面所产粗钢早已超过每年亿吨。这也就是说，一九四四年的全年产量约五十年后可以在一小时三十分钟内制就。

其所以如此，乃是蒋介石及当日之国民党替新中国创造了一个高层机构，使中国独立自主。毛泽东及中共则翻转了农村基层。经过这样的惨痛牺牲，历史不能令人平白地浪费。即在辗转反覆期间，亦仍有全民含默的共同意志在（卢梭及黑格尔称之为"公众之志愿"[Volonté Générale 或 General Will]）。即有如文革期间，虽一方盲目地破坏，另一方全民吃大锅饭穿蓝布袄，政府以低价向农民购取粮食，又以低价配与市民，于是两端压低工资，全部节衣缩食存积得一段国家资本，为钢铁增产的原动力，也是以后邓小平改革开放的本钱。

历史学家告诉我们，大凡经过长时期大规模而又带激剧性的改变，即当时的领导人也难能洞悉当中的实际意义。还待几十年后，有了多余的历史之纵深，才能使人了解各事的因果关系。又有如托尔斯泰所提示，观测各星球运转的规律，才能领悟到地动。

　　蒋介石所组织的高层机构主要的有三个项目，一是统一的军令和征兵法，一是法币与中央银行，还有一项是新型教育制度，包括各种军事及专业学校。除此之外，大都有名无实。即是以上三者也因为缺乏社会因素在侧后支持，效能脆弱，被人斥为贪污无能，其实问题的症结不在外表现象，而是一个中世纪的农村社会缺乏支持上述高层机构的功能。

　　我之有此省悟，还是一九五〇及一九六〇年间在美国以悠闲的姿态，披阅有关明清社会资料所得成果。这样一个中世纪的农村社会以小自耕农作基干，土地分割至细，无大规模存积资本之可能，政府也只注重管教，无意于提高人民生活程度，对内不设防，更无应付国际战争的财政税收能力。至此掩卷长思，忆及我年轻时做下级军官在农村里看到各处宗祠、"文魁"及"进士及第"的牌匾、大人物墓前的"神道碑"和节妇的贞节牌坊。这样看来，我在一九四一年所眼见的社会仍是明清社会，因为当中并未经过体制上的改革，尤其日后听及费正清教授说及，他的教师蒋廷黻告诉他，中国学人对西洋情事非常熟悉，对自己内部情形反又茫然。至此更增加我的信心，我更要不拘形式，将以前不见诸经传的情形，以口语道出。

在农村社会里人与人之关系为单元，通过"尊卑"、"男女"、"长幼"的序次，"学谊"、"乡谊"与"族谊"，等于新社会中之"权利"与"义务"。我在军校既为十六期生，则凡十五期以上概为"老大哥"，十七期以下尽为"小老弟"。以后我作幕僚，与司令长官朝夕过从也真奉之如父兄，他也真以子弟与我相待。为什么不能摆脱这些"封建"陋习？因为新社会尚未登场，我们无从参照电影脚本，预度台辞，去适应一个凡物都能公平而互相交换、可以用数目字管理的社会；换言之，军队固为改造社会之工具，它本身也仍系社会产物。当日国军不仅装备供应落后，内中的人事关系也沉湎在明清社会的气氛里。

这样看来，蒋介石在历史上的行为至为特殊。他固然训练出一批黄埔师生，但是也接收大批过去军阀部队，他的兵员又有百分之九十以上来自农村，于是他以各色不同的方法与手段，又机智地利用外援，苦斗八年，终将日本拖垮。我们只能惊叹于他的胸襟气魄，指斥他的手段在某方面道德与不道德，就误解了历史赋予他的课题。上两段已经提及，整个社会须要再造，道德标准才能修正；要是在这再造期间，他领导人蒋介石的行止全部符合某种角度的道德标准，那他所处的社会也用不着改造了。

我所写有关蒋介石的文字曾被指摘"以历史之长，掩人身之短"。其实凡人指斥蒋之情事我书内无一不提。只是我不相信他利用历史之矛盾自利，相反，他主要贡献，乃是以自己之人身抵挡历史的缺陷。他的高层组织缺乏社会机构支持，他就以自己人身填塞过去，有如在重庆时，中央大学教职员产生内部纠纷可以影响到陪都的安宁，他就自兼校长。学校里公费生抗议伙食不好，他又以校长的身份到食堂里与师生进餐一次。四川省主席王缵绪与川康绥靖副主任潘文华冲突，他将各人外调又自兼主席，同时他又自兼中央、中国、交通、农民四家银行联合办事处主席。这最后一段兼差更表现当日困境。内地无调节金融的机构如股票市场和公债市场，军费开支与税收不能平衡，当中无缓冲地带；四行在战前沿岸一带，各有专业也能尽到分工合作的功效，一至内地，不仅业务重叠，也与它们原来的性格冲突。他统帅尚须在财政部长之下钻入干预到各行的日常经理业务，他的琐屑常为外人讪笑。但是后面更重要的背景则始终未为人道出，中国以十八世纪的架构贸然接受二十世纪的挑战，宜其组织发生罅隙。

蒋介石为历史人物，已无赖于我们之"褒贬"。可因为他是中国近代史里一个重要的环节，对他错解，也可能误解历史，甚至也可能全部忽略他所领导的群众之实情，以至对我们自己今日在历史上的立场发生惶惑。这样接近我前说的"危机"。

今年五月白先勇先生来访。席间他提及他令尊白崇禧将军事迹，白先后任蒋之副参谋总长及国防部长。蒋倚之为战略策划，但又不能对他完全推心置腹，因为白不能完全脱离李宗仁，也对桂系将领如廖磊、李品仙等有私交。所以白在台北逝世时，蒋犹如汉高祖之悼韩信，"亦悲亦喜"。

我钦佩他说及此事时的慷慨坦白。他的见证也反映我所说蒋利用各种因素设法创建新时代体制的矛盾。

蒋介石一九四九年内战失败而来台湾，又以一九五〇年"复总统职"而为草山之主人。很少人想及，他自黄埔建军至一九四九年共二十五年，以后在台湾又是二十五年。台湾之一部分以下还要提及。不过他对中国最大贡献，仍是在大陆创造的高层机构。这种成就不因内战失败而泯灭，假使没有他那一段奋斗，中国仍是军阀割据，外强干涉，毛泽东及中共即不能躐进地完成土地革命。

国共两党两次合作又两次交兵，如果我们完全接受当事人的论点，则蒋在一九二七年的"清党"可算背叛革命，共产党在一九四〇年间……这样的争执，可以永无止期。后世读史的人，也还是莫衷一是。在这里我们固然也可以采取中立的立场解说，既然双方都有不是，也各受冤损，何不彼此捐弃宿怨，只算两相对销，一切重来，然则这样的解释消极肤浅，也不离"统战"情调，况且历史学家的任务，究与和事佬的立场不同。

从大历史角度看来，当日两党所主持的群众运动，同有迫于事实的需要，技术上却无从合作。为了救亡图存，蒋介石所领导下的国民党正在补苴罅陋地创立新国家门面企图获得友邦支助。他的成员兼容并包，旧时军阀与政客投降靠拢，也就来者不拒。即暂时引用旧社会作风，亦无所不可，实际也别无他法。中共及毛泽东则望实质上改造中国。他们的改基层有等于在室内更换地毯。于是一在城市，一入乡村。一方面编成德式装备的步兵师，在证券市场和借贷投资的条件尚未具备的情形下，先设银行联合办事处。一方面则宁可在青黄不接的期间整个地摈弃都市文化，也有志清算各处家祠及大人物的神道碑。这样的趋势至文化大革命的阶段为尤烈。

彼此之各走极端，看来并未经事前策划，只是通过行动逐渐步骤加紧。武装冲突一开，对立情势更无可挽回。中共于此脱离了它的国际立场，很多海外留学的党员也收敛了他们优秀分子的姿态，整个组织实际成为了一个农民党，专以土地改革为唯一要务。这样的转向不仅影响了国共关系，而中共内部尚要经过几次三番的整肃。

中国的土地问题异常复杂。也可以分作"远景问题"和"近景问题"两方解释。远景上问题的重心不在土地集中，而在政府为了征兵纳税，亘世纪贯穿朝代地培植小自耕农，防止兼并。土地分割愈小，无从存积资本。人民一般生活程度不能增高，只有使人口增殖。乡民也无力聘用律师，供应法官。清官断案则只注重息事宁人，不顾各人内在的公平，如此又阻碍新型司法制度之展开，间接亦遏制农村经济的多元化。

近程的困窘由以上情形恶化而成，因为多年军阀割据内战频仍，真实情形还至少为外间获知。但是在内战前夕，据山东隔胶州湾与青岛相对的一个村庄（在中国犹为较富庶的区域）之报导，即当日土地占有的零乱方式，使耕地无从合理地使用，已不能供应当地人民生计，致无业游民为盗为匪。作者预言如重新规划即保持私有制亦难避免流血惨剧。另一个美国作者在山西潞城一个村庄（比较干旱，但仍不是最穷僻的区域）的观察，农民放债收租已及于远亲近邻，往往使地主与佃农同处困境。所谓剥削的方式，尚不止于租佃关系。往往有雇人做工所付工资不能维持生计情状。因为如此，一遇天灾可能一家数口相继填于沟壑。即在最富裕的广东，领有三十亩以上的耕地可称地主，二十亩以上即算富农。这种穷困情形已非外援所能救济，只能由内部解决。即当日中共之土改人员非亲临现地尚不知问题之严重。

内战更增加土改之需要。人民解放军张正隆中校书《雪白血红》，记东北地区情事。作者访问参加内战之老人，都说抗战胜利后光复地区人民仍视国军为"正牌"，初对"杂牌"……并未热心支持。后者之动员，得力于土改。一经以此号召则兵员粮秣与后勤诸问题亦从此解决。

中共进行土改的方式，先任平地无业游民进入村庄，以报仇雪恨发难，鼓动村民造反。但是村庄一经其掌握所有粗暴行动立时终止，为凶作歹的流氓也被整肃。第二轮进入村内主持改革者多为志愿服务之青年学生。他们长久与村民开会讨论，以便寓行动于教育。土地也经过三数次的分配及更正，以期公平合理，并顾及每家农户内劳动力情形，兼及特殊人户的需要。原则上尚且考虑同一地区之一致。在土改过程中村庄组织同时经过一段改造。最初由贫农团为核心组织农民协会；次以农协为核心组织村民大会，所以全部结构由最低层向上。本地中共党员也经过以上三种机构复核，凡村民不表同意不得"过关"，亦仍送特别班改造。今日中共党员近六千万，代表中国人口剖面，内中亦仍有百分之十之不识字党员，其原始组织仍照追溯于当日全部农民以黑豆及白豆投入碗中表决所产生，除最近两三年内开始村镇选举，有非党员当选为地方负责人外，中共专政及于基层至今已四十余年。

当日土改结果，一般在华北地带平均每人可分耕地五至六亩（相当于一英亩而弱），华南水田地带每人不过一亩。至此均分田地仍不能永久解决问题。所以分田既毕，立即执行合作生产，次即归并于集体制度，实行土地国有，人民公社及生产大队因此登场。并合耕地，重开阡陌，筑建水库，修改地形也迅速完成。

据专家估计土地改革过程中，中国牺牲了三百万至五百万人命，而且分田既毕，立即逐亩归公，今日又再承包到户，授权私人经营，凡此举措，难逃道义上之谴责。然则另一方面我们又不能忽视全部改革之成果。今日中国人口逾十一亿，即在最基本条件下衣食无缺已至为不易，尚能继续增进，应当视作历史上之突破。毛泽东……其党史研究室一九八七年所编之《中共党史大事年表》亦对之有所指摘，但是我们又无法忽视他在中国长期革命中之贡献。并且在革命过程中，他一个妻子、两个弟弟、一个妹妹为之牺牲，又有一个儿子死在朝鲜，另一个妻子得不治之症，最后一个妻子在他身后自杀，所以他一家所付出之代价，亦非不惨烈。况且我们教学历史的人，责无旁贷，一件大事既已发生又不可逆转，则我们个人憎爱不论，只有鼓励后人珍视当中积极性格。

台湾之农民始终未如大陆之困窘。日治时代又鼓励以稻米蔗糖樟脑等向外输出，蒋介石来台后即由陈诚主持一九五三年之"耕者有其田法案"，使地主各以土地一部价让与佃农，实与强迫交接无甚出入，亦仿效麦克亚瑟在日本所执行政策，既经付出如此之代价即免除了有似大陆方面之浩劫。以后再配合美援，终使台湾之现代化，较大陆占先。此项改革当然得有本地领导人物参加，包括现今若干反对党内知名人士。

今日两岸同样重商，一方面固然旨在增进人民生活，使工资逐渐接近国际标准，一方面也藉此充实新社会之内容，自此不断继续立法，使新体制逐渐接近可以在数目字上管理之境界。当中不免牵涉资本主义、社会主义与共产主义之争执，当在下节申论之。

第二，在哲学及政治思想上产生共识

今日不论在台湾或大陆，都面临一种潜伏着的危机，就是缺乏一种共同的政治思想，以前的标语口号业已过时，现今却无精神上的力量可以替代。

我在各处讲学时，即有人问我，我是否在宣扬民族主义或国家主义。这个问题很难不加思索地答复。解说得不好，可以引起深切的误会，一方面狭义的民族主义和国家主义可以凝聚于原始的部落思想，残酷无情。第二次世界大战时的轴心国家，都因此一念之差，日后自食其果，我们当然无意陷于他们的覆辙。可是我在上一节提到在历史中产生共识时，即已经不期而然地勾画了一个国家之轮廓。有如组织高层机构，涉及军令、币制与教育体系后面都有一个国家的范围在，即增加钢铁生产量，甚至今日一开口提及两岸三地，已不期而然地涉及了民族与国家。

我建议在两岸三地文化交流时，否认其目的在单纯地提倡民族主义或国家主义，却在揭橥着一段历史上之任务——改造中国使成为一个现代国家。

原来中国过去以"尊卑男女长幼"的社会价值治国，不尽与西方现代国家的体制符合，尤其经过明清帝国之一阶段，显示着内向而缺乏竞争性，是以至今还有一些西方学者强调中国实为一种文化而非民族国家。其实中国历来组成国家之基本因素，虽不合时，却都具在。况且与西方各国接触以来所订条约及至开罗会议宣言，传统疆域之界线，已极明朗。现今她是一个多种民族文化性格相当浓厚的国家。（境内多民族的国家不止中国，美国、南非均如此，即英国、法国也有步后尘的趋向，更不用说泰国、马来西亚，只有今日之俄国情形特殊。）至此中国的改造即将完成，中国历史已与西洋文化汇合。这整个的运动无侵略扩充的旨意在。

中国政治思想与西方政治思想有一个基本上之分歧点。中国承受儒家（尤其孟子）思想，坚持人性为善；西方思想家，则受基督教及犹太教"原罪"（original sin）的观念，承认人性为恶。表面粗率看来，中国落拓大方，西方冷酷；实证的经验则因西方法律只防止人之为恶时侵犯旁人，政府机构无力亦不能逼人为善，因之在此体制下个人享有高度自由。况且新教传统认定良心上之事由各人自身作主更导引政教分离，支持私人财产权不可侵犯（因为只要为富合法，其仁与不仁政府无从过问），助成资本主义之成长。中国则受性善说羁绊（此非孟子原意，他曾说"尽信书则不如无书"）构成传统之官僚政治，制造大批文士，动辄自称君子，尽斥旁人为小人；又利用专制皇权，在"作之君作之亲作之师"的前提之下，操纵思想垄断教育，即前述以清官断案维持民俗之醇厚，亦阻碍新型司法制度之展开。（以上已在五四运动期间经过批判，尤以鲁迅之讽刺最为彻底。）

可是缺乏宗教纪律及社会习惯在后支持，今日中国法律未备，遽尔开放又只鼓励个人主义及放任主义泛滥，甚至影响社会秩序。我想今日台湾及大陆人士面临治安被威胁，对此点已有同感。这是一个牵涉广泛、非常复杂的问题，彻底的解决，端在增强法制，增进教育。文化交流，本身非万能，但可将此背景从旁解释，在侧后襄助。

我已提出"西学为体、中学为用"之原则（一九九五年台北历史博物馆建馆四十周年学术演讲会首次发表），大意体为组织结构，引证西方思想家八人，他们的著作大都为今日美国大学一二年级学生之必读书，其出发点则是人性为恶，所以政府首一任务则在保障人民安全；次引出"劳力价值论"，上帝以全世界之资源，赐给全人类，凡人以劳力与此资源混合，则一部分成为其私产。国家威权由武力构成，但侧后必有公众志愿（即前述General Will）在，并且少数服从多数。各个人均须接受这种之条件，方始享有社会赋予之自由，包括经营贸易之自由，在此集体之智慧（collective wisdom）中无人能称宇宙间之理性（reason）均已在其掌握，亦无人能称其天赋自由不受人世间任何权威限制。

我既称建议则不能称我编选，立即成为定案。但望能在文化交流时，作为讨论之始点，所以文字尽量节省，等于一个会议的议事单。

此外又针对中国传统习惯，指出人性虽恶（原罪亦不必为全系良心有亏，如上第一节涉及反应迟钝，积习未除，估计错误都属之），仍有为善之可能，所以提出中国人本主义（humanism）的精神，作为西方型政府的支持，有如是非之心、恻隐之心与羞恶之心，只能自发，出于平日之激劝，不能强制施行，其发挥属于"用"。

所以一是公众道德，一为私人操守，前者之领域为法律，后者具伸缩性而使用无穷，其培养之工具在教育，两者之间亦可能有重复冲突之处，所以法律亦不能永远不变。其合称"体用"，无非政教分离，使良心上之事各人自身作主，旨在引用西方体系时，仍在百姓日用之中不放弃东方伦理。

在列举西方思想家时，我也提及马克思，于是引带出一个具争议性的问题，刻下中国大陆……抑或为社会主义及资本主义？这类问题应在马克思著作中获得解答。

与恩格斯合书《共产党宣言》时，马克思只憧憬于一个资本阶级社会进入于共产社会的理想境界。（在他们看来其重点在生产工具暨交通通信工具及银行拨给信用之权力国有。）他们从未提出一个落后而尚未经过产业革命的国家可以躐等地进入共产社会之事例。在实行共产革命时，他们主张渐进，每个国家应根据本国内部情形而转移，即在最前进国家除上述经济之掌握国有外，他们亦提倡停用童工，普遍地展开义务教育，逐渐消除城市与乡村之距离，以累进税率征收所得税。此等措施在欧美很多国家早已付诸实施。各项政策虽具社会主义色彩，却无碍于这些国家之仍属资本主义国家的畴范，中国则只到最近才进入可能考虑上述措施的境界。

在《资本论》里马克思提及中国九次（或十次，视读者如何分段），内一次涉及太平天国，两次提及中国工资之低（即生产价值或生活程度之低），一次甚至叹息中国工资之低可能拖下压低其他各国工资。其他各次，作者将中国与印度并列，彼此都是殖民地。他虽涉及中国与英国贸易情事，却未提及中国内部状况。

分析"原始的存积资本"时，马克思提出历史事例为"征服、使用奴隶、抢劫、谋杀"。本文提出中国之存积资本大陆方面由全民节衣缩食为生，即台湾亦未有因对外战争及贩卖奴隶情事，所以都不在马氏指摘之内。

马克思以利润 s 与固定资本 c（厂房机器原料）及变量资本 v（工资）之总和相比，即 s／（c＋v），谓之利润率（rate of profit）。《资本论》第一卷称此比率持久不变。卷三之第十三章则谓此比率经过一段时间必然下跌。剑桥经济学家罗宾逊（Joan Robinson）之解释，马克思根据历史时代写作。他写第一卷时面对当时刚在开发各国经济情形着眼，工资无非使劳工恢复其劳动力，果腹而已，不多亦不少。但著书至第三卷时，产业革命完成，生产技术增进，工作效率增高，此时工资使劳工恢复其劳动力时须顾及其"社会生产力"（social productivity），有如今日美国工资须顾及工人驾驶汽车入厂工作之费用，是以资本家剥削劳工之比率 s／v 保持原状，利润比率则下跌。此种观察亦得自实证经验。此中有一个实际工资（real wage）上涨、工人受惠之伏笔，资本家之贡献则为提前生产，不断使生产技术增高。所以罗宾逊谓，不论资本主义生产方式或社会主义方式，总之则工人沾益，如今日再称劳工悲惨境界，则此悲惨境界尽在待开发之国家。

综上所述，则即忠实之马克思主义者亦不应对今日中国之举措产生异议。资本主义与社会主义之争执更无必要，现今世界上资本主义性格最浓厚之国家，亦不时在立法行政跟前，带社会主义色彩，未来世界是否肯定地进入共产社会，尤非生产及组织至今落后之中国所应仓皇着虑，目下亟待注意的其它情事尚多。

本节建议强调今日中国之奋斗旨在完成现代化，经济开发不仅提高生活程度，尚在创建过程中敷设法制，使人与人之关系，通过社会变为多元，以便厘定各人权利义务，尚且恢复固有道德。此中亦有一个"民族、民权、民生"之涵义。大概革命初发起时情景模糊，革命人士亦只得以意识形态号召；革命终结圆满之际，具体轮廓毕露，可以一切归纳经济建设。这样的共识可望成为一种信念，产生精神上的力量。

第三，对地缘政治（geopolitics）产生共识

我常在思潮低沉的时候想到中国处境的艰难，至今还有日本人，不肯承认侵华的暴虐行动，政治领袖还去靖国神社参拜。一九六〇年间中苏边境冲突的当头，苏联即打算以核武器对付中国，包括最大氢弹，只因美国坚决反对作罢。事载吉辛格（Henry Kissinger）及史勿成科（Arkady N. Shevechenko）之回忆录。一九八七年我去哈尔滨参加明史讨论会的时候，黑龙江省国际文化交流中心张理事长向凌就和我说起，有朝一日韩国与朝鲜统一，他们势必索要……

大概国际间的仇恨易结难松。中国与印度在边境交兵，至今将半个世纪，可是至今两国的关系还不能说是完全恢复到正常状态。我们既然记着过去苏联之威胁，则也不能忘记一九七八年白兹涅夫和越南订有攻守同盟条约，以中国为假想敌，并将约文公布，引起邓小平次年的进兵谅山，以此类彼则越南人亦不会忘记此事。

华人在越南、泰国和马来西亚都占一个相当大的数目。因为他们在商业上的成就常引起当地多数民族的嫉视。菲律宾的华侨即在西班牙统治时代一度被屠杀。印尼的华人情形更为特殊。他们只占当地人口百分之二，但是过去为荷兰人招募，掌全国零售事业之牛耳，也有少数华人在海岸城市中成为巨富，都是被印尼人嫉视的对象，仇杀之事也时有所闻。有了这些特殊的条件作背景，则因西沙群岛和南沙群岛而与中国发生争执的时候，中国之

被视作威胁，更有背景上的凭藉了。

这些纠纷牵涉上军事政治经济社会多种层面，一部分也与国家主权有关，没有人能说由他作主，即可找到一个十全解决的方案。刻下我的专题既然在文化交流，则可以想象，我们各以私人的力量，在各种言行之中，仍可能对处理这复杂难题作个别的贡献。不过在此之前我们应当有一段共识，我的建议，这方面的共识，可以建立于对地缘政治的了解。

中国之所以遭遇到以上的问题，大概仍以她是"中国"之故。既然在东亚地区里位处中枢，她就被迫应付四面八方的纠纷。

在历史上讲，因着防洪、救灾和防备游牧民族以骑兵大举来犯，中国的组织初期早熟，在公元前以来，就成为一个政治实体，以后内部合为常情，分系变态。对外战略以防御为主，有如即少数民族进驻中原，他们也修筑长城，防止其他游牧民族继续内犯，中国在现在领域之外向他国取攻势，情景不多。如隋唐之进占高丽，明太宗之吞并交趾，都因地形伸出于传统中国的整体之外，交通线不易维持，一至本地居民反抗，就只得被迫放弃。所以现今中国的国界轮廓是多数民族与少数民族亘世纪长期折冲所得之成果，经过各种考验，况且因为历代以来外族内地杂居和互通婚姻，中国人之称"汉人"早已并非公元以前之汉，即称"唐人"亦非九世纪以前之唐。我在约三十年前在哥伦比亚大学襄助富路德（L. Carrington Goodrich）教授编撰《明代名人传》时，即发现明代名人中甚多带域外血缘。有如郑和，其曾祖父名拜颜（Bayan），其父与祖父均名哈只（Hajji），显有中东阿拉伯血缘；

以净谏闻名之海瑞，其曾祖父名海答儿（Haider）亦可疑为蒙古人之苗裔。更有李贽则在他本人著作中称他的六世祖林驽，曾经商往波斯湾，"娶色目女"。这种种事迹的背景表现着中国为各种民族相聚的一座大熔炉，可以追溯到明太祖不许蒙古色目人自相婚嫁的政策。再追溯回去，则唐太宗、隋炀帝及整个隋唐宗室均有浓厚之突厥系血缘。北魏拓跋氏之汉化，"绝同姓之娶"。更后面则有羯人石季龙"大发百姓女二十以下十三以上万余人，为三等之第以分配之"的通婚政策。如此情节尚不胜枚举，于是才前有苻坚石勒，后不见匈奴氐羌，而且历史进入近代，满清入主，只成为了中华民族的一部分。因此我同意于大陆历史学家的解释，他们强调历史上多数民族与少数民族之互为进出，而不再渲染胡汉之别。

今日中国人口超过十一亿，内中多数民族占百分之九十三，少数民族只占百分之七。另一方面中国以世界上百分之二十三的人口，只拥有世界可耕地百分之七。

迄今尚有少数西方人士不明了实情，只以为中国经济之继续发展，可能充实国力，打破国际间之平衡，威胁世界和平，因之他们提倡"拆散中国"，并且鼓励其境内少数民族之独立运动。

殊不知中国之少数民族虽占全国人口百分之七，却分作五十五个族群。他们之不能独立各有地缘政治之原因在，如达赖喇嘛亦曾称如西藏不与中国发生隶属关系不能生存。所以以前文化大革命之扰乱情形不论，目下中国实为在东亚地区保持平衡与和平的一种力量。世界文明继续增进，经济与教育愈有开展，亚洲腹地情形必有改变。来日不仅各民族自决，而且像西欧一样，国界逐渐消灭，货币统一，旅行自如，非不可能。但是这是一种可望而不可即的远景，在客观条件尚在十一不备的情况下，我们无法无视于现实。

在我看来，拆散中国的企划不会成功；不用思考的行动，只会增加彼此的困难。万一中国被拆散或拖垮，则只有七八个或十余个像俄国车臣式的战争，像以前南斯拉夫境内波士尼亚式的战争和非洲霍图（Hutu）族与塔齐（Tutsi）族的战争都可能发生，国际人士如有明智也不会如此糊涂，去制造如此一段情势，为患于全人类。

所以我们虽防范警惕，不能全向"负"的方面看去。我自己在第二次大战后即居留日本三年，曾和不少日本人士接触，至今还保持着友善的回忆，也可以断言军国主义的复活，不可能有广泛的支持；华人与东南亚人民的关系，也并非不能改善。新加坡即已摆下了一个良好之例证，其他各国情形也无不如此。周恩来为国务总理时，就主张华侨在居留国家入籍为公民，参加社会公益活动。

看来中国与邻邦的国界不在整幅重划，而在过去不明确的地方仔细勘察。南海各岛以及钓鱼台的争执，各据不同的理由，我的猜想也应由……不过任何外交问题的处置也要民间的了解与支持，以今日这些问题之微妙与丛杂，又更需要两岸三地的切实合作。所以我再说一次，增强彼此之间的互助与互信，其关键在对东亚地区的地缘政治产生共识。

第四，对环境污染与未来世界的企划产生共识

以上各节的内容有连锁性。将眼光放宽放大，就牵涉到次一问题，对环境及未来企划的共识，至此紧接着检讨的程序。

中国因为人口膨胀、经济膨胀造成的环境与资源的问题，都已迫近不能再缓视的地步，比如森林砍光，水陆污染，酸性雨东渐，太空臭氧层受威胁，早已经过环保人士的呼吁。如果长此以往，可能使人类已经紧缩的空间更不适于居住，即是最近往大陆旅行的人士也对大气污染、水源枯竭作有报导。

此类问题值得严切地注视。前些日子戴女士来访，从她的著作里，获悉到她反对葛洲坝截断长江的原委。不过目下建坝已成定局，而且为着防洪救灾亦不可少（其实她也主张在长江上游建小型的堤坝三数处）。我希望她不要灰心，仍旧本着她匹马单枪登高一呼的精神，继续为葛洲坝善后的环境问题努力。可是要更有实效，继起的人士应对整个问题，包括华北水源问题产生共识。

在处理这类问题的当前，我觉得台湾的知识界能有机会作特殊的贡献，世界能源，纯依化石中之油液终有用罄之日。另一方面人口增殖即一胎政策亦无法遏制。自菲律宾海吹向中国大陆的季候风，不能透过秦岭山脉，为西北地区干旱、沙漠逐渐扩张、移民困难之主因。我常常想，要是人类能掌握着阳光的能源，使电流的成本低至可能无穷尽采用的程度，则操纵气候，驱逐气流，改变地质与地形，何事不可为？大凡人类的重要发明，

多系逼着事势的需要而展开。以上的需要纵使目下尚未燃眉，亦必在我们第二代和第三代的生活经验中感到迫切。所以这样的想法不能算作虚妄。大概宇宙之大，大过于我们以前所想象不知多少倍，其精微之处，亦不知小过我们的经验中多少倍，当中的秘密尚待探询的又不知凡几。台湾过去经济开发的成功即在避免在重工业方面与人竞争，而先由加工，将廉价的劳力输出着手。现今又逢着一段机会，刻下台湾的电子工业、科技人才、经济力量和活动空间都容许在解决人及世界上大问题的工作中向前迈进一步。我想这样的努力，要较口头上与大陆人士争门面上的尊严强甚，即使不得不争，也当注视在自己最长处竞争。

我深切地自知我寄居美国，所见免不得抱有外人的观感。以一个长期修习历史的人，触及目下政治，又不免主观。所以我一再申明，此是建议，此是提案，这篇文字只供检讨之用，不是讲稿。

（刊于《新语丝》1998 年第 2—4 期）

世界潮流影响中国

二十世纪科技之突飞猛进，无疑地打破纪录，创造了历史之奇迹。中国之长期革命，都可谓受外间科技突出之刺激的影响。在放宽胸襟，扩大视野之前，必须先具有对历史的积极了解，这样才能体会进化之程序，接受历史之仲裁。

今日，航空旅行成为洲际来往的不二法门，传真机与电网频道成为寻常家具，我们很难忆及世界之初马克尼方始试验无线电传递信号，莱特兄弟方始在空中飘浮几百码。二十世纪科技之突飞猛进，无疑地打破纪录，创造了历史之奇迹。

很多国家在本世纪的动乱，即如中国之长期革命，都可谓受外间科技突出之刺激的影响。

他们的组织不合乎时代的要求，例如中国，即以文士管理大量农民，以刑法做为张本，但却无力引用现代科技，只能整个再造。我所谓以"数目字管理"即是改由律师、工程师和会计师等做主，用民法为张本。迄今的经验已开始引用到现代科技的长处，可是整个社会重造，免不了当中的苦痛。

这种前进的方式必将继续于下一世纪。个人可能有变迁，国运可能有盛衰，但是人类不断发现自然法则（natural law），以及不断地引用，以满足生活的要求与情趣，是一种无可遏止的运动。

对中国来说，务必注重周边国家之出处左右。是好是坏，一个国家改造期间的冲击力量必较其他稳定的国家为大，此不仅止于军备与实力。

对全人类来说，今后科技之发展，务必包含着引用阳光之能源、改造地形、操纵气候，以便扩大并增进全人类的生存空间，此中一切需要各国通力合作。

在放宽胸襟，扩大视野之前，必须先具有对历史的积极了解，这样才能体会进化之程序，接受历史之仲裁，而不致沉湎于呻吟嗟怨，再次忽视了世界的潮流。

我已八十岁，只能承认我是本世纪之产物，不能再对下一世纪做长远的计划，最多不过说，有生之日当继续以不同方式传递此中消息。

（刊于《书城》1999 年第 10 期）

附录 如何修订他的历史观①

　　要是自己的立场尚未看清，如何断定人家的出处？要是对本世纪业已发生的事业尚无具体的交代，还不敢承认它们在历史上的长期的合理性，如何奢言对付下一个世纪的未来世界？

　　他们说得对。他的作品不守学院规律。所用次级资料也欠详尽。但是书评人没有道出，这些缺点，不是无心之错，或一时松懈，而是存心有意如此。

　　他缺乏的是有些人奉为正宗的学院规律，因为他有他自己的标准在。他用参加《剑桥中国史》、《明代名人传》和《中国科学技术史》的经验来独创门面。他希望替中国学人开创一条新道路。

　　六年之前他即写出：今逢中国历史与西洋文化全面的汇合，"五百年无此奇遇"。最近他又公布了一些费正清教授给他的信件。大都今日他所受批判，二十多年之前费先生即已提出，他那

---

① 编者按：本篇出于作者自拟，参见页94。

时即不愿接受，因之他著书不能在哈佛出版，只能悄悄的寄去剑桥付梓，从此产生了不良的人身关系，他引以为憾，却不后悔。

中国动员了三百万到五百万的兵力，以全国为战场，在统一的军令之下和强敌作生死战八年。这样的情形，已是洪荒之所未有，即在世界史里也难找出类似的事例。接着又经过一番土地改革，其规模之大也超过隋唐之均田。今日已有人建议于三峡筑坝之后，截长江之水北流。不论我们赞成与否，我们无从忽视后面有庞大的群众运动在。这些情形逼着我们对中外的历史重新考虑。

所以他用的是归纳法，而不是演绎法。重综合而不重分析。这当中千头万绪如何一齐收纳得了？于是必有选择。他用的资料以能针对今日局势作论断的为主体。其他虽是昨日之经典，他只因其参考价值稍一提及，而无意以小衡大，以静制动，以过时之威权否定切身亲眼看到的事迹。

最近他由香港回来。四十多年前他也曾一度经过香港，当日英人君临此间的征象还非常浓厚。米字国旗触目可见。穿短袖短裤之军警也络绎道路，今日这种情形已相当的收敛。刻下的报纸还在可惜最后的一位总督，缺乏政治上的前途。他又看到九龙公路上的小型货车，自深圳方向运来工业原料有如木条木块，毫无国际贸易模样，只像城市之店铺向乡镇掣取品物。也可见得两地经济之整体化，并非虚语。还有此地大亨，在周末往大陆去打高尔夫球，因香港山高水深、地狭人稠，无此方便也。再有此地投机者，在广州、深圳一带炒买地产，去年获利高至百分之九十七。报纸上的广告也以广州郊外的楼房公寓占满篇幅。

他庆幸自己写资本主义的专书，在此时出版，对这名辞的看法，有了大幅度的修订。他重视技术上之因素，亦即资金广泛的流通，经理人才不分畛域的雇聘，和交通通讯保险事业的全盘活用，换言之，亦即信用普遍的展开。若非如此他即无法对今日在香港深圳广州之所见置喙也。

韦伯谈资本主义注重上帝之呼唤，他的英雄人物是富兰克林和巴克斯特，均十八世纪以前人物。马克思重阶级斗争，其师祖出自巴波夫，也在法国大革命时显身。这些人物与题材与今人相去过远。历史学家企图保存资料之完整，细磨细琢的考证此类人物与题材，非无用处，但是那不是他的着眼。他的专书以二十一世纪标在书皮，对以上各人只略为提及，确未视之为正宗。

在回程的飞机上他看到《新闻周刊》的日文版，报导邓小平南巡的情景。文内以"不能毁灭之男子"、"最后的一次长征"和"红色的资本主义"等辞句号召，还用了上海之购物市场所装自动电梯的照片作陪衬。可是回美之后，他却不能在同杂志的英文版看到类似的报道。

可见得即是新闻报导，也视读者的背景而左右。其实历史读物又何尝不如此？只是对一般读者讲和下一代的青年讲，应当注视中国人一百多年来奋斗之成果。中国人占世界人口百分之二十二。如果一部具有世界题材之专书，不能把中国人的事迹或正或反的归纳着过去，那就很难在下一世纪里立足了。

更使我们猛省的，则是下一世纪去今不过八年。

他的书刊里有一项常用的辞句："可以在数目字上管理"。因之不时引起人质问："什么即是在数目字上管理？"

可不容易吗？台北有四十万辆汽车，倒只有十七万个停车之场所。于是有申请购买汽车者前来，当局责成先交出购有停车场所的文件，这样就从一个不能在数目字管理之场合中，进入到一个可以在数目字上管理之境界。

然则实施起来，也并不是那样的简单。除非在最下端各人的权利与义务都有适当的安排，必有谎报与蒙蔽，其统计即无法落实。那又怎么办呢？如在专制时代只能由皇帝亲下御旨：凡乱停车者斩头示众。于是御史大夫兼市长也确切的雷厉风行，抓着遭殃的开刀，一时做到汽车不复在街市阻塞。只是曾几何时，却又依然故我，严刑峻法敌不过事实上的需要。

类似的情景很多，凡是熟悉中国官僚主义的人不难道及。即借用台北的实事，予以夸张去描写过去，不如人意的情形无伤。而且汽车代表外来的科技，与中国传统社会格格不入更是实情。

大凡一个旧式农业体制的社会（亦即不能在数目字上管理）进入新型商业体制，不能避免改造过程中的痛苦，这时候政府的权能必须扩大而非缩小。也要存积资本，才能谈得上在数目字上管理，否则大家一片赤贫，又如何厘定各人之权利与义务，符合新时代的需要？

最初之难处即是不知如何下手。

他在国军任下级军官十年，就切身亲眼经历到许多事迹，确是书本上的知识所未及。例如说：满清政府之收入每年无逾白银亿两，一般只有八千九百万两。即在抗战前夕之1936年，国民政府的预算也只有十二亿元。以当日之三比一汇率计，只值美金四亿，这是一个小公司的经营数目。况且抗战期间国军被驱入内地，当地所有之发电量只有全国百分之四，工厂数只有全国百分之六。如何生存？

简单说来，即是苦肉计有之，空城计有之。军队里则采取包办制，凡经费覆盖之不及，只能由部队长用合法与不合法、合理与不合理的手段对付。一般情形设立官兵消费合作社，用军用卡车经商。各部队在城市里设有的通讯处与留守处，即是堆栈与分店。更不肖的军官则盗卖军械、贩卖鸦片。而结果很多部队里的士兵仍是衣不蔽体，医药设备也若有若无。

他已将上述情形，写入书刊，在各地发表。即是他的职位低，未亲身参加各种经营事项，他仍在出席台湾与大陆的历史学会时，提出他当排长的情景："半似乞丐，半似土匪。"

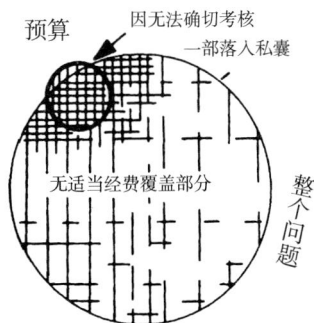

预算
因无法确切考核
一部落入私囊
无适当经费覆盖部分
整个问题

揭穿这黑幕的目的何在？难道他以此骄傲？

他觉得既然全部检讨历史，则不应隐匿当中重要的环节。值得注意的则是当日中枢无力作更好的安抚，只得睁一只眼闭一只眼。可是一旦黑幕揭穿，则仍要对各部队长绳之以法，以保全统帅权之完整。其他引用军法判案时也大致如此。也谈不上公平与不公平。一言以蔽之，此即不能在数目字上管理的常态。

重庆当日之传闻，则是中枢不知有此黑幕，甚至领导人不明当时物价。

难道他们真是如此之昏暗愚蠢？

最近他才抄得一段历史资料，原文如次：

> 公务员生活穷困万状。妻室以产育无钱多谋堕胎者。有医药无费，贫病亦深者。华侨在粤，有鬻卖子女过活者。河南灾区饿殍载道，犬兽食尸，其惨状更不忍闻。天乎！若不使倭寇从速灭亡，或再延一二年，则中国势难支持。余将不能完成上帝所赋予之使命矣！奈何苍天上帝，盍速救我危亡乎？（蒋介石日记1943年4月11日）
>
> 中国人之抗战是用这种"艰苦卓绝"和"忍辱负重"的精神拼出来的。为什么不改革，为什么不在内部整顿？（蒋介石日记1943年4月11日）

从以后历史之发展看来，以当时问题之大，牵涉程度之深，国民党与蒋介石之作为，替中国创造一个新的高层，对内杜绝军阀割据，对外保全独立自主，即已筋疲力竭，至矣尽矣。如更要派兵增饷，免不得要翻转社会之低层机构，首先从农民暴动着手。这牵涉上两种外交政策、两种政治思想和两种群众运动。此两套作为既重复连续又相冲突，只能以两种体制主持。这样也隐现着中国内战之无可避免。

内战刚开始时，甚至 1927 年宁汉分裂时，就使很多中国的家庭拆散，还使不少人感到内心冲突（据他所知国军第二百师师长熊笑三，内战时升第五军长，熊的父亲熊瑾玎即为共产党员，任《新华日报》经理部长。他服务于国军时五十四军军长陈烈、十四师参谋长梁铁豹、驻印军特派员盛岳均曾为共产党员）。况且今日距内战又逾四十年，此时还攻击彼此之错处和弱点，不如欣赏彼此之成就。（例如《中共党史大事年表》出版于 1987 年，即称："抗日战争的胜利，是全国各族人民经过艰苦复杂斗争并付出极大代价获得的。据估计中国军民伤亡二千一百万人以上。"接着下去《大事年表》又说共产党领导的军队伤亡六十余万，敌后解放区人民伤亡六百余万人。那么其他约逾一千四百万的伤亡数，应为国军及国军之人民付出。）其所说"各族人民"，倒不如说各党派。

再则香港、台北与北京在 1920 年间和 1990 年间已有划时代之不同。这断非一人一时一事所留下之成果。也还是"经过艰苦复杂斗争并付出极大代价获得的"。如此看来卢梭与黑格尔所提倡"公众之志愿"的观念不可磨灭。虽然艰苦复杂，中国人父以子继，仍将一个陈旧的社会向前推进三百年。中共的成就乃是在执政的初三十年内，向农民低价购入粮食，也以低价配给城市人口（也可算是高价，视你如何着眼），以压低两方之工资，于是不待外援，存积资本六千亿元（可能在美金二千亿至三千亿之间）。自 1979 年之后又创造了一部相当坚强的乡镇工业。这都是以前之所无，也不失为划时代之壮举。所以大陆民众的牺牲，并未白费。

这样一来，他觉得今日中国人还用资本主义与社会主义对垒争执，已无必要。技术上之资本主义（有别于意识形态上之资本主义）的先决条件，无非造成一个可以在数目字上管理的局面。社会主义不能违背同样的要求。其不同也只有程度上的差异。一方面仍依赖私人资本为主体，使私人资本在公众生活中占特殊之比重；另一方面则以社会的力量加以节制。迄今世界上已无"纯粹的"资本主义之国家。即美国之司法立法行政，有时仍不乏社会主义的精神。

中国要走入完全用数目字上管理的境界，**势必**在下端厘定各人之权利与义务，则私人资本与外来资本更不可少。

为什么在这时候还要鼓吹意识形态上的资本主义？为什么还不趁此机会重新修订历史？

中国过去一个世纪之所经历，既包含着极大规模之颠簸，也有无数的纵横曲折。不仅人与人之关系间产生了各种惊险离奇之波澜，尚且在各人心目中引起无限块垒之起伏。要是文艺家和艺术家确切的掌握到当中激昂忧怨的情节，必会创作很多令人肠断魂回的读物和看来胆战心惊的艺术作品，而断不至像今日一样，只有互相埋怨与自我怜惜的书籍应市。可是现在我们到国外各重要图书馆看到历史书架上，有什么资料供人启发？仍是几十年来的专家。他们动辄将一个庞大的题材分割为无数枝节。有的则恣意批评，也不顾及背景上之时间与层次。于是"贪污无能"、"迷信军事力量"和"放弃群众，不知改革"种种罪名，说时也不费力，即可信口开河随意抛出。好像中国人聚全国之精英经营数十年，尚有门前一滩秽水，始终未曾看及，倒有一个外国研究生，写成一篇博士论文，才指点过来。另一派人物对中共的看法，始终未脱离冷战时的观点。这样与时代脱节的历史观，对外国的读者亦为不利。今日美国总统及国务卿与国会山庄提出中国问题时，每次意见相左，也仍是缘于缺乏历史之共识。

中国走上全面用数目字管理之途径后，亚洲其他国家必有相当反应。看来他们也必根据内在的情形，经过一段挣扎，才能组织就绪。可是刻下我们还只能瞎猜。要是自己的立场尚未看清，如何断定人家的出处？要是对本世纪业已发生的事情尚无具体的交代，还不敢承认它们在历史上的长期的合理性，如何奢言对付下一个世纪的未来世界？

所以他说："欢迎修订我的历史观。请向前修订，不要向后修订。"

新时代的历史观：西学为体，中学为用

导言

中国长期革命业已成功。我们同意于张之洞的看法：既要"知本"，又要"知通"。可是在正反前后的程序上接受现实，先有现代化，才能发挥精神与效能。

大概距今约一百年张之洞作《劝学篇》（一八九八年刊），内中提及"图救时者言新学，虑害道者守旧学。旧者不知通，新者不知本"。这是"中学为体西学为用"理论上的根据。

一百年后我们的衣食住行，对人态度、社会习惯，以及日用辞汇，都与晚清末年有了至大的差别，看来接受西方的经验多，全部因袭于传统的有限。这并非我提倡应当如此，而是实际的发展确已如此。

况且我们所引用的"体"与"用"也与前人所叙不同。在我看来，体是组织结构，对一个国家来讲，包括政府行政系统，及于修宪与选举、军备与预算等等。就此看来，今日也仍是受西方的影响大，保留旧有的习惯少。即是今日之悬国旗唱国歌，参加国际会议与竞技比赛，都与体制有关，也都与西方习惯衔合。惟独"用"乃是精神与效能的发挥，反可以保持中国人的习惯与长处，做到张之洞所谓"知本"。

一百年前若有人预知今日中国效法西洋之程度，必定会蹙首长叹。这也是标榜"中学为体西学为用"所作界限之用心。殊不知我们所谓"西学"，大概不过现代的思想与技术，绝大部分只在近五百年内发源于西方。即是西方每一个国家从"朝代国家"改造而为"民族国家"的过程中，亦即从中世纪社会进展到现代社会的过程中，也都要经过一段折磨，也都曾在弃旧从新的过程中感受到体与用间的徬徨。既然如此，我们早已无庸为着"华夷之分"而踌躇。今天的父母送孩子上学，也必叮咛他们注重外文，接受西方的自然科学不算，还要在政治学、经济学、心理学诸方面迎合西方的新思潮。课后也在打棒球、学芭蕾舞、娴习西方乐器，而海外华裔人士之出人头地，也在这方面出类拔萃的为多。这样看来更只有适应潮流，只能体会古今之不同，而无从重视中外之别了。

然则中国传统之长处、宗教思想、伦理观念作人处世的宗旨

张之洞（1837—1909）作《劝学篇》，提倡"中学为体西学为用"。

应当放在什么地方？

我的建议：在答覆这问题前，先将中国历史参照西方政治思想、经济原理，作整面目的全幅修订，看清中国受过西方冲击，百年奋斗后实现现代化之由来。此中结论，必会表现一个新国家之形貌。有了新体制之轮廓，才能决定发扬传统精神之出路。我的看法是：中国长期革命业已成功。我们同意于张之洞的看法：既要"知本"，又要"知通"。可是在正反前后的程序上接受现实，先有现代化，才能发挥精神与效能。此即"西学为体中学为用"的旨意所在。

一　中国需要大规模改造之由来

日本完成西方式之现代化，也加入逼迫，导致八年抗战。抗战刚结束，内战继起。这都是洪荒以来所未有的事迹，在世界历史里也少见。中国需要全面目大规模的重造，而借着这撼天动地的局面完成。

二十一年前我和李约瑟博士（Joseph Needham）合著一篇论文，题为《从技术的角度解释：中国社会之特征》（The Nature of Chinese Society：A Technical Interpretation）在香港及罗马两地出版，后经李氏于一九九一年作最后一次校订，将刊于李著《中国之科学与文明》卷七之结论部分。我也和李氏生前有约：彼此在发表书刊时，均得引用此文的内容。

"社会之特征"文内提起：中国在公元前，即因防洪、救灾及防御北方游牧民族之侵犯，构成一个统一的局面，以文官治国，实行中央集权，可谓政治上的初期早熟。这种发展构成中国文化的灿烂光辉，可是也因为如此日后中国人须要付出至高之代价。

这种说法以地理、地质和天象学的观测作根据，再与古籍对照，以期无所偏激。防洪的原因，出于黄河流域的特殊情形。原来黄河中流，正是公元前一千年至五百年中国人文荟萃之处，当中也正是一段广泛的黄土地带。黄土（loess）主要由风力推运而堆积，因之颗粒纤细，于是黄河也经常挟有大量泥沙，一遇湮塞即有冲破河堤构成灾患之虞。抗战之前夕，一个夏季期间之观测，发现黄河之含沙量达百分之四十六，河南省陕县附近一支流，多至百分之六十三。我们再翻阅《春秋》，看到公元前六五一年齐桓公会诸侯于葵丘，盟誓之中有"毋决堤，毋曲防"的辞句（各书记载字句不同，但大意彼此符合）。《孟子》一书中即提到治水十一次之多，孟子自己又对白圭说，警告他勿以"邻国为壑"（《孟子·告子篇》）。可见得大规模防洪，即须较有力之中央权威，至秦始皇统一全国，碣石颂功，自称"决通川防"，更称秦为"水德之始"，见于《史记》。这样看来，因着自然环境之需要，中国在公元前二二一年的统一，已带着强迫性的力量了。

水患之外，中国又经常遇及旱灾。原来中国的季候风属于"气旋风"（cyclonic）的性格。这也就是说：夏季由菲律宾海向中国大陆吹去的水蒸气，全靠由西北吹来的旋风（cyclone）将之升高，湿气才遇冷凝集为雨。这样一来，农作物需要的雨量，全待两种未知数之邂逅而定。如果两种气流一再在某处上空聚头，该处必有水灾；反之若是两者经常错过，则成旱灾。根据《古今图书集成》及以后连续的记载，自汉至民国元年凡二一一七年，古籍载有水灾一千六百二十一次，旱灾一千三百九十二次。有时水旱并至，其情形见于中央政府的记载。即美国中央情报局观察中国的报告，最近情形仍是如此，我们可以想见《春秋》里面说及因"背粢"或"阻粢"而发生的军事冲突，内中亦有天灾频仍的原因在。只有较大的国家，掌握着不同方面的资源，才能在救灾方面应付自如。梁惠王见孟子，即自称"河内凶则移其民于河东，移其粟于河内，河东凶亦然"，表示着这样的情形。同样局面之下"隋民绥，楚之赢"更把小国和大国间的利害说得透澈。这样看来，始皇统一中国之前战事愈来愈剧烈。更追溯几百年的历史倒看回去，春秋时代之一百七十国归并而为战国之"七雄"，而最后构成秦汉之大帝国，都与上述天候地理的背景上之要求符合。

这还不算，此外"十五寸等雨线"（15-inch isohyet line）也要使统一和集权不能避免（iso 之义为"相同"，hyet 来自希腊文 huetos，为"雨"）。前说之气旋风，也仍受亚洲大陆的限制。因着这限制，我们在中国地图上可以画出一条十五寸等雨线，北方与今之长城大致符合，西方则经甘肃青海而抵西藏边境。凡线之以南以东，平均每年至少有十五寸之雨量，可堪耕作，线之以北以西，则低于此最少的数量，少数民族只能以游牧为主。而这等雨线也是胡汉之分划及少数民族与多数民族几千年长期交兵之处，而尤以气候干旱和人口过剩时为然。少数民族有无须动员的便利。凡马背上之牧人尽为骑兵。多数民族则须征集兵员，改变生活方式，普遍的抽税筹饷。这样也更使中央集权的局面不可

"十五寸等雨线"是雨量分布的界野，也是胡汉之分划及少数民族与多数民族长期交兵之处。

少。《史记》称秦始皇"乃使蒙恬北筑长城，而守藩篱，却匈奴七百余里，胡人不敢南下而牧马，士不敢弯弓而报怨"。近人谓"先安内而后攘外"，同有这背景作陪衬。

因着以上的原因，青铜时代刚一结束，秦汉型的大帝国即开始出现，以致下层无从产生地方性的组织制度，有如各处不同的习惯法。揆诸西欧，尤其是英国的例子，各部落先有其"部族法"（tribal law），逐渐互相融合归并，则成"普通法"（common law），再经过切磋琢磨，才成为现代法律，因之吸收了各地各时不同的人文经验。中国政治的初期早熟，却湮塞了这种进步的机会，汉之"九章律"经李唐王朝袭用则为唐律，经过宋明王朝仿效则成明律，再赋以极少量的更革则成清律。其间二千余年法律的沿革未变。这也就是说：因为政治上的初期早熟，中国只能用社会上原始而简单的因素作全国整齐而划一的标准。

中央集权愈甚，社会之发展愈受拘束，其情形不能在本文内详细的阐释。我在过去所出版的几本书中，如《放宽历史的视界》、《赫逊河畔谈中国历史》以及《中国大历史》，对当中各朝代的情形有比较切实的分析。而中央集权至明太祖朱元璋时达到了登峰造极的程度。我所著的《十六世纪中国明代的财政与税收》，刻下尚无中文版，但已由费正清教授在他的遗著《费正清论中国》里作有整五页的介绍，可以暂时承乏。我尚要在此重复补充加强的说出，则是此书虽注重于十六世纪的情形，然则明代财政设计对上表示向王安石变法的一种反动，向下因被满清承袭而影响到二十世纪，在中国历史内之重要性不容忽视，亦与今人有关。例如：

　　·明太祖对户部官员训话，指斥历代治财能手如桑弘羊、杨炎、王安石都是"聚敛之臣"，也都是坏人。他自己的政策乃是"藏富于民"。自此将唐宋以来扩张性的财政税收反拨而为收敛性。宋代向经济科技最前进的部门看齐，注重开矿、铸钱、造船、发展纺织业。明代向落后的部门靠齐，注重农村内的"里甲"和"粮长"。

　　·朱元璋登极后，于一三七六年至一三九三年间举行四次政治上的大检肃。最初造成谋反及贪污疑案，然后株连人众，罗网愈张愈大，据《明史》估计，因之而丧生者十万人，包括高级将领、政府官僚、地方绅士、家族首长和寻常百姓。经过整肃后全国拥有田土七百亩以上的共一四三四一户，其名单可以呈御览。因此全国户口，大抵为小自耕农，可以水平的课以极低的赋税。

·明制赋税虽轻，而人民仍派有无数差役。如政府内之书手、斗级（仓库内之出纳）、皂隶与门禁均由纳税人承当。兵员有卫所内之"军户"充数，为政府煎煮食盐有"灶户"，看守王府陵墓有"坟户"。而衙门所用文具纸张桌椅板凳，一概向民间无偿征发。及十五世纪后期之后用银，各种帐目又极力归并，其情形仍极散漫。甚至一个卫所（有如独立旅司令部）受十余个州县供应。一县亦同时向数个或十数个开销机关提供给养。全国盖满着如是重复而此来彼往的供应线。凡服务性质之事，如交通通讯保险等亦无法展开。

·政府既无意为人民服务，其衙门职责尽在管教，以维持传统"尊卑、男女、长幼"之社会价值，威权在赋有道德之名位，不由分辨。又加以缺乏健全之司法制度，权利与义务无从互相监督。所谓"贪污无能"，并非时下西方所谓"腐败"（corruption），而系整个系统设计差误，只能在承平时保持全国表面上之对称与均衡；一遇变数，即产生"不能在数目字上管理"之状态。

·明制赋予极少的改革，为满清袭用。自朱元璋开国时一度执行土地丈量外，全国即无整面目之丈量。张居正曾于一五八〇年以万历帝朱翊钧的名义通令全国丈量有意改革，功未成而身殁。清初康熙帝亦曾主持丈量，终无成效。清代土地税之总额亦缺乏伸缩性，所增数额不敌通货膨胀。迄至鸦片战争时，清政府仍无中央银柜。迄至一八九四年中日战争爆发时，李鸿章所筹办之北洋舰队仍赖各省零星接济。及至抗战前夕，多数地区所收土地税仍根据明代底帐。

·朱元璋藏富于民的着想亦事与愿违。他的设计固然足以防制大地主之出现，但是同时也阻止了工业化之前的初期存积资本。而且并非在大多数小自耕农的体制下"剥削"即能杜绝。稍宽裕之农户，稍有储蓄既无处投资，而穷困之户口亦无他处可以借贷，于是收债收租及于远亲近邻，造成中国近代史之悲剧，使多数人口追逐小块土地之收获，只有人口高度增加，无法提高工资，改进生活程度。

总之财政税收上供军队政府，及于国家之高层机构，下达间阎里巷，也与低层组织接触，其本身即为上下间一种法制性之联系。所以这样一个剖面不仅代表岁入度支细民生活，以明清体制之特殊，尚且反映当时政治思想与社会形貌。此种组织方案由朱元璋一手创成，然则归根亦仍是亚洲大陆天候地理之产物。以赵宋王朝之锐意维新，终因地形限制，官僚政治阻挠，金融经济无从全面展开；尚不如北方契丹之辽与女真之金，直接以农民供应牧民，反而直接了当，构成全国皆兵，简单混一，以至战无不胜。明太祖惩毖前弊，以上业已提及。其敷设能前后维持逾五百年，亦值得注意。

可是在全世界发展之过程上讲，其所设施不仅为反动，尚且绝对的不合时宜。明代中期以后欧洲开始现代化，造船与航海事业，有了长远的进步，科技日益发展，国际接触频繁，各国亦逐渐由农业体制进展到商业体制。中国反在此时期内坚持内向，采取非竞争性之立场，宜其以后受迫遇窘。现代经济手腕在利用各地之不平衡，中国则预先造成人为的平衡，只重原始式之生产，不重推销分配。现代之财富不限于可以在农村内屯集之资源，而系一种赋有公众性格的经济权力，可以继往开来。明清之中国人无此观念。

所以近百五十年之中外冲突无不与此体制有关，也因之牵涉到政治思想。及至日本完成西方式之现代化，也加入逼迫，导致八年抗战。抗战刚结束，内战继起。这都是洪荒以来所未有的事迹，在世界历史里也少见。抗战刚开始时，胡适即说中国尚是一个中世纪的国家。以罗斯福对中国之同情，他也说中国尚逗留在十八世纪。美国记者白修德（Theodore White）更在他书中提及"中国若不改革，只有灭亡"。瞻前顾后我们方始了解中国需要全面且大规模的重造，有几百年堆砌着的原因，而藉着这撼天动地的局面完成。反观明代的财政与税收，更可以使我们领悟到问题之症结。这改造的程序却超出中国传统历史的规范。所以我提议就教于西方学术上的著作。

二　近代西方政治哲学与经济思想之大势所趋

从长时间远视界的条件下纵观历史，无从全部客观，必配有主观成分，亦即信仰的因素不能摒除。

　　以下列举西方重要思想家八人，在整个西方思想体系中当然所列不过凤毛麟角。况且要将他们的著作三言两语的摘出来，又不免挂一漏万。可是我的目的不外示范。他们在西方学术界都是家喻户晓的人物，所留下来的重要著作，又大都为一般大学生所必读书，内中警句早经专家指出，有"杨朱为我墨翟兼爱"的明晰。内中也有具争执性的地方，则有其他专家检点，与事实的发展印证，所以所摘虽"简"，却并不一定是"陋"。

　　他们的著述，只代表个人见解，并无不能驳斥的权威。只是像很多中国的大哲学家一样，他们每个人都经过划时代的大变动，所作分析与综合都具有真人实事之背景，所以算有实证主义之分寸。将他们思想里的精粹有选择性的连缀起来和中国现场比较，再又将所得结论与西方现场比较，虽不能称为彻头彻尾的科学方法（因为我们无法将历史放在坩锅或试管里量温计重的重覆考证），总算也尽到历史学的能事了。这也就是说：从长时间远视界的条件下纵观历史，无从全部客观，必配有主观成分，亦即信仰的因素不能摒除。否则又何必借重大思想家？

波丹：《国事六讲》

首先将西方民族国家这一观念揭橥书刊的为法国人波丹（Jean Bodin）。他所著书，题为《国事六讲》（*Six livres de la république*），发行于一五七六年。波丹所谓 république 并非我们所谓民国，而是民族国家，可由国王统制。境内人民尚不必操同一之语言，其中甚可能包含很多小单位，各有其方言及习惯法。只因全境由国王操纵，最先由于武力之征服，波丹书内主张增加国王权力。至于宗教事宜则应对各宗派一视同仁。私人财产权理当保障。王国内之基本单位则为家庭。既然男子富于理性，女子则多情感，社会风气亦应男先女后。儿童则尚未成年，当然居附从地位，仆人亦应由家庭管制。

今日中国读者可能一再阅及波丹书而百思不得其解，只因其文字平淡无奇。若所说只是开明专制，社会具"尊卑、男女、长幼"之序次，则中国古已有之。即张之洞所处光绪朝亦较波丹所叙无逊色。何以作者竟因《国事六讲》享盛名？所著书凭何称西方色彩？又如何与现代化相关连？

原来欧洲在波丹著书时尚是一只脚停在中世纪里。欧洲中古最显著之色彩，即是权威粉碎。我们所熟悉的英格兰、法兰西、日耳曼及义大利大体不过地理上之名辞，即国王亦不过群雄之首，不仅其疆域无从固定，而对臣下亦因婚姻世袭及其他私人关系所订合约而转移，主教亦拥有领土，教规亦为法律，各自由城市亦视其准许状可能在境内节外生枝。其症结则是欧洲之 feudal system 与中

法国波丹（Jean Bodin，1530—1596）作《国事六讲》，主张增加国王权力。

国之"封建"不同，确是十足的将公众事宜当作私人产业处理。（莎士比亚所作《亨利第五》一剧即表示因婚姻及遗传关系，英国国王应兼法国国王。）

波丹提倡中央集权，旨在矫正这些弊病，亦可谓整顿其上层组织。他之所谓尊重私人财产权，势必将"管制"与"享有"分作两途。以家庭为本位，亦即提高一般平民身份，而低调于当中贵族体系。他之对宗教信仰取宽容态度，势必减杀教皇与主教之威权，而使民族国家之行政更世俗化。凡此都表示西欧诸国与中国相较，政治组织发展晏迟，日后方始后来居上。波丹倡言一个国家必有其灵魂与躯壳，已与我们所谓体与用之关系近接。波丹虽未明言组成此民族国家之目的何在，但是各有其固定之疆域及

完整之最高主权，必有朝经济方面发展具竞争性之趋向。

一个世纪之后，法国国王路易十四将波丹所提倡中央集权宗旨迈步施行，海陆军向国境东南北三方拓土，使疆界领域更整体化，通令境内居民一律用法语，凡尔赛宫内之官僚组织体制庞大，其成员为平民而非贵族，法兰西已成为一个民族国家。其弱点则是不能消除内在基层贵族僧侣之重楼叠架，尚待十八世纪终之大革命解决。

马基雅维里：《君王论》

马基雅维里（Niccolò Machiavelli），义大利之佛罗伦斯人。

意大利马基雅维里（Niccolò Machiavelli，1469—1527）作《君王论》，道及君王令人敬爱不如令人畏惧有实效。

他的名著为《君王论》（*The Prince*）初刊于一五一七年，此书此人在西方亦引起争端。他曾侧面道及，君王既受全民之托，生死与共，则不能在行事时受一般道德习惯约束。于是君王用诡计亦为之，主持谋杀亦为之，其为令人敬爱则不如令人畏惧之有实效。赏则要绵延不断的零星付出，使受者经常带有希望而长此感恩图报；罚则要一次罚清，以免臣下猜忌而谋变。书中无道德观念，提及人类之坏性格亦曾未矜饰。

只是已有专家指出：马氏所述并非人类应当如此，而是在文艺复兴期间已确是如此。况且《君王论》亦暗示现代社会一个重要原则：公众道德与私人道德不同。一国之首，不能一味顾及本人之清名亮节而贻患于部属及人民。其"我不入地狱谁入地狱"之牺牲精神，有如明代首辅张居正。居正尝自谓"此身不复为己有"，又自谓如荐席，可以供人践踏，供人溺溲。今之革命志士尤其无法脱离此精神。

霍布斯：《巨灵》

霍布斯（Thomas Hobbes）为英国内战时人物，其所作书《巨灵》（*Leviathan*，或译《利维坦》）发行于一六五一年，书从初民坏性格说起，当时无政府无法律，因为多数人追逐世间少量福利，免不得动手厮杀，是为"所有人与所有人作战"之阶段。人人均有惨死之可能，于是他们相互协议，组织政府，各人放弃一部分权力，授权于"巨灵"。此巨灵乃成为一个全能性政府，他可

英国霍布斯（Thomas Hobbes，1588—1679）作《巨灵》，建构所谓的"全能性政府"。

能为君主制下之一人，也可能为代议政体下之多数人。巨灵以所授权之集体性格对付各个人，因之他之旨意即为法律。

在霍布斯体系之下各人财产所有亦由此巨灵制订，是为"分配资源"。英国之分配资源以威廉第一为准则。威廉自一〇六六年由诺曼第渡过英伦海峡而入主英格兰，他曾以英国土地约六分之一隶属王室，其他则以裂土封茅的方式遍赏臣下。《巨灵》书中提出此准则，亦即承认征服者有权处置被征服者的资产。在威廉以后举兵者亦然。即经过兵燹而原封未动的，亦等于新征服者以原产业授与现有人。

《巨灵》书内说明：如果国家最高主权人放弃政府亦未留继承人，则政体解散，一切重来。如果巨灵无巨灵之威力，不足以制压强者保护人民，则人民亦当停止服从，至此也是政体解散，恢复到"所有人与所有人"作战的阶段，迄至再一度另一巨灵之出现。

霍布斯性格偏僻古怪，他所写政治哲学，以自然科学的方式出于笔下，描写似漫画，读来似愚言。然则仔细想来，其文字仍含至理：有如满清颠覆，袁世凯帝制自为而失败后，中国进入一段军阀混战之局面，此亦即是"所有人与所有人作战"之阶段。当时既无有效之法律，也谈不上公平与不公平，只有力量与欺诈才能算数。倘使长此下去，甚可能进入霍氏所说"无法产生关于地球上的知识，没有计时的才能，无美术、无文学、无社会"。即今日以原爆作战也甚可能产生此万劫不复之境界。

霍氏与发现血液循环之哈威（William Harvey）交往。《巨灵》

书中也提及新型国家生理之一面。此种国家之税收解入国库，又因为支付分润各地，凡经行之处，一体繁荣。他所未及言明的，则此大动脉旁之各细胞亦必具备公平而自由交换之能力，才能在金融流通之中收到泽润之功效。

洛克：《政府论二讲》

洛克（John Locke）是英国光荣革命（Glorious Revolution）的发言人。他的《政府论二讲》（*Two Treatises of Government*）发行于一六九〇年，而尤以当中下篇至今在美国仍然脍炙人口，因其提及私人财产权，不引用武力，最符合当日英国在北美洲垦荒情形。

洛克称上帝以全世界之资源分配于全人类，凡人以一己之劳力与一部分之资源混合，即成为其私产。他说："我的马所嚼之草，我的仆人（洛克承认奴隶制度）所刈之草地……都是我的人身财产，用不着任何人授权同意。"此情景固然适合于荒地。可是对人烟稠密耕地久历沧桑如中国者如何打算，未为洛克提及。我们只能想像，洛克之解释，已隐蓄着

英国洛克（John Locke，1632—1704）作《政府论二讲》，支持"社会契约"的说法，契约无待全民的参加，只是少数服从多数。

"劳力价值论"（labor theory of value）之一观念，所以中国提倡的"耕者有其田"之建议，应与洛氏所说不相冲突。

"社会契约"的说法，见于霍布斯笔下，也得到洛克的支持。《政府论二讲》所述契约无待全民参加，只是少数服从多数。芸芸众生，只要含默的认可（tacit consent），即已等于投票赞成。若是有人始终不能同意又如何处理？洛氏认为此等人应赋予出境流亡国外之自由。

亚当·斯密：《原富》

亚当·斯密（Adam Smith）及马克思（Karl Marx）均被人视作与资本主义有切身关系。前者甚至被人恭维其为开山老祖，后者则称为其劲敌。其实二人一生著作全未在辞汇上引用出来"资本主义"此一名辞。马克思在说及"资本家时代"之后，用德文引出Kapitalischer Grundlage，直译为"资本体制之立场"，今人已有意译为"资本主义"者，文义上似无不可，但在专门名辞于历史上之发展之程序则不符合。

斯密所作《原富》（An

英国亚当·斯密（Adam Smith，1723—1790）作《原富》，倡导自由贸易。

Inquiry Into the Nature and Causes of the Wealth of Nations，或译《国富论》），发行于一七七六年，与美国宣布独立为同时。此书并非资本主义之经典，而实为倡导自由贸易之长篇论文。书中将自由贸易及政府无端干预之利害据实直书，列证极详，所以斯密在本文所列思想家之中为最具有实证主义的力量之人物。

《原富》书中提及中国地土肥沃，人民勤奋，全国富饶，曾一度被外人称羡。近数世纪则毫无进展，想见其原因在于法制之阻碍此国家向富饶方面继续进展。以下一段又对当今中国最有参考价值：

> 在不同时代及不同国家里趋向富饶的进程中产生了两种政治经济体系足以使国民富裕。一种称为商业的体系；另一种为农业之体系……商业之体系实为现代体系。

马克思：《资本论》

马克思无疑的是世界上最伟大思想家之一。他的长处是对弱者同情，眼光宏远。但是他行文无纪律序次，有时先后矛盾，是以极易为后人断章取义的借题发挥。《共产党宣言》与恩格斯（Friedrich Engels）合著，发行于一八四八年，用以支持当年欧洲各国之革命，其主题在阶级斗争。罗马帝国有贵族、武士、平民、奴隶，中古时代有领主、陪臣、农奴、行会业老板、徒弟等等，迄至今朝则唯有城市之小市民阶级凌驾于无产阶级劳动者之头上。但是此资产阶级自掘坟墓，他们扩大生产，集中城市人口，增进交通通信，等于替造反开方便之门。无产阶级与资产阶级之斗争必然引进共产社会，兹后之社会即无阶级。马、恩一方面提倡工人无祖国，共产党人发难应自全世界着眼；一方面又在战略上叮咛共产主义之斗士要适应环境，各依本国工业化之程度而转移。《共产党宣言》对全未及工业化之国家如中国应作何区处，无片言只字的指示。马、恩一方面表示其激烈态度，倡言"强力推翻现有一切社会条件"，一方面仍主张循序渐进，如实行累进所得税、停用童工、提倡义务教育，此种种举措即在今日资本主义国家亦早已是家常便饭。

《资本论》三卷发行自一八六七年至一八九四年，后二卷由恩格斯编订完成。第一卷可称为"资本主义之生产方式"，揭橥着"剩余价值"（surplus value，德文 der Mehrwert，马氏大部著作以德文写出，《资本论》外尚有《剩余价值论》三卷）之名目。资本家雇人工作，是为购买工人之劳动力。马氏根据古典派经济学家李嘉图（David Ricardo）之说法，认为工资不外使劳动力继续不断，亦即所付费足够劳工衣食生活

德国马克思（Karl Marx，1818—1883）作《资本论》，剖析资本主义之生产方式和分配方式。

等等之必需，不多亦不少。但是劳工工作之制成品其价值超过于工资，此超过部分，则为剩余价值。此卷一最具有意识形态，亦最有争议性。卷二可称为"资本主义之分配方式"，及于销售运输。卷三为生产及分配之综合。

《资本论》不计及资本家承担风险筹谋组织之贡献，不计及生产分配以外影响经济之其他因素，所以经济史学家熊彼得（Joseph Schumpeter）称马克思仅提供理论上之技术，亦即一种思维之方法。既如此则不能表示现代经济之全貌。今日看来马氏之指摘，大部系十九世纪初期欧洲形貌。

剑桥经济教授娇安·罗宾逊（Joan Robinson）指出，马克思在《资本论》里述及"利润比率"（rate of profit）之观念，利润比率即净得利润与支付工资及购买原料、承担机器折旧等总和之比率。换言之，亦即每一年度内利润与投资相对之比率。卷一称此比率经久不变，卷三却说及此比率因科技展开、生产技术增进、资本家又彼此竞争而下跌。如照卷三所说，工资亦必因之而上涨。

罗宾逊为具社会主义性格之经济学家，对中共向具同情，亦曾往中国大陆多次。她著书称，前人所说资本主义社会里劳工悲惨情形，现查已与事实不符。刻下资本主义国家及社会主义国家内之劳工均已丰衣足食，惟独尚待开发国家内之劳工则尚面临悲惨境界。此亦根据《资本论》卷三所述生产技术增进工资接踵上涨之明证。

卢梭：《社会公约》

卢梭（J. J. Rousseau）与黑格尔（G. W. E Hegel）同为著述丰硕之思想家。他们所处时代不同：前者成名于法国大革命前，为人尊奉为罗漫主义之开山老祖；后者享盛誉于拿破仑战争之后，为创造思想体系之哲学家，以理想主义及辩证法而著称。卢梭所习惯的为瑞士村镇中之自治，黑格尔所憧憬的则为他自己未及身见的统一之德意志帝国。两人之见解均具争议性，也曾为人引用支持他们各别的政治见解和政治运动。此间我所提出的纯在二人共通的"公众之志愿"（General Will，或法文 Volonté Générale）的一观念，并且以在历史上的解释为主旨。

法国卢梭（Jean-Jacques Rousseau，1712—1778）作《社会公约》，否定各人自行其是的自由。

卢梭所著《社会公约》（*Social Contract*，或译《民约论》）发行于一七六二年，较《原富》稍先，但与《资本论》相距则至少有一个世纪，书中否定各人自行其是的自由。一个人享有自由获得权益，其大前提是此人为社会之一成员。倘非如此他又有何资格，据何凭借迳自称有此自由享此权益？而此项要求又向何人提出？

所以卢梭之言论最表现现代社会之集体性格。《社会公约》内称一个国家有如一个具道德性之个人。他一方面要保持本身之绵延不断，一方面也要"具全般的及带强迫性的力量，去推动并安排各部分，使他们对全体有最大的利益"。

黑格尔：《权益之哲学》

黑格尔《权益之哲学》（*Philosophy of Rights*，德文 *Grundlinien der Philosophie des Rechts*）出现于一八二一年，内中将公众之志愿说得更明朗化，亦更多历史含义。黑氏提及一个民族和一个国家内部纵多元化，要必具精神上之团结，方能决定本身命运并执行本身意志。但公众之志愿亦不待彰名较著的宣扬提出，而可以积年累月含蓄默默的进行保持。因为逻辑性之现实多时超逾人身经验。因之黑氏指出纵时代伟人亦难能凭一己之意志将之全部操纵。（至此可以看出黑氏无意支持独裁政治。）他们不过较旁人所见略多，能协定诸般力量而已。采取此立场，黑氏尚且反对凭空修宪。宪法产生于

德国黑格尔（George Wilhelm Friedrich Hegel，1770—1831）作《权益之哲学》，认为宪法产生于历史，"并非全部出于制造，它是亘多世纪之成果"。

历史，"并非全部出于制造，它是亘多世纪之成果"。

我的经验是：一个学人如对上述纲要或类似的了解充分掌握，对中国近代史之展开，必多积极性的看法。

三　中国现代史之轮廓

"只有改革才是大道理"，这句话笼括着中国今后动向，也宣扬着继蒋介石、毛泽东后中国长期革命中的第三阶段的主题。

二十世纪初期中国尚在满清末季，其上层组织为君主专制，以昊天诰命的名义执行，带有宗教性格。基层原以小自耕农为骨干，近数十百年来佃农问题亦逐渐引人注意。但是除了一九二九年金陵大学农学院作过一次局部实地抽查外，其情形不得其详。一般印象则与传统观念相反：农村问题最大关键在于"贫"而不在"不均"。耕作地既分割至细，则每一单位无从获得有意义之剩余，总之即不能存积资本；租佃问题只使个人间关系更为紧张，却不能再更变整个局面。农村内之劳动力亦为此种小块耕地所拘束，大部系低度就业（under-employed），剩余之劳力亦无法输出或另谋生计。土地税之收入为数亦至为有限，只能供应传统式之衙门而无从用作任何突破。中国之被称为"一穷二白"，不可能未具备基层之原因。

至于上下间之联系，前在阐述财政税收情形时业已提及。在满清末年主持此联系者仍为由科举制度及其附属机构所培养之士大夫阶级。他们入朝为官僚，退职为乡宦，考试之前各省派有名额。（传统习惯即称此为"选举"。）诚然他们可以在国家与社会间具有韧带式之功能，只是他们共通之特长无非"诗云子曰"的文墨及意识形态，只能用作维持"尊卑、男女、长幼"之社会秩序，即间或有能臣，其所设施具有政治军事经济价值，亦因其为非常状态，缺乏上下侧面之支持，无法造成体系，不能持久。

这是一种令人感到窒息的状态。传统体制上的弱点既在十九世纪彻底暴露，二十世纪之清算旧体制有如摧腐拆朽。昊天明命的专制皇权既已于一九一一年被推翻，而维持上下联系之文官组织尚因在六年之前放弃科举考试而整个体系动摇。基层之情形更早已失去掌握。如果历史真能纳入试管，民国肇造以来的事迹可以重演的话，则前段所列西方政治经济思想家，应能对重演的事迹提出若干预测。

这也就是说，历史观点无非就今日立场将过去事迹回溯倒看过去。我们既已身历百年来大变动之后果，理应能推究其前因。只是如黑格尔所说，逻辑性之现实可能超过人身经验；亦即百年来发生之情事经纶万端，内外前后互为因果，看法亦可千变万化。我们极易将偶然细节视作千钧重点，或将切身感受，认为全般状态。所以亲身只眼体会之不足，尚待引用思想家之分析补助。而以上诸人所著书，正符合刻下之需要。我们重新检讨中国近代史及于一九一二年（民国肇造）至一九二六年（北伐开始）

一段，再从后向前倒看回去，则可以感受到以下的倾向及征兆。

· 这国家正酝酿着一个划时代的大变动。主因为传统体系无法改造利用。凡上层机构、下层组织及上下联系均须重建。

· 民国初年所修宪法、约法以及召开的议会注定无实效。它们非历史产物，而系仓卒制造。它们本身尚为社会之外界体，不可能与基层接触。

· 行宪失败，军阀割据不能避免。在"所有人与所有人作战"的阶段内，只有私人军事力量，以人身关系联系，用不正规的财源支持（如鸦片专卖）才能差可维持秩序。军阀之弱点不在违法（此时已无有效之法律可守），而系不能保国卫民。以中国幅员之大，军队指挥全赖私人关系，其经费来源又不规则，即至难在一两个省区之外收效。是以军阀连年火并未已，遑论及创造新体系，是居"巨灵"之位而不能提供巨灵之功用。

· 次阶段才为革命政权之兴起，然而纵如是，革命政权，最初亦只能在军阀体系之根基内产生。不过人身关系可以逐渐代以革命意识。鸦片专利式之筹款，逐渐代之以较正规方式，如收回关税、向外借款等。在技术上讲其衍变仍为渐进。

· 革命政权首先重创新中国之高层机构，使国家能独立自主，但终亦必改造其基层。整个体制改变有以下诸特点：

·商业性法律代替农业式之管制。

·为赋予各个人公平而自由交换之能力，"劳力价值论"将被引用。

·干预私人财产权限于军事行动及尚未复员期间。

·改组成功之后国家社会具有竞争性之经济性格，也能用数目字管理。

·此种广大的群众运动有军民广泛而不惜牺牲的参加，无疑的背景上必有"公众之志愿"在。但是在过程中即领导人亦无从全部了解其行动之真意义。况且利用群众心理，又为任何革命行动中不可或缺，所以在行动的过程中，有意与无意之间必将产生歪曲事实之意识形态。凡此均待编修历史时订正，使事势确定而不可逆转时，使全民能接受历史之仲裁而赋予含默之认可。

有了以上的了解，我们可以明白看出：北伐开始蒋介石与当日之国民党之所作为实系替新中国创造一个高层机构，包括形式上具有全能性的政府，统一军令下的国军，全国通行之币制，数百年来未及施行之征兵法等，从兹获得外强承认。此工作之一部在一九三七年以前借北伐及中原大战时推行，当时仍接收笼络收买军阀部队，如是继续至抗战时完成。

此项工作不能得到好评，而且受"贪污无能"之指摘者，实因高层机构仅具轮廓，并无基层组织在侧后支持。纵即国家具现

蒋介石（1887—1975）与其形式上具有全能性的政府，1937 年以前，一面北伐，一面接收笼络收买军阀部队，直至抗战完成。

代形貌，社会依然故我。有如新型军备器械经行内地，民间无适当之交通工具策应。兵役实施不如理想，则因健全之司法体制尚付阙如。国民之识字率亦不及百分之十。其至军中不能以阶级服从、权利义务重重节制，而系倚靠人身关系以"有面子"及"无面子"之落后的社会价值维持。此情形亦等于骨骼具在，其筋肉血脉及神经系统疏松残缺，仍不能作正常之运转。

责备蒋之不能整饬内部，批评者须先看清中共企图翻转改造中国低层组织之困难情形后方能作定论。

及至国军撤退至台湾后，乃因此地无大陆一片赤贫情形，日据时代亦在社会改组略具根基，乃可以陈诚主持之一九五三年"耕者有其田"之法案强迫地主以低价出让限额以外之田土，由佃农接收（仿麦克阿瑟在日本之土地改革），并接受美援（至一九六五年美援停止时共得十四亿美元），才避免社会冲突，收到改组基层之实效。又在一九六七年颁行新税制，全面增税，打破传统经济在低范围内保持平衡之局面。增税收入则将国民义务教育由六年延长至九年。台湾今日之推行民主不能不归功于数十年之预备工作。

改造中国之基层，其最艰巨一部分工作仍在大陆，由毛泽东及中共执行完成。

中共与国民党联合之后交兵，一九三七年放弃内争而共同抗日，抗战中途又再度反目，终于对日胜利后展开全面之内战，此中头绪纷纭。可是今日局势澄清，我们可以看出：创立新中国之高层机构及重新再造基层同属艰巨工作，虽则事势上须要联系，技术上却至难并容。蒋之创建高层，旨在救亡图存，凡参加者来者不拒，不仅兼并异己，尚且招揽争取军阀残余及社会上之旧势力，以期用现有力量突破难关。毛及中共之改组基层有如更换地毯，必须掀动全局，无可妥协。只因此间之分歧，两方之对外政策、动员程序、宣传组织始终南辕北辙。

两党之分裂背离固然始自一九二七年四月蒋之"清党"，可是清党运动前中共亦已暴露其背离态度。此时争辩谁是谁非无益，总之中国之长期革命受内外煎逼，时间短促。群众运动亦有如各个人，有自卫而图生存之必要，此为内战之核心原因。

此间尚值得注意者则最初多数共产党人，亦如其他国际共党，旨在遵循马克思及恩格斯之信条，活动于大都市，集中于经济前进部门，不意中国新兴工业范围狭小，劳动阶级力量脆弱，一经国民党摧毁，只有接受毛之领导。从兹中国之共产运动主体上只是一个农民运动，专注于社会之最基层，迄至一九四九年毛亦无意另自构筑国家之高层组织，大部队只用无线电联络，整个摒弃都市文化，亦不沾染金融经济，以干部开会讨论方式代替职业性之官僚机构。如此虽与蒋及国民党成为生死对头，在历史发展的过程上讲却又有分工合作的功效，也有如接力运动。

这长时间和大规模的群众运动，无人能全部掌握，构成整体的腹案，处处按计划执行，而是各尽人事。只因为问题之庞大，超过任何人事前预计之眼光。只到社会里的各种因素全部投入历史与战争的大熔炉内，这些因素的消长变化，凝聚而为"历史上长期的合理性"（long-term rationality of history），才符合黑格尔所谓"逻辑性之现实多时超逾人身经验"的说法。他和卢梭所说"公众之志愿"的内容，至此才全部揭晓。

以"贪污无能"四字指责蒋介石的人，大都尚未了解他手下问题之大。国军在大陆的失败，实际由于在城市中构成的金融经济，缺乏农村全面的支持，在入不敷出的情形下终至破产。中共发展到今日之情况，大都亦系摸索而来。总之当初发觉与国军作战，不得不以土地改革为饵，诱导农民参加。以后一步逼一步，明知地主、佃农、富农、贫农当中区别有限，只是不彻底杜绝"剥削"，无法突过难关。及至没收地主土地按口均分之后发觉此非长久之计，乃决定由合作生产至集中生产，才有大规模之人民公社。

可是纵如此，数亿人民失去支配本身命运之权利，虽"解放"而全部农村仍只被搓捏而为一个庞大的扁平体，既无法制也缺机缘使农村内剩余的劳动力向其他方面另寻出路，而毛自身也发觉解放已到尽头不能再解放的徬徨……他晚年一心与天地同高，去长江大河巨海中游泳，经常数日数夜不得成眠，从一个革命的理论家和实践者转变而为一个脱离现实的诗人与艺术家。固然他的私生活不足以毁灭他的群众运动；只是他已冒险犯难解决中国几百年留下的大问题，却又使今后的局面停滞，他自己也应知道此非历史的决策。所以他最后与尼克森修好，已表示有打破局面的趋向。

其实即在"文化大革命"前后中国社会并未完全停滞。此时政府以低价向农民购买粮食，也以低价配给市民，借此压低两方工资。据北京国务院一个研究机关的估计，中共"统治"之前三十年，全民吃大锅饭穿蓝布袄，节存得一段资本。内中农民之贡献即值六千亿元（人民币，一九八五年价格），成为邓小平改革开放之本钱。

"只有改革才是大道理"，这句话笼括着中国今后动向，也宣扬着继蒋介石、毛泽东后中国长期革命中第三阶段的主题。在重商主义的气氛下，经济生活不仅要提高人民生活，并且尚要在交往进出之间厘定国家的新法律。近年大陆草拟并公布的法律，如公司法、劳动法、保险法、对外贸易法和国家赔偿法等即是重订上下间法制性联系的表现，借此构成永久体制。

难道过去全无类似的条文与例规？当然具有。可是能否行得通，其能通行的范围则成疑问。原来一项法律能否执行生效，全靠社会之强迫性（social compulsion）在后作主。过去中国之立法表面上现代化，实际与人民生活习惯相违或互不衔接，其辞句读来似外国文，宜其无法通行。再向其侧后看去，则是民间的经济因素无从公平而自由的交换，政府的财政税收开支也不能在数目字上管理，所以外强才要开设租界，制立领事裁判权，从事内河航行，进而划分势力范围圈。这也就是说，民族、民权与民生，都有彼此关注、互相牵引的作用。除非有体制上的改革，无从局部的现代化。

今日之中国绝非所有的问题均已解决。但是经过近五十年的彻底破坏和以后的重新部署，规模已具。即大陆方面的经济发展也可以自乡镇工业着手，即是上下左右可以交流贯通之明证。此中情景已逐渐与西方习惯衔接，也与世界潮流融合，此与传统的尊卑、男女、长幼之社会有了至长至远至大的距离。

四 中学为用的缘由及应赋予的考虑

> 每一民族和每一国家在其发展的过程中即已创造其独特之风格，系长期累积而成，不容临时制造之凭藉。

如上说来，中国长期革命已告功成，中国历史既与西洋文化汇合，百年来的改造与奋斗也可以用西方科学知识与政治经济思想解释，从今之后，中国是否应放弃传统文化而彻底抄袭西方？

在答覆这问题之前，我须要提出两个例子。日本在第二次大战后被美军占领了七年，也曾接受麦克阿瑟主持的"再教育"，只是这国家传统精神之称为"神道"的只有较前更蓬勃。原来神道并无不能解说的奥妙，无乃穿鲜明净洁的衣服，应山川自然之灵气，在日用生活中掌握到适时动静的诀窍，以便和宇宙之运转呼应。如果在精神上能与大自然的力量凝聚，也可以在一种诗意的情绪下，算作进入了永久生存的境界。用这种信仰与习惯去支持军国主义固然可以乘"神风"而升华，可是用以探求科技，协定工商事业，也可以精益求精，在个人及团体间，感到互助互信的功效。日人即用以资助战后之复兴，保持民族精神而在和平竞争之中占先。

新加坡华裔人口占百分之七十，传统儒教思想具在，其他以马来民族的成分多，信奉回教，附近也全是回教徒之领域。两种传统之精义，均主敬而重纪律。如果星岛骤然放弃这传统的纪律，则对内对外关系都难维持。所以此城市国家一方面极力吸收西方的长处，一方面亦断不容近日西方个人主义及放任主义假自由之名破坏此纪律。虽说创制伊始，做作得过火，却绝非无民意支持。

德国十八世纪哲学家赫德（Johann Gottfried von Herder）在写作时极力倡导"民族精神"（Volksgeist）这一观念。他认为每一民族和每一国家在其发展的过程中即已创造其独特之风格。这民族精神之一观念，也是黑格尔提倡宪法乃系长期累积而成、不容临时制造之凭借。

说到这里我们也面临另一问题。我作此文时，中国正被东方西方很多国家猜忌。一般的观感：像中国这样一个国家拥有十亿以上的人口，尚拥有原核武器，预计下一世纪里，她的国民生产毛额也要居世界第一（此种估计凭何标准，是否实在不计），何况自人民共和国成立以来又屡与邻国发生武装冲突，尚且……扩充并提高军备，筹议建立远洋海军。因此若干美国人士公然提出拆散中国和堵截中国。当中一个比喻即是今日之中国，已有如第一次世界大战前的德国。而我在此时提出发扬中国的民族精神不算，尚且引用德国学者，这不是火上加油，增加中外间冲突的可能性？

我的答案如此：赫德所提倡的民族精神，并非穷兵黩武，而系有创造性及艺术性的成就，见于诗歌及文艺。主张这样的见解也不只他一人，像英国政治家柏克（Edmund Burke，原籍爱尔兰）反对法国大革命之过激，主张对美洲殖民地宽厚，至今被奉为欧洲保守主义之巨擘，也曾提及若国家为国民公约组成，这公约应包括死者、生存者及尚未出生之下一代，保存着科学和道德，不能像买卖胡椒、咖啡、烟草与印花布那样的方便。而我在这里提出的民族精神也非暴虎凭河死而无悔的匹夫之勇。那样粗犷性格始终不是中国人之本性。

如果我们引用长远眼光纵观历史，不难看出中华民族特出的精神，无逾"人本主义"的根基巩固。人本主义（humanism）即是以人情为主体。其立场并不反对宗教，但无须宗教之神秘性格，有如"祭如在，祭神如神在"和"敬鬼神而远之"。它也不待于逻辑之完整，因为逻辑乃是办事时之工具，并非掌握全部人类思潮之主宰。所以"见牛未见羊"、"君子远庖厨"、"闻其声不忍食其肉"。中国之人本主义尚且不分畛域，有接近世界主义之趋向，有如"舜东夷之人也，文王西夷之人也"，和"昔黄帝有子二十五人，或内列诸华，或处分荒服"。也必会站在防御战的立场而不主张发动侵略战争，才有"矢人惟恐不伤人，函人惟恐伤人"的说法。而其最重要的关键则是"不为己甚"、"忠恕而已矣"。

儒家的思想，纵受法家与道教的折冲和调节，主要的是一种人世的思想。个人之希望永存，也不过敬宗法祖子孙相继在血缘关系上得到永久的存在。因为爱自身才推己及人。于是是非之心、恻隐之心、羞恶之心一时并往诸来。因之才老吾老以及人之老，幼吾幼以及人之幼，才有修身齐家治国平天下的秩序。

这样说来，我岂不是也陷入"诗云子曰"的窠臼，在宣扬"尊卑、男女、长幼"的社会价值，回归到鲁迅所谓"吃人的"旧礼教？

此间有一个根本的不同，这也是"西学为体、中学为用"的精义之所在。君主专制体系之提倡道德，以狭义的道德，写进硬性的刑法里去，"诗云子曰"构成士大夫特殊人物进身之阶，各人以道德标榜自称君子，斥旁人为小人，以发动党争，争取名位。"体制"与"用途"之不同，有如"政"、"教"之分离。今日提倡之伦理道德，则在程序上次于法律，而品位上高于法律。各人既为公民，首先必受权利与义务的约束，断无不守法而知礼的道理，也不当以名誉要挟，逼人为善，更不能以一己主见，自以为是"理性"而违反经过技术上程度之立法。

中国革命业已推翻了"尊卑、男女、长幼"的桎梏，因为这种教条成为法律，造作人为的不平等，妨碍社会上公平而自由的交换，迟滞了社会的进化。可是这并非主张在百姓日用的场合上讲，连各人自动的敬老尊贤也要摒斥，家庭间成员的分工合作之和谐也算反动。"藏富于民"做得不好，使税收短缺，政府无从为人民服务，于是只重管束，已经我们批判。可是这也不是主张民间应无丝毫储蓄，所得应涓滴归公。提倡"西学为体，中学为用"可以判明此间之是非。

而且中国人人本主义的精神始自家人亲友，也无法禁断。我随意翻阅台湾的报纸刊物即发觉许多作品提及母爱，情绪细腻而洋溢，为其他各国现下文艺之所未有。朱自清所作《背影》，叙父子之情，为我年轻时读过，今日仍为台湾若干学校选定的读品。我数十年不去大陆，旧地重游时发现凡所交往接触，昔日之人情味依旧。可见得传统文化的力量源远流长，不因体制改组而消灭，虽"文化大革命"亦不能使其动摇。

中国人所谓"学"含义极为广泛，包括自然法规（law of nature），诗歌文艺，人伦道德。换言之，不仅是知识，实际是教育。所以古籍中很多资料，而尤以《诗经》、《四书》、《左传》、《庄子》和《史记》等，或陶养性情，或放宽视界，而帮助年轻人自我的树立律己的原则和主敬仗义的精神。从这些资料中，我们也才能产生海内外华人之共识。我主张多采用作小学中学内的国文教材。既称为"用"，则可以接受过去的安排，不必另造成系统，指定解释的权威。这些资料的引用，当然要有选择性和适应性。我们当然知道今人无法守"三年之丧"，也不能动辄"触槐而死"，也不能因人家"日进车骑美女"即仗义轻生。我们要知道时至今日，在美国教堂里做礼拜，牧师与信徒读"摩西十诫"，犹且将"你不当觊觎邻人的妻子"和"你不当觊觎邻居的牛"说在一起。我曾亲耳听到一位"星期天教师"（sunday school teacher，当成人在教堂礼拜时，在隔室以基督教义讲释于孩童前的教师）说及，当她讲释耶稣教人被旁人批颊时，可以将另颊请他照批一节曾引起孩童的轰动。他们都说要是被人欺负而不还手，他们的父亲将会不理睬他们了。此中包括一个言辞与习惯的问题。以纪律约束自己的贪枉和替对方着想都是基本原则，如何实际运用今昔环境不同。

五 "用"必须因"体"而调节

朱熹与王阳明诸人，未能在官僚政治之外另辟蹊径，中国才在二十世纪需要全面改造，推究其因果时我们只得借重西欧的哲学家，而在体制上讲，中国之现代化与西化区别至微。

从最长远的眼光看来，中国历史之发展，以公元前因环境需要构成政治上的初期早熟，所有文化上之传统即在此时定型，所以我提出的古籍也以此期间为主。冯友兰著《中国哲学史》即泛称秦汉之交以前的四百年为"子学时代"，收获最为丰硕。兹后自董仲舒迄康有为前后亘二千年统为"经学时代"。此期间的学者大体只重新解释经典，无非"旧瓶装新酒"。他不可能对这段时期特别推崇。"中国在许多方面不如西洋，盖中国历史缺一近古时代，哲学方面，持其一端而已。"我读来深具同感。

上文提及此二千年来法律既无新创意，经济进后反退，政治思想里即不可能有划时代的突破，总之即无法避免官僚政治的体系。宋儒所提倡非只个人之修养，他们以为用宗教式的虔诚感应，透过正心诚意，即可以治国平天下。因为物有阴阳，气有清浊，即反应而为事有正邪人有善恶，或依"天理"，或循"人欲"，因之将所有的技术问题说成一个道德问题，导引出来"君子"与"小人"之争。至此将伦理之理、心理之理、物理之理和地理之理混为一谈，用美术化的方法互相影射。我已在《赫逊河畔谈中国历史》书内有专题的批判。李约瑟博士也早已在《中国科学技术史》之卷二说及此种见解，在尚未产生一个"牛顿型的宇宙观"之前，先产生了一个"爱因斯坦型的宇宙观"。总之其结论则是"不能用数目字证明"。我尊重各专家从心理学的立场研讨理学可能的功用，或从社会学的立场分析理学家之背景（即李约瑟批评理学和《易经》，也要经过研读的阶段）。可是我不能从长远的历史眼光看来，承认宋元明之理学是推进中国之工具，尤不能相信它代表中国人之民族性格。

明代心学之最高峰以王阳明为代表。他否定知识出自客观，他的口语为"天下无心外之物"。其所牵涉我已在《万历十五年》一书中叙李贽时提及。最近蒋介石之文件公布，内中表示他本人受王之影响极大（因之台北之草山经他住过即名为"阳明山"）。王阳明之"知行合一"被蒋更推进一步，成为"不行不能知"。蒋之领导抗战最先无全般计划，无预想出路，无友邦支援，无财政预算，只以被逼不已，铤而走险，企图死里求生，虽处旁人感到绝望境界而始终不承认现实，而抗战也终因此获胜。我已从《大历史的角度读蒋介石日记》里推崇他的度量与气魄。可是我仍只能承认他的倚借是一种革命心理，他自己也认为这是一种行险侥幸的办法（他自称"瞑眩瘳疾"和"孤注一掷"）。所以我不能认为这是一种正常的哲学。我对王阳明的看法，亦复如此，"天下无心外之物"过于主观，不能构成共识，而终明代王学也只能产生一种分裂的作用。

在叙述经学时代时，我接受冯友兰的见解，承认中国哲学家并未在这两千年内打开出路。当然这样的否定，并非绝对。中国人创造的佛教教义透过天台华严诸宗以"一即一切，一切即一"作为团结的力量，不能抹杀。即不能极度的恭维朱熹与王阳明诸人，也并不是要将他们的名字，摒除于中国通史之外。只不过阐明他们未能在官僚政治之外另辟途径，中国才在二十世纪需要全面改造，推究其因果时我们只得借重西欧的哲学家，而在体制上讲，中国之现代化与西化区别至微。

倒是在改造的过程中传统精神再度活跃。蒋介石手订的《军人读训》（一九三六）之序提及："如何而后可以保我祖先遗留之广大土地？如何而后可以保我繁衍绵延生生不息后代之子孙？如何而后可以保我国家独立自主之国权？"已经标榜着一个作防御战、在血缘关系下求永存的宗旨。他所作对联"生活之目的在增进人类全体之生活，生命之意义在创造宇宙继起之生命"（一九二四）则更有一个超过民族主义进入世界主义的趋向。毛泽东虽自承为马克思的信徒，动辄标榜阶级斗争，在他不经意的时候却流露着他所受传统教育的影响无可推卸，有如不受逻辑拘束的"愚公移山"，和他的所作诗"春风杨柳万千条，六亿神州尽舜尧"以美术化的方法和道德观念支持革命的实践。邓小平之趋向人本主义的表现更为明显，见于他的口语，也见于他的生活照片。中国的长期革命是传统精神持续的发扬之后果。

六　结论

过时的名号可以就此放弃，打破许多不能评议的禁忌。以历史代替意识形态，也就是接受历史的仲裁。

西方因受宗教上"原罪"（original sin）观念的影响，承认人性为恶，自柏拉图（Plato）至奥古斯汀（St. Augustine）都否认人间可能有至美至善的组织。所以民事政府不过问个人良心之事，只规约各个人不侵犯旁人，对公众也只尽有限的义务，其他忏悔赎过良心上之事概由教堂处理。这种有限度政府（limited government）平日干预各人生活不深，技术上之能力反而繁复。一方面也是由于经济发达，凡民事都可推送到货币头上去。政府只要厘定税收条例、利息限度、工资与雇佣关系、遗传与破产程序等等，即已大致完成其管制之职责，无须事前干预各人行为，至于私人之争执更是法庭之事，一般情形之下无须普遍的使用警察权。

但是这种体系及其日用之规范，经过几百年实用而成，而且近身之改革无日无之，有时反覆修订。中国放弃传统昊天明命的皇权，尊卑、男女、长幼的社会结构，和民间彼此放债收租的习惯，已经在民主与自由的途径上猛进一步。今后的修订还待两种思想体系琢磨切磋而成，尤待经济继续发展构成多边社会之需要而定。此时如放弃精神上之力量和人本主义之精粹，一意在抄袭西方，尤以在大陆法制尚未完备时，各人即在争取个人主义之权益，都只会迟滞民主与自由的展开。我在一九八九年北京版《万历十五年》之跋内提及"西方所谓自由与民主都是抽象的观念，务必透过每一个国家的地理及历史上的因素才行得通。英国之民主即不可能与日本之民主相同，而法国之自由也与美国的自由有差别"即沿于此理解。

不仅如此，中国传统的人本主义和世界主义的精神尚有它特殊的任务在。

现今在台湾、香港及中国大陆构成的经济体系都具有西方现代商业之规模，也都取利于各处价格之不平衡，也都具竞争性格，因之也被西方若干人士嫉视。堵截中国和拆散中国之提议由此而起，虽然为极少的人士提倡，却深具危险性。现今之工商业一经展开即无法遏止，我在写这篇文字时，大陆农村内剩余之人口趋向城市就业的以数千万计（德国及挪威工业化时此等剩余之劳力以向外移民解决）。我们企望进入二十一世纪，他们则挣扎着进入二十世纪，以这问题之大，不是我们置身于中国香港、台湾甚至日本和美国即可以处于事外的，也不是军事力量可以阻遏的。惟有疏通今日城市中经济方面前进的部门，才能舒展内地落后的部门。诚然世界之资源以现今分配的方式不容再高度的竞争，可是这不是一个可以用战争解决的问题，即使中国的问题不计，世界上还有近一半的人口，他们也希望进入二十世纪，他们也可能受到压力全面改造，采取工商业体制。

这样看来世界各国全面目竞争的局面已成往迹，今后各国衷心合作成为不可避免的途径。操纵阳光的能源，改造地形，修整工业对环境的污染破坏都是超过一个国家能力的工作，都需要大量投资，也都可以在分工合作的条件中赋予先进国家及改造过程中的国家如中国全面雇佣的机会。

古人说"继绝世，举废国，柔远人，来百工"，虽然免不了自高的语气，却为其他世俗文学里所无，只有宗教的经典里才有类似的说法，尚且未曾说得如是剀切。今日中国为着本身之安全和对全人类的贡献，都有继续着此传统精神之必要。可是将这些响亮的名目付诸实施前，台湾海峡的两岸三方务必增强互信。过时的名号可以就此放弃，打破许多不能评议的禁忌。以历史代替意识形态，也就是接收历史的仲裁。

附录一 拟"西学为体，中学为用"答客问

问：你说西方思想人性为恶，中国文教的传统注重人性为善。你主张两者都要采用，不是自相矛盾？

答：确是如此。

在我回答这问题前，我也要反问你一句，自你今天早上起床到现在你的思潮变更了多少次？针对大小事项，我们不是都曾面临"做和不做"的取舍反覆？

大凡一种广大的群众运动，或者一种重要的改革，必有从矛盾之中得到调和与统一的趋势，虽说我不赞成有些强调唯物论辩证法的人物之说法，他们颠倒黑白，或者把白解释为进展至黑的过程中的一段转折，可是我们无法否定矛盾与统一，是人生中不可避免的阶梯。"博爱"、"自由"与"平等"就经常不可以兼得。尤其"自由"和"平等"，就经常冲突。英国在十七世纪一个最重要的改革即是调和"普通法"和

"衡平法"。普通法绝对尊重成例，凡以前未曾做的事今后一概不能做。衡平则不顾不合理之成规，注重针对现下趋势。十七世纪后期普通法庭审案，偶尔渗用衡平原则，以后积少成多，衡平也成为一种体系，亦有它的成例，于是从矛盾到统一，引致两种法律之交流。这种交流，使英国社会整个商业化，奠定了今后立国的基础，也整个的改变了今后世界之形貌。

我强调西学为体中学为用，也可以这样解释吧：在组织结构这方面，我们一定要从防备人性为恶的方向着眼，所以秘密投票；一旦组织结构具在，有法可循，我们才能提倡谦让和待人如己的美德。

我想，一概的承认人性为恶或为善，过于理想，也与现代心理学所发现不符。不如说从生理的角度看来人性为恶；可是从社会学的角度来看，人类有合群为善的本能。

请注意我无意提倡性恶或性善，只是解释历史，提到传统的以道德代替法律做到尽头，导致中国的长期革命，现今局面业已打开，可以从今日之本位，强调传统人本主义的精神。

问：既然用西方的哲学打开出路，何以不继续的一直学西方？

答：第一，这不可能。我们不要忘记纵是中国革命的最高潮时，农民仍在拖泥带水的耕田，学龄儿童仍用毛边纸一笔一划的习字。从这些生活习惯已经培养出来一个民族和一个国家的集体性格。我们没有理由抛弃这集体性格的长处。

第二，完全模仿西方，亦可以称为不智。和中国比较，西方最显著之特色无乃个人主义与自由主义。这些条件因经济发展而产生。譬如说，西方在产业革命前后，也仍是男人主外女人在内。迄后经济发展，女子就业；即在美国也仍待在本世纪，才有女子的选举权。迄后经济愈发达，社会上分工合作的机会愈多，法律也继续推进，愈为繁复，愈要顾及特殊集团和特殊环境中各人的利益。这样看来自由平等都是抽象的名词，在实用的场合里，务必注意社会环境与经济发展之实况，才有真切的意义。中国无法完全抄袭西方，乃因双方的社会经济情况有差异。

还有一点很少人注意的，西方的科技分工，给社会上特殊环境里各人的活动空间特别重视的趋向，也已面临一个转折的阶段。从重视个人主义和放任主义的趋向，转变而为重视公众道德和集体行动，应为今后门径。

问：何以如此？你有把握必会朝此方向发展？

答：原因很多。现代民法以商业习惯作基础，尤以英美为表率的一部分，实由十七世纪英国归并普通法和衡平法而成，至此已有三百年的历史。背景上的原则基本不变，其衍化愈来愈繁复，至此已感到头轻脚重，也仍是沿于历来只重分析不重综合之故。所以最近法律上技术方面的精微远超过立法意义之所在。有时诉讼时胜负两方同样吃亏，只有律师占赢头。有些产品不能上市，因为保险公司不愿承当所负责任之风险。这种种都无法持久。

而且交通通讯也开始对个人主义加压力。有如大家都用电脑接受邮信，使生活愈标准化。医药的负担过高，一般人民无法支付，都有将公众利益摆放在私人和各别的利益之前的趋向。

但是我所说乃是针对今日西方状态而言。对中国讲却有一个过犹不及的观感。

问：你提出西洋哲学家八人，加入了一个少为人注意的波丹，有马克思却无韦伯，也缺乏孟德斯鸠、弗勒特尔，是何道理？

答：请注意我只摘录他们的言辞之两三句，即能支持我想以"西学为体"的原则解释中国近代史的企图。我在利用他们，而不是崇拜他们。例如我提及马克思，也提及罗宾逊之修正。好像我现在是一个中学教师，学生要我提出西方的哲学家，我问他的目的何在，如果他要有系统的了解西方思想当然应从柏拉图、亚里斯多德读。现在只发表一篇三万字的文章，针对目下的需要，务必有高度的选择。

请注意我无意制造招牌或偶像，也并未提倡任何"主义"。如果我涉猎及主义，无非中国传统的人本主义，我已经说明：以人情为主。

问：你提及黑格尔，他不是反对人民批评政府，有支持独裁政治的趋向？

答：但是也有人认为他是支持现今西方体系的思想家。一个十九世纪前期著述丰富的作家，他的言辞不可能至今一字一句全部照抄袭用。如果对专门研究尤其是专心崇拜黑格尔的人士讲，我当然是断章取义。可是现下的目的只是以最经济的手法，套取各人著述中之精义，尤其是针对我个人刻下目的之需要，作一个高度的综合，我觉得黑格尔实不可少，尤其他说及一个领导群众运动的领导人物，不一定确知他这运动的实际意义。当然他在影射拿破仑，可是对我们讲，却有历史制造人物，而非人物制造历史的原则在。蒋介石说"不行不能知"，毛泽东写信给江青，自称"山中无老虎，猴子称霸王"，也都是标榜社会与群众的力量大，个人的力量终归有限。和黑格尔所说同。

问：那么为何你提到朱熹，却又斩钉截铁的只称你对他无兴趣？

答：从今日的观点看来，宋代的思想家，大都具悲剧性格。在王安石时他们已发现现代经济之若干原理，只是在十一世纪中国农村社会的环境里，所提倡的一再失败，宋儒归而求其次；他们的环境，即是一个失败的场合，不是一个打开局面之场合。

再提及朱熹，他的学说原来有三方面的用途：

第一，支持传统儒家思想。我在这篇论文内即已提及用《四书》、《庄子》、《左传》、《史记》作提倡传统文教的根本，就用不着再推崇朱熹。

第二，用虔诚感应的门径培植个人的修养，我觉得与今人的习惯相去过远。即使有用，其用途也窄狭，还不如注意现代的心理学和社会心理学来得实际。

第三，朱熹以为他所标榜的"理"与"气"，业已包括自然法规，亦即是在他系统之内，现今自然科学的精义，也都一览无余，现查已不符事实。

问：不是也有人推崇他为东方之汤姆士·阿奎纳（Thomas Aquinas）？

答：所谓西方之孔夫子与东方之汤姆士通常都只抓着表面上一二略似之处即张冠李戴。

骤看起来，汤姆士与朱熹都有一个"天人合一"的概念在。我们今日行事的规律，不可能与上苍创造宇宙的用意完全相反，当中必有融会之处。

但是汤姆士指出当中的原理或法则，分做四个段落。从一个绝对而无法理解的创世观念到现今人世间的法律，各依时间与地点而不同，其间四个层次，互有高低深浅之不同。所以他将欧洲中世纪以宗教总揽一切的文物世俗化，因之对以后科学之展开也有诱导作用。

朱熹和很多宋儒成日以"天理"与"人欲"相对，吃饭睡觉，无不如是。并且也全能由他们掌握判别，此中有至长远的距离。

在今日看来，他们强不知为知，最阻碍科学之展开。例如朱熹谓上空的雷霆与过年过节所点燃的鞭炮同为郁积之气，须要发散。你也不能说他完全不对。但是一为物理现象，一为化学现象。一为冷热气流内原子放电，一为炭氮与硫黄之氧化。当中至少也有今日理学院里三个学分到六个学分之距离。如果笼统论断，还说他有科学精神，实在难能令人相信。

问：可不是你自己也做构造系统的工作？又是自然科学，又是社会科学，而且古今中外一齐来？

答：谢谢你。已经有人在报章如是批评。你一再提出，给我一个答辩的机会。

我无意制造系统。也有人谓我成一家之言，我只能觉得却之不恭，受之有愧。只是我深切的领悟到今逢中国历史全面目的与西洋文化汇合，是五百年未有之奇遇，于是放弃我专攻明史的工作，将所学所闻所见全部朝这结论抛射过去，所以用归纳法为主，目下只能构成一个粗枝大叶的纲领，才称为"大历史"，有如宏观经济学，只有轮廓范围之大，而无内部之精微技巧。只是这样的综合，又要从多方面着手，因之也像立体几何，不像平面几何。至是得罪了不少的专家，是我当初没有想到的。

从读者接受的程度看来，我认为有此需要，才能使我承乏的填塞此需要的空洞内去。我当然不能说我比专家知道得多，不过在针对我综合的目的，搜寻较广。即本文所引用的西方哲学家八人，所节录全是美国大学一年级生的课题，所以我也不能接受强不知为知的批评。

问：你对中国长期革命分作三段的看法，已经在各处发表。你能否再说得详细剀切一点，比如说，对当今台湾与大陆的关系起何作用？

答：一个从业于历史学的人本应该专批评讲解过去的事迹。今已提及大历史，无法与当今的发展，一刀两断，可是多少也仍

要有分寸，到底历史是历史，政治是政治。换言之，我的答
覆站在学者立场，非政客立场。在这种前提之下，我同意不
少在台湾的人士之看法，将来中国之统一，应从文教、历史
和双方经济利害之条件下展开，不以意识形态、军事形势和
其他国家向背的条件展开。

我的论文也已说及：大陆农村剩余的人口向城市移动，我们
去大陆时都已目睹。有人说这样流动的人口，多至八千万至
九千万，这是一个极为庞大的力量。我想像任何的政策，顺
着这潮流容易成功，例如替大陆经济最前进的部门找出路，
后面打工的人，即一时仍找不到事，希望尚在，也会拥护
你。如果所做事阻塞他们的出路，使他们整个失望，则难成
功。说得不好听一点也很危险。我已经向美国的读者如是说
及。

问：那大陆的问题与台湾何干？不是有人已提倡"一中一台"，
　　我们这边也可以民族自决？

答：从历史的层次看来，情形并不如此，我所讲到中国初期政治
　　的早熟，人口受地理因素的压力，由西北进入东南，也包括
　　台湾在内。大陆向台湾移民，始自唐朝，仍是受这地缘政治
　　的影响，而不是如由英渡美的清教徒一样在避免传统文化之
　　束缚。今日世界之发展，也在消除国界，有如欧洲的经济集
　　团，而不是制造壁垒。今日中国之不能急统，实因台币与人
　　民币已成为两种体系，两方为着本身利害，也只有不断接
　　触，在文化上与经济上取得共识。至于将来或是联邦，或是

邦联，只能实事求是，视客观的条件而定，无法制造理想公式强制施行。这样才算自决。

我在前文里提到过时的名号可以放弃……可是现在看来内外情势迫不及待。中国一日不接受历史的仲裁，社会的安定即缺乏保障。

反过来说，任何自决，不能完全抛弃历史，尤其不宜忽视后面的群众运动。世界上的事情不能由我们自以为是，就会朝我希望的这方发展。这说法不由我开始。老实说我自己也经过一生颠簸，才体会此中意义。各位再看我提出的八个哲学家没有一个提倡各人自行其是的自由，我也没有看到任何一个有声名的哲学家倡作此说。只有法国大革命前启蒙运动时，有人认为他们已经掌握着"理性"，可以不顾历史。后来历史学家认为大革命之残暴，大都由这一念之差所至。

问：让我再问你一句，真的只有历史制造人物，不能人物制造历史？

答：在短时间，突然，而尤其在"负"方面的情事，甚可能由人生事。有如李·奥斯华（Lee Oswald）行刺甘迺迪。可是经过长时间牵涉多数人，波动全局的情事，当事人通常只知其然而不知其所以然。如果这种变动经过几十年，影响到不同的国家，则主持人亦不能预测所作事之后果。其历史上之真意义只能待后人利用多余的历史之纵深才能够阐释得得体。我自己翻阅蒋介石之文件三年余（系中文书，后又自译为英文，有重新考证一次的机会），只有更相信黑格尔所说非虚。

在长时间大范围的条件下，人身经验敌不过历史潮流。

问：你所谓意识形态和历史观感如何区别？

答：意识形态是事前造成群众运动的标语口号，带煽动性，可能有强迫性，通常出现于大事之前端。历史观感沉淀于事后，不由我们各个人之向背或认为好与坏而转移，比较客观。政治哲学家有出现于两者间之可能。

问：你一再历史历史，只作历史的尾巴，那么只有保守不能进取？

答：其实不然，我所引用的是大历史。过去的事，已奠立了一段根基，让我称为 matrix 吧，如果这根基带革命性，继续此趋势，即是当今将革命之成果固定，仍是前进的。只有原来的底子是保守，现在又原封不动，那才算保守。

要对这根基的趋势作整幅修定，当然也不是不可能，但是很难避免广泛的发动群众运动，我认为不适合于今日中国之情况。至于做历史的尾巴，今日之尾巴，又为来日之首脑，待你如何看法。

附录二　张之洞《劝学篇》

　　《劝学篇》为清末湖广总督张之洞以忧国忧民之心，对当时国势倾颓的现状所发中肯而务实之谏议书，曾上呈光绪帝，颇获嘉许，谓"持论平正，通达于学术人心"（时维光绪二十六年，是年，庚子义和团之乱，八国联军入京）；然而国政疲弊已深，终无力回天。

劝学篇要目

《内篇》

张之洞《劝学篇》原文

《劝学篇》序

昔楚庄王之霸也，以"民生在勤"箴其民，以"日讨军实"儆其军，以"祸至无日"训其国人。

夫楚当春秋鲁文宣之际，土方辟，兵方强，国势方张，齐、晋、秦、宋无敢抗颜行，谁能祸楚者，何为而急迫震惧如是之皇皇耶？

君子曰："不知其祸，则辱至矣，知其祸，则福至矣。"今日之世变，岂特春秋所未有，抑秦、汉以至元、明所未有也。语其祸，则共工之狂、辛有之痛不足喻也。庙堂盱食，乾惕震厉，方将改弦以调琴瑟，异等以储将相，学堂建，特科设，海内志士发愤扼挽（音"扼腕"）。

于是图救时者言新学，虑害道者守旧学，莫衷于一。旧者因噎而食瘝（同"废"），新者歧多而羊亡。旧者不知通，新者不知本。不知通，则无应敌制变之术；不知本，则有非薄名教之心。

夫如是，则旧者愈病新，新者愈厌旧，交相为瘉（同"愈"），而恢诡倾危、乱名改作之流，遂杂出其说以荡众心；学者摇摇，中无所主。邪说暴行横流天下，敌既至无与战，敌未至无与安。吾恐中国之祸，不在四海之外，而在九州之内矣。

窃惟古来世运之明晦、人才之盛衰，其表在政，其里在学。不佞承乏两湖，与有教士化民之责，夙夜兢兢，思有所以裨助之者，乃规时势、综本末，著论二十四篇，以告两湖之士。海内君子，与我同志，亦所不隐。《内篇》务本，以正人心；《外篇》务通，以开风气。

《内篇》九：曰《同心》，明保国、保教、保种为一义。手足利，则头目康；血气盛，则心志刚；贤才众多，国势自昌也。曰《教忠》，陈述本朝德泽深厚，使薄海臣民，咸怀忠良，以保国也。曰《明纲》，三纲为中国神圣相传之至教，礼政之原本，人禽之大防，以保教也。曰《知类》，闵神明之胄裔，无沦胥以亡，以保种也。曰《宗经》，周、秦诸子，瑜不掩瑕，取节则可破道，勿听必折终于圣也。曰《正权》，辨上下，定民志，斥民权之乱政也。曰《循序》，先入者为主，讲西学，必先通中学，乃不忘其祖也。曰《守约》，喜新者甘，好古者苦，欲存中学，宜治要而取约也。曰《去毒》，洋药涤染我民斯，活绝之使无萌蘖也。

《外篇》十五，曰《益智》，昧者来攻，迷者有凶也。曰《游学》，明时势，长志气，扩见闻，增才智，非游历外国不为功也。曰《设学》，广立学堂，储为时用，为习帖括者击蒙也。曰《学制》，西国之强，强以学校，师有定程，弟有适从，授方任能，皆出其中，我宜择善而从之也。曰《广译》，从西师之益有限，译西书之益无方也。曰《阅报》，眉睫难见，苦药难尝，知内弊而速去，知外患而豫防也。曰《变法》，专已袭常，不能自存也。曰《变科举》，所习所用，事必相因也。曰《农工商学》，保民在养，养民在教；教农工商，利乃可兴也。曰《兵学》，教士卒，不如教将领；教兵易练，教将难成也。曰《矿学》，兴地利也。曰《铁路》，通血气也。曰《会通》，知西学之精意，通于中学，以晓固蔽也。曰《非弭兵》，恶教逸欲而自毙也。曰《非攻》，教恶逞小忿而败大计也。

二十四篇之义，括之以五知：一、知耻，耻不如日本，耻不如土耳其，耻不如暹逻，耻不如古巴。二、知惧，惧为印度，惧为越南、缅甸、朝鲜，惧为埃及，惧为波兰。三、知变，不变其习，不能变法；不变其法，不能变器。四、知要，中学考古非要，致用为要；西学亦有别，西艺非要，西政为要。五、知本，在海外不忘国，见异俗不忘亲，多智巧不忘圣。

凡此所说，窃尝考诸《中庸》，而有合焉。鲁，弱国也，哀公问政，而孔子告之曰："好学近乎知，力行近乎仁，知耻近乎勇。"终之曰："果能此道矣，虽愚必明，虽柔必强。"兹《内篇》所言，皆求仁之事也，《外篇》所言，皆求智、求勇之事也。

夫《中庸》之书，岂特原心杪忽、校理分寸而已哉？孔子以鲁秉礼而积弱，齐、邾、吴、越皆得以兵侮之，故为此言，以破鲁国臣民之聋聩，起鲁国诸儒之废疾，望鲁国幡然有为，以复文、武之盛。

然则无学、无力、无耻，则愚且柔；有学、有力、有耻，则明且强。在鲁且然，况以七十万方里之广，四百兆人民之众者哉！吾恐海内士大夫狃于晏安，而不知祸之将及也，故举楚事；吾又恐甘于暴弃，而不复求强也，故举鲁事。《易》曰："其亡！其亡！系于苞桑。"惟知亡，则知强矣。光绪二十四年三月，南皮，张之洞书。

《劝学篇》内文节抄

《劝学篇》上：《循序》第七

孔门之学，博文而约礼，温故而知新，参天而尽物；孔门之政，尊尊而亲亲，先富而后教，有文而备武，因时而制宜。孔子集千圣，等百王，参天地，赞化育，岂迂陋无用之老儒如盗跖所讥、墨翟所非者哉？

今日学者，必先通经以明我中国先圣先师立教之旨，考史以识我中国历代之治乱、九州之风土，涉猎子、集以通我中国之学术文章，然后择西学之可以补吾阙者用之，西政之可以起吾疾者取之，斯有其益，而无其害，如养生者，先有谷气，而后可饫庶差，疗病者，先审藏府而后可施药石；西学必先由中学，亦犹是矣（华文不深者，不能译西书）。

外国各学堂，每日必诵耶稣经，示宗教也；小学堂先习蜡丁文，示存古也；先熟本国地图，再览全球图，示有序也；学堂之书，多陈述本国先君之德政，其公私乐章，多赞扬本国之强盛，示爱国也。如中士而不通中学，此犹不知其姓之人，无辔之骑，无柁之舟，其西学愈深，其疾视中国亦愈甚，虽有博物多能之士，国家亦安得而用之哉？

《劝学篇》下：《设学》第三

其学堂之法，约有五要：一曰新旧兼学，四书、五经、中国史事、政书、地图为旧学，西政、西艺、西史为新学。旧学为体，新学为用，不使偏废。一曰政艺兼学，学校、地理、度支、赋税、武备、律例、劝工、通商，西政也；算绘、矿、医、声光、化电，西艺也。（西政之刑狱，立法最善；西艺之医，最于兵事有益。习武备者，必宜讲求。）才识远大而年长者宜西政，心思精敏而年少者宜西艺。小学堂先艺而后政，大、中学堂先政而后艺。西艺必专门，非十年不成；西政可兼通数事，三年可得要领。大抵救时之计、谋国之方，政尤急于艺。然讲西政者，亦宜略考西艺之功用，始知西政之用意。

《劝学篇》下：《会通》第十三

万世之巧，圣人不能尽泄；万世之变，圣人不能豫知。然则西政、西学，果其有益于中国，无损于圣教者，虽于古无征，为之固亦不嫌，况揆之经典灼然可据者哉？今恶西法者，见六经、古史之无明文，不察其是非损益而概屏之，如诋洋操为非，而不能用古法练必胜之兵，诋铁舰为费，而不能用民船为海防之策，是自塞也。自塞者令人固蔽傲慢，自陷危亡。略知悉法者，又概取经典所言而傅会之，以为此皆中学所已有，如但诩借根方为东来法而不习算学，但矜火器为元太祖征西域所遗，而不讲制造枪炮，是自欺也。自欺者令人空言争胜，不求实事。溺于西法者，甚或取中西之学而燦杂之，以为中西无别，如谓春秋即是公法，孔教合于耶稣，是自扰也。自扰者令人眩惑狂，易丧其所守。

综此三蔽，皆由不观其通，不通之害，口说纷呶，务言而不务行，论未定而兵渡江矣。然则如之何？曰，中学为内，西学为外。学中学治身心，西学应世事，不必尽索之于经文，而必无悖于经义。